JN436958

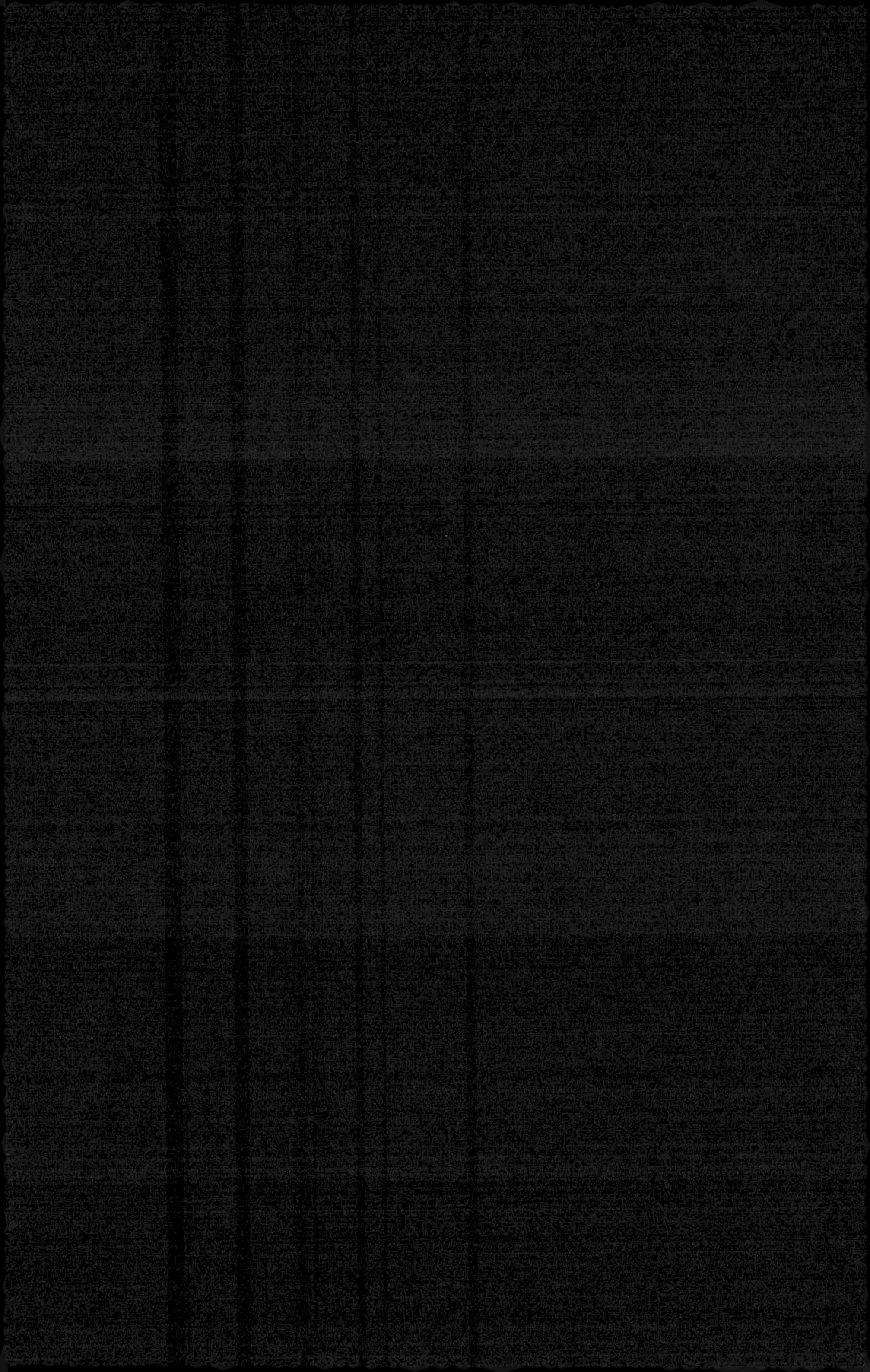

STUDIA
HUMANITATIS
문명텍스트

중세 아랍시로 본

이슬람 진영의 대對십자군 전쟁

김능우 역주

서울대학교출판문화원

중세 아랍시로 본
이슬람 진영의 대對십자군 전쟁

초판 1쇄 발행 2016년 12월 20일
초판 2쇄 발행 2017년 8월 5일

역주 김능우
펴낸곳 서울대학교출판문화원
펴낸이 성낙인

책임편집 전수형
디자인 최선아

출판등록 제15-3호

주소 (08826) 서울 관악구 관악로 1
대표전화 02-880-5252 | 팩스 02-888-4148
전략기획팀(출판상담 및 홍보) 02-880-5217
출판관리팀(주문상담) 02-889-4424, 02-880-7995
이메일 snubook@snu.ac.kr
홈페이지 www.snupress.com

ISBN 978-89-521-1687-1 94890
978-89-521-1574-4 세트

이 저서는 2007년 정부(교육과학기술부)의 재원으로
한국연구재단의 지원을 받아 수행된 연구임(NRF-2007-361-AL0016).

❁ 머리말

이슬람은 7세기 초 아라비아 반도의 도시 메카에서 시작된 이래, 오늘날 전 세계 약 4분의 1인, 16억 인구가 믿는 종교로 확산되었다. 이처럼 이슬람이 광범위하게 영역을 확장한 데에는 여러 원인이나 배경이 있겠지만, 무엇보다 일차적으로는 이슬람 군대의 영토 정복에 힘입은 것이라 볼 수 있다. 이슬람 초기에 예언자 무함마드는 메카와 메디나 두 도시를 정복하여 이슬람 전파의 중심지로 삼은 뒤 아라비아 반도의 아랍 부족들을 통합하고 이슬람에 반대하는 부족들을 제압하기 위해 군사 작전을 수행하였다. 무함마드에 의해 아라비아 반도 전역이 이슬람화된 이래로, 그를 계승한 통치자들, 곧 칼리프들은 아라비아 반도 밖으로의 진출을 모색했다. 그 결과 사산조 페르시아를 패망시키고 영토를 병합했으며 팔레스타인, 시리아 등지의 동로마 비잔틴 제국의 일부 영토를 점령하기에 이르렀다. 이후 이슬람 진영은 아랍인의 정치적 주도하에 우마이야조(661-750)와 압바스조(750-1258)가 연이어 세워졌고 제국으로 성장하면서 서쪽으로는 북아프리카와 이베리아 반도까지, 그리고 동쪽으로는 서북 인도까지에 이르는 방대한 영토를 정복했다. 또한 이슬람화한 튀르크족이 세운 오스만 튀르크 제국의 확장에 힘입어 15세기 이후 이슬람은 동유럽 발칸 지역까지 범위를 넓혔다. 그리고 16세기에 몽골인과 티무르의 후손들이 북인도에 이슬람 국가인 무굴 제국을 세워 인도 대륙을 점령함으로써 이슬람은 세력 확장의 절정에 달했다. 오늘날 세계 지도를 보면 아라비아 반도를 중심으로 동서 지역에 22개 아랍 국가들을 필두로 이슬람 국가들(터키, 이란, 아프가니스탄, 파키스탄 등)이 분포해 있다. 동유럽 발칸 반도에 무슬림들이 남아 있음은 바로 이처럼 중세 시대에 이슬람 제국이 이루어 놓은 군사 정복과 그에 따른 이슬람교 전파의 결과로 볼 수 있다.

중세에 무슬림들이 정복 전쟁으로 넓은 영토를 차지한 뒤 피정복 민족이나 주변 민족과의 마찰이나 충돌은 불가피했다. 11-15세기에는 이베리아 반도의 안달루스에서 그리스도교도 피정복 원주민들이 무슬림들 수중에 있던 자신들의 영토를 되찾으려는 군사행동인 레콩키스타(국토회복운동)를 전개했다. 또한 11세기 말부터 유럽인들은 이슬람 세력을 경계하며 예루살렘의 기독교 성지를 되찾겠다는 명분하에 십자군 원정을 감행하였고, 십자군과 이슬람 진영 간의 충돌은 약 두 세기간 계속되었다. 한편 중앙아시아에서는 칭기즈칸이 13세기 초에 통합한 몽골족이 강대해져 중동의 이슬람권 진영과 주도권을 둘러싸고 군사적 충돌을 불가피하게 했다. 결국 몽골족은 이후 이슬람 세계를 침략하여 두 세기간 지배했다.

지구상에서 어느 형태로든 역사상 전쟁을 경험하지 않은 민족은 없을 것이다. 지금도 세계의 어느 곳에서는 전쟁이 벌어지고 있고, 앞으로도 인류는 전쟁의 소용돌이에서 벗어나지 못할 것이다. 그만큼 전쟁은 인간에게 실존적 문제인 것이다. 지정학적으로 아라비아 반도는 주변 지역과 연결되는 사통팔달(四通八達)하는 지점에 위치해 있다. 다시 말해 아나톨리아 반도, 유럽, 아프리카, 중앙아시아로의 이동이 자유로운 곳에 있다. 아랍인은 강성할 때 주변을 정복할 수 있었다. 하지만 약할 때에는 위협 요소가 많은 곳이 바로 아라비아 반도 지역이다. 따라서 주변과의 끊임없는 마찰과 충돌, 교류는 아랍인이 감당해야 할 운명이었으며, 아랍인에게 전쟁은 그들이 원하든 원치 않든 빈번히 직면해야 할 실존적 과제였다.

필자는 아랍 문학, 특히 고중세 아랍시를 연구하는 자로서, 아랍인이 역사에서 겪은 전쟁과 관련해 그 연대기적 사실이나, 사건 분석 등 역사학적 연구를 지향하기보다는 그 전쟁과 관련해 지어진 아랍시에 관심을 갖고 작품의 번역·주해 및 연구를 해왔다. 그것은 바로 아랍시를 통해 아랍 무슬림들의 실존적 태도를 문학사회학적 관점에서 관찰하고 싶어서였다. 아랍 시인들은 자신들의 시로써 이슬람 진영이 처한 전쟁 상황과 무슬림들의 내면을 진솔하게 담아내려 했다. 그래서 그들의 시에는 이슬람 군대의 승리 기원, 승전 축하, 패배에 대한 위로, 적에 대한 두려움, 아군의 사기 진작을 위한 적군 비하, 지하드(이슬람 성전聖戰) 사명 강조, 이슬람의 안위에 대한 걱정 등이 나타나 있다.

그동안 필자는 중세 시대에 아랍인의 전쟁과 관련하여, 「동부 이슬람 지역 무슬림들의 전쟁시에 나타난 이미지 연구(633-1001년)」, 「이슬람 정복 전쟁시의 특성 연구(622-661년)」, 「중세 아랍시에 나타난 '십자군과 이슬람 세계와의 충돌'에 관한 연구(1096-1193년)」, 「중세 아랍시에 나타난 '몽골과 이슬람 세계와의 충돌'에 관한 연구: 13세기 초-15세기 초」 등의 논문을 집필한 바 있다. 이후 필자는 연구의 완성도를 높이고 아랍어 1차 자료를 국내 학계에 알릴 필요가 있다고 판단해, 상기 논문들에서 분석 대상으로 삼았던 시 작품들의 원문을 번역, 해설하여 책으로 엮으려 계획하였다. 그중에서도 십자군 전쟁이나 몽골의 이슬람 세계 침공은 학계에서 학술적으로 비중이 큰 주제에 속한다. 십자군 전쟁은 중세 유럽 기독교권과 이슬람권 간의 갈등이 표면화된 대표적 사건으로, 오늘날 문명 간 충돌 현상의 근원을 고찰하는 문제와 관련해 중요하다고 볼 수 있다. 또한 13-14세기에 몽골이 서아시아에서 압바스조의 이슬람 제국을 멸망시키고 그 지역을 지배한 것은, 동아시아에서 몽골이 한반도를 침공해 고려를 복속시켰던 것과 연관되므로 주목할 만한 주제이다. 그 두 가지 주제 중 필자는 먼저 십자군 전쟁 자료의 번역을 시도했으며, 이 책은 십자군 전쟁과 관련된 중세 아랍시를 연구하면서 읽고 분석했던 시편들을 모아 번역, 해설한 것이다.

십자군 전쟁은 과거의 사건이지만, 여전히 현재 인류에게 그 파장이 감지되고 있기에 더욱 심화된 연구를 요하는 주제이다. 직접적으로는 지금도 잊혀지지 않는 2001년 9.11사태와도 연관된다. 의심의 여지 없이 9.11사태는 21세기의 중대 사건이다. 당시 미국의 부시 대통령은 테러를 주도한 이슬람 세력을 지목하면서 '십자군 전쟁'을 선포하였고, 오사마 빈 라덴은 미국이 현대에 다시 무슬림들을 상대로 '십자군 전쟁'을 감행하려 한다고 비난했다. 이처럼 미국 측에서는 '정의의 전쟁'으로, 이슬람 측 당사자들에게는 '침략 전쟁'으로 간주되는 십자군 전쟁은 오늘날 이데올로기 입장에 따라 달리 해석되는 용어이다. 십자군 전쟁의 본질에 대해서는 학자들의 많은 연구와 주장이 있어 왔기에 이 자리에서 재론하지는 않겠다. 다만, 십자군 전쟁과 관련해 누구도 부정할 수 없는 한 가지 분명한 점이 있다. 그것은 십자군 전쟁은 기독교권과 이슬람권이 충돌한 대사건으로, 이후 양 진영 모두에게 상대에 대한 원한 섞인 감정의 여운을 남겨 주었으며 오늘날에도 그 여파는 지속되고 있다는 것이다.

그렇다면 우리 한국 학계는 십자군 전쟁을 어떻게 보고 해석해야 할까? 십자군 전쟁에 대해, 그리고 그 전쟁의 당사자인 유럽 측과 이슬람권에 대해 한국 학계가 긍정이나 부정의 시각을 제시한다는 것은 어불성설이다. 정치적·문화적·종교적으로 민감한 이 문제를 두고 어떻게 우리가 한쪽 편을 들거나 옳고 그름을 따질 수 있단 말인가? 필자는 생각한다. 십자군 전쟁은 역사상 일어났던 사건임이 분명하며, 우리와는 직접적인 이해관계가 없었기에 전쟁 당사자인 양측 중 한 곳에 편향되기보다는 양측 모두를 이해하려는 노력이 우리에게 있어야 한다고. 즉, 양측 어느 곳에도 속하지 않은 우리로서는 누구의 편도 들지 않고 그것을 객관적으로 보는 것이 타당할 것이다. 그러나 지난 기간 동안 과연 우리는 그렇게 해왔을까? 공정한 자세로 양측의 입장을 보아 왔을까? 필자가 보기에 대답은 '아니오'이다. 즉, 양측에 대해 우리는 균형 잡힌 시각을 갖지 못해 왔다. 그 이유는 근대 이후 서구 유럽 문명이 세계를 주도했기에 우리로서는 그들의 학문을 수용하지 않을 수 없었고, 그러다 보니 유럽 중심의 시각을 내포한 자료를 읽고 다루며 그 시각에 자연스럽게 경도되지 않을 수 없었던 데 있다.

십자군 전쟁을 바로 보기 위해, 그 진실을 알기 위해 우리가 해야 할 일은 상대의 입장과 시각이 담긴 양측의 자료를 함께 보는 것이다. 그러나 그동안 국내에 소개된 자료는 서구의 것이 대부분이며, 십자군과 관련해 이슬람 측의 입장을 다룬 자료, 즉 아랍어로 기록된 자료는 전무했다. 지난날 서구 기독교권의 많은 자료가 소개되면서 그쪽의 입장이나 해석을 접할 기회가 많았다면, 이제는 이슬람권의 자료를 소개하는 작업이 요구된다. 이를 위해 먼저 십자군 전쟁 당시 아랍인이 기록한 역사, 문학 자료들을 찾아내서 번역해 소개해야 할 것이다. 지난 수년간 필자는 이와 관련된 중세 아랍어 역사, 문학 자료를 요르단, 이집트 등의 아랍 현지에서 수집해 왔고 미력하나마 그 일부 자료를 읽고 이해하려는 노력을 기울여 왔다. 이 책은 그런 시도의 첫 번째 결과물로서, 십자군 전쟁과 관련해 중세 아랍 시인들이 지은 시를 번역, 해설한 것이다. 이 책이 관련 분야의 학자 제현과 관심 있는 독자들의 기대에 조금이라도 부응한다면 그나마 다행으로 생각한다.

2016년 12월

김능우

❁ 차례

● 딸라이으 이븐 룻직과 우사마 이븐 문끼드 간 화답시: 지하드를 위한 분발 촉구

● 쉬르쿠흐와 살라딘에게 예루살렘 탈환 촉구

중세 아랍시를 통해 십자군 전쟁 보기

■해제

주해 목적과 의의

7세기 초 이슬람이 아라비아 반도에서 출현한 이후 현재까지 이슬람 문명은 세계 인류 역사의 한 축이 되어 움직여 왔다. 중세 시대에 이슬람은 그리스, 페르시아, 인도 등의 고대 문명을 통합, 계승해 인류 문명의 발전에 큰 기여를 했던 반면, 그 권역의 지리적 확대로 인해 주변 세력과의 군사적 충돌 또한 불가피했다. 특히 당시 아랍 무슬림들이 서진하려 했을 때 이미 그곳에는 기독교 문명이 오래전부터 뿌리를 내리고 있어 유일신 신앙에 기초한 양대 종교는 부득이하게 대립·충돌하지 않을 수 없었다. 크게 보아 당대에 이슬람과 기독교 간 대규모 충돌은 동부와 서부 두 곳에서 일어났는데, 그중 전자는 콘스탄티노플을 수도로 하는 비잔틴 제국의 영토[1]였고 후자는 이베리아 반도의 안달루스(스페인 중

1 중세에 동부 지역(이집트를 포함한 아랍 동부 지역, 곧 아라비아 반도와 그 주변 및 이라크 지역)에서 무슬림들은 이슬람의 중심지인 아라비아 반도 지역과 근접해, 반도의 서북쪽에 위치한 비잔틴 제국의 영토로의 진출을 시도하면서 기독교권과 마찰을 빚었다. 초기 이슬람 시대(622-61)에 칼리프 아부 바크르는 13/634-5년부터 시리아 지역

남부) 지역[2]이었다.

이슬람 세력의 거침없는 정복 활동으로 영토를 빼앗기며 위협을 느낀 유럽인들은 점차 대(對)이슬람 방어 및 공격 태세를 갖추어 갔으며 이는 구체적으로 '기독교의 적'을 물리친다는 종교적 명분을 내건 십자군 운동으로 나타났다. 기독교 성지이자 이슬람의 성지인 예루살렘으로 향한 유럽인들의 십자군 원정은 11세기 말에 시작되어 약 200년간 지속되었다. 십자군은 그 기간 중 이슬람 진영의 셀주크조(셀주크국 Great Seljuk State, 1037-1194; 룸 술탄국[룸 셀주크조]Seljuk Sultanate of Rum, 1077-1307), 장기조(Zengid dynasty, 1127-1250), 아이윱조(Ayyubid dynasty, 1171-1260), 맘룩조(Mamluk Sultanate of Egypt,

---

의 비잔틴 로마 세력을 겨냥해 본격적인 군사행동을 개시했다. 당시 무슬림 군대는 야르묵 전투(636)에서 비잔틴 군대에 대승을 거두는 등 시리아 일대에서 정복 지역을 넓혀 갔다. 우마이야조 시대(661-750)에 이슬람 통치부는 콘스탄티노플을 점령하기 위해 원정대를 파견했고 세 차례에 걸쳐 그곳을 포위하기도 했다. 압바스조 시대(750-1258)에 들어와 칼리프들은 대(對)비잔틴 로마 강경책으로 일관했다. 특히 칼리프 하룬 알라쉬드와 칼리프 알마으문의 군대는 소아시아의 비잔틴 영토를 위협했고, 칼리프 알무으타씸 빌라는 소아시아 비잔틴군의 최대 전략 요충지인 암무리야(아모리온Amorion) 성을 점령해 비잔틴 제국에 타격을 가했다(838). 비잔틴 제국이 약화되는 가운데 1071년 만지케르트 전투에서 셀주크조는 비잔틴군을 격파해 승리를 거두었고 이는 동부를 향한 유럽 십자군 원정의 빌미가 되는 결과를 가져왔다.

2 서부 지역(이집트의 서부 지역, 곧 북아프리카권과 안달루스 지역)에서 무슬림들은 안달루스의 기독교도들과 충돌·교류했다. 가톨릭 지역인 안달루스에서 무슬림들은 8세기 초에서 15세기 말까지 약 800년간 여러 이슬람 왕국을 세우며 존속했다. 초기에 후(後)우마이야조(756-1031)는 강력한 이슬람 국가 체제를 유지했으나 이후 여러 군소 왕국으로 분열되면서 무슬림들은 이베리아 반도 내 기독교 세력의 공격을 받았다. 본토 가톨릭 세력의 활발한 레콩키스타(국토회복운동) 전개로 13세기 기간 중 안달루스에서 대부분의 이슬람 군소 왕국들은 기독교 국가들에 의해 함락되었고, 마지막으로 1492년 그라나다의 알아흐마르조가 항복함으로써 무슬림들의 실질적 존립은 종지부를 찍게 되었다.

1250-1517)의 군대와 일진일퇴를 거듭하는 가운데 양 진영 간의 오랜 전쟁은 인류 역사에서 기독교와 이슬람은 불구대천의 원수라는 부정적인 인식을 서로에게 심어 주는 결과를 낳았다.[3]

2001년 9.11사태 이후 이슬람과 서구 기독교 진영의 대립 구도에 학계와 일반인의 관심이 모아지면서 최근 몇 년간 국내에서는 십자군 전쟁 관련 해외 저서들이 번역, 소개된 바 있다. 대체로 그러한 저서들은 양 종교문화권 간 충돌이 비단 오늘날의 문제가 아니며, 일찍이 중세의 십자군 전쟁에서 유사점을 찾을 수 있다는 발상에 근거를 둔 연구서들이었다. 그러나 십자군 전쟁에 관한 진상을 파악하려는 목적을 띤 그 저서들 대부분은 서양 문헌을 바탕으로 서양인의 시각에서 십자군 진영의 사건과 활동을 중심으로 다룬 반면, 상대방인 이슬람 진영에 대해서는 소홀했다는 점을 부정하기 어렵다.[4] 십자군 전쟁은 유럽 기독교 세력과 이슬람 진영, 양측이 관여한 전쟁이었기에 양측에 관한 자료, 특히 당대 유럽어 자료와 아랍어 자료 모두를 참고하지 않고서는 그 전

3 특히 2001년 9.11사태 직후 미국의 부시 대통령은 배후 세력을 오사마 빈 라덴이 이끄는 이슬람 테러 집단으로 보고 그들에 대한 십자군 전쟁을 선포했다. 한편, 오사마 빈 라덴은 아프가니스탄과 이라크 등 이슬람권 국가에 대해 미국이 주도한 전쟁은 이슬람에 대한 적대행위로 보아 십자군 전쟁으로 묘사한 바 있다. 주지할 만한 점은, 오늘날 아랍 이슬람권 국가에게는 자국에 대한 서구의 군사 개입이 과거의 십자군 전쟁을 떠올리게 되므로 그들에게 십자군 전쟁은 곧 서구의 침략 전쟁, 식민주의와 연관된다는 것이다.

4 다만, 국내에 번역된 저서들 중 스탠리 레인 풀(Stanley Lane-Poole)의 『살라딘』(이순호 옮김, 갈라파고스, 2003)과 아민 말루프(Amin Maalouf)의 『아랍인의 눈으로 본 십자군 전쟁』(김미선 옮김, 아침이슬, 2002)은 중세 아랍 자료를 참조하였다. 그러나 이 두 책은 중세 아랍 자료를 인용한 부분에서 출처를 분명히 제시하지 않고 있어 학술서로 미흡한 점이 눈에 띈다. 특히 필자가 보기에 아민 말루프의 책은 학술서라기보다는 아랍어 사료를 활용하여 사건을 재구성한 역사 소설이다.

쟁과 관련한 어떤 문제에 대해 결론이나 판단을 내릴 수 없다. 그럼에도 서구 문헌 일변도로 연구해 온 국내 학계의 이러한 연구 경향은 우리로 하여금 십자군 전쟁에 관한 객관적인 시각을 갖지 못하게 한 주요인이었다.

그렇다면 이제는 십자군 전쟁 관련 당사자인 이슬람 진영의 목소리를 들어보아야 하지 않을까? 즉, 십자군이 침공했던 이슬람 영토인 시리아, 예루살렘, 이집트 등지에 있던 무슬림들이 어떤 일을 겪었고 십자군에 어떻게 대응했는지를 그들의 기록을 통해 알아볼 필요가 있지 않을까? 그동안 필자는 이 문제에 천착해 오면서 당시 십자군에 관한 중세 아랍어 사료를 조사, 수집했고 그 일부를 우리말로 번역해 십자군 전쟁 사료 선집 출간을 준비해 왔다.[5] 이 작업을 하면서 필자는 십자군 전쟁 기간 중 이슬람 진영에서도 당시의 사건들에 관해 적지 않은 아랍어 사료를 남겼음을 알게 되었다. 그동안 국내에서는 이 방면에 대한 연구의 부재로 그런 사료들에 대한 접근이 제대로 이루어지지 않았다.[6] 필자는 당시 십자군 관련 중세 아랍 자료를 소개하고 그것을 토대로 연구한다면 그동안 유럽 일변도의 자료와 시각에 대응하여 우리 한국인이 기독교와 이슬람 간의 충돌인 십자군 전쟁에 대해 균형 잡힌 시각을 갖는 데

5 필자는 서울대학교 인문학연구원 HK문명연구사업단의 공동연구로 『기독교인이 본 십자군, 무슬림이 본 십자군: 십자군 관련 동시대 유럽어 사료, 아랍어 사료 번역(가제)』(김능우, 박용진 역주) 출간을 준비 중이다.

6 현재까지 국내에서 중세 아랍시 자료를 활용한 이 분야의 연구로는 필자의 논문 두 편 「중세 아랍시에 나타난 '십자군과 이슬람 세계와의 충돌'에 관한 연구: 1차 십자군 원정(1096년)부터 쌀라흐 알딘 시대 말(1193년)까지」(『한국중동학회논총』 제22호, 2001), 「십자군 전쟁 당시 아랍 시인들의 이슬람 진영에 대한 비판: 아랍시 텍스트를 통한 문학사회학적 고찰」(『중동연구』 제33권 1호, 2014)이 있다.

도움이 될 것으로 생각해 왔다.

필자는 이처럼 십자군 전쟁에 관한 중세 아랍어 자료를 조사하면서 산문체 사료 외에 시가 있음에 주목했다. 이는 당시에도 아랍 시인들이 줄곧 전쟁 상황에 늘 관심을 기울이고 있었다는 점, 더욱이 사가(史家)가 때로 해당 사건을 기술하면서 그것과 관련한 시편을 인용하고 있다는 점이 특이해서였다. 사실, 전통적으로 아랍 시인들은 탁월한 언사의 능력에 힘입어 자힐리야(이슬람 이전) 시대부터 자신이 속한 부족이나 왕조 등 집단 공동체 내에서 영향력 있는 인물의 후원을 받으며 사회 내에서 중요한 역할을 수행해 왔다. 특히, 전시에 시인들은 시로써 아군 진영의 승리를 위해 군대의 용기를 북돋고 사기를 높였으며, 패배했을 경우에는 애도와 위로로써 다시금 군대가 힘을 얻게 했고, 적진에 대해서는 일말의 아량도 없이 거친 언사나 조소와 풍자를 담은 구절을 읊어 전의를 잃거나 약해지게 만들었다. 설령 시인들의 역할이 전쟁의 향방이나 결과에 직접적인 영향을 미치지는 않았겠지만, 사건이나 상황의 핵심을 꿰뚫어 보고 산문에 비해 매우 짧고 함축적인 시구로써 간결하고 깊은 인상과 여운을 남기는 방식으로 기록하는 그들의 시는 다분히 역사 기록 안에 포함되어 인용될 여지가 있었던 것으로 보인다.

무엇보다 필자가 시에 주목하는 것은, 사실을 주로 기술하는 산문 사료가 미처 담아내지 못하는 부분을 시가 보완할 수 있다는 생각에서이다. 즉, 십자군 전쟁 기간 동안 쓰인 아랍시는 당시 상황을 반영할 뿐만 아니라 십자군과 대치 상황에 놓여 다양한 국면을 겪었던 무슬림들의 실질적인 생각이나 심리 상태와 같은, 산문 사료가 포착하지 못하는 인간 내면의 모습을 알려 주는 자료가 되는 것이다. 이 점과 관련해 한 예를 들어 보자. 다음 자료는 이븐 알아시르(ابن الأثير 1160-1233)의 『역사

완본(完本)(الكامل في التاريخ)』에 기록된 사료로, 1099년 십자군이 예루살렘을 점령했을 때의 상황에 관한 것이다. 십자군에 의해 자행된 학살과 약탈을 묘사하고 있고, 이어 시리아 지역의 무슬림들이 바그다드의 압바스조 칼리프에게 달려가 예루살렘에서 벌어진 참극에 관한 소식을 전하고 있다.

이집트인들[파티마조]은, 이프티카르 알다울라(افتخار الدولة)라는 이름의 남자로 하여금 예루살렘을 대리 통치하게 하였고, 그는 그곳에 남게 되었다. 프랑크인들[십자군]은 아크레를 포위했다가 그곳을 점령할 수 없게 되자, 예루살렘으로 향했다. 그들은 예루살렘에 도착하여 40여 일간 그곳을 포위했다. 그들은 성 주변에 두 개의 탑을 세웠다. 그중 한 개는 시온 산 방향에 있었는데 무슬림들은 그것을 불태우고 그 안에 있던 자들을 모두 죽였다.

무슬림들이 탑을 불태우고 나자 그들에게로 급히 구조를 청하는 자가 와서 예루살렘 시가 다른 방향으로부터 점령되었다고 알렸다. 프랑크인들은 샤으반 달의 일곱 날을 남겨 놓은 시점인 금요일 아침(1099년 7월 15일), 예루살렘의 북쪽에서 도시를 점령했다. 칼이 도시 주민을 덮쳤다. 프랑크인들은 도시에 한 주간 머물면서 무슬림들을 죽였다. 한 무리의 무슬림들은 다윗 성채에서 방어하면서 피신하였다. 그들은 그곳에서 3일간 싸웠다. 프랑크인들은 그들에게 안전을 보장하였고, 무슬림들은 성소를 그들에게 양도하였다. 프랑크인들은 무슬림들과의 약속을 지켰고 무슬림들은 밤에 성을 나가 아스칼론으로 가서 그곳에 머물렀다.

프랑크인들은 알아크사 사원에서 7만 명 이상의 사람을 죽였다. 그중에는 다수의 무슬림 이맘들과 학자들, 경건한 신자들, 금욕주의자들이 있었는데 그들은 고향을 떠나와 그 성스러운 장소 부근에 머물고 있던 자들이었다. 프랑크인들은 바위의 돔 사원에서 40여 개의 은 촛대를 가져갔는데 촛대 1개는 3천6백 디르함의 무게가 나가는 것이었다. 또한 그들은 40라뜰의 무게가 나가는 은 가지 촛대를 가져갔다. 그들은 150개의 작은 촛대를 가져갔는데 그중에 금촛대는 20여 개나 되었다. 그들은 그곳에서 셀 수 없을 정도로 많은 재물을 약탈했다.

라마단 달(1099년 7월 22일-8월 20일)에 시리아 지역으로부터 도움을 청하는 자들이 까디(판사) 아부 사으드 알하라위(القاضي أبو سعدالهروي)를 동반해서 바그다드에 도착했다. 그들은 디완(궁전)에서 눈물을 자아내고 마음을 아프게 하는 소식을 전했다. 금요일, 그들은 사원에 서서 도움을 청하며 눈물을 흘렸고 청중들을 울렸다. 숭고한 성스런 도시 예루살렘에서 남자들이 살해되고, 여자와 아이들은 잡혀가고, 재물이 약탈되었다면서 무슬림들이 당한 일들이 언급되었다. 그 말을 전하는 이들은 너무 큰 슬픔에 휩싸여 라마단 단식도 하지 못했다.[7]

이어서 이븐 알아시르는 당시 상황을 그린 아부 알무답파르 알아비와르디(أبو المظفّر الأبيوردي، محمد بن أحمد بن محمد القرشي الأموي 507/1113 사망)의 다음 시를 인용하고 있다.

우리의 솟구치는 눈물은 피와 뒤섞였네
　　우리는 그 어느 동정도 받지 못하고
남아의 가장 치졸한 무기는 넘쳐 흐르는 눈물

7 ابن الأثير، الكامل في التاريخ، المجلد 10، ص 282-286.

전쟁의 불꽃은 창(槍)으로써 피어오르고
이슬람 신도들이여, 그대들의 뒤편에서는
머리통들을 발치에서 뒹굴게 하는 전쟁이 벌어지고 있다
초록 수풀의 꽃봉오리처럼 안락한 삶 속에서
평안하고 즐겁게 잠을 즐길 수 있단 말인가?
잠자던 모든 이를 깨우는 재난이 닥쳤는데
어떻게 숙면을 취할 수 있단 말인가?
시리아에 있는 당신의 형제들이 낮잠 자는 곳은
말 등이나 독수리의 배 속이건만
로마군이 그들에게 모멸감을 안겨줄 때
당신들은 태평스레 안락하게 지내고 있구나
얼마나 많은 피가, 얼마나 많은 여인이
부끄러움에 손으로 미모를 가리며 적에게 허용되었던가!
(중략)
그들이 열정에 힘입어 종교를 수호하려 들지 않는다면,
차라리 질투심에 힘입어 자신들의 여자들을 지키려 한다면
좋겠건만
전투가 격렬한 가운데 그들이 보수를 받지 못했다면,
차라리 전리품을 탐내어 전쟁터로 달려갔으면
코들이 코걸이에 걸려 끌려다닌다면
그들은 잘려지고 흙 묻은 코로 재채기를 하는 수모를 겪을 것
전쟁이 커다란 독수리의 눈매로 우리를 끈덕지게 주시하는 가운데
우리는 당신들에게 도움을 청했다
로마군은 아랍의 공격에 맞서

오랫동안 노여워하면서 우리를 예의주시하고 있다
이후로 만일 당신들이 분노하지 않는다면
우리는 적들에게 우리의 아낙네들을 넘겨주게 될 것[8]

이 시에서 시인은 십자군의 공격으로 시리아 지역 무슬림들이 겪는 고난에 대해 애절한 심정을 토로하는 한편, 강 건너 불구경하듯 타 지역의 재난에 무관심한 바그다드의 압바스조 통치부를 풍자하고 그들에게 사태의 심각성을 알리며 이슬람 지하드에 나설 것을 요구하고 있다. 그렇다면 십자군에 의한 예루살렘 함락이라는 사건을 놓고 앞선 역사 기술과 비교해 이 시는 어떻게 다른가? 당연히, 전자가 비극적 사건에 대해 조사하여 얻어 낸 사실 정보를 전달하고 있는 반면, 후자는 그 비극 속에서 무슬림들이 겪는 고난을 두드러지게 하려고 시인의 상상력에 힘입은 언어적 수사가 동원되어 청자의 감정을 자극하고 있다. 전자가 객관적이라면 후자는 다분히 주관적이고, 전자가 정적(靜的)이라면 후자는 동적(動的)이라고 말할 수 있다. 즉, 같은 비극을 전달하더라도 시인의 입을 통한 글은 청자에게 깊은 감정과 함께 전해져 오랜 여운과 인상을 남기고 있다. 이처럼 시는 사건에 대해 청자의 뇌리에 강한 기억을 남기고 함축적이고 복합적인 의미를 전달해 역사 기록의 한 방편으로 충분히 기능하고 있음을 알 수 있다. 필자는 이 점에 착안하여 십자군 전쟁 기간 중 쓰인 동시대의 아랍시를 수집해 번역하고자 하였으며, 이러한 시도는 사료 번역과 함께 십자군 전쟁 당시 아랍 무슬림들의 입장과 시각을 살필 수 있는 자료를 제공할 것으로 보인다.

8 *Ibid.*, pp. 284-286.

시의 시대 범위

유럽의 시각에서 십자군 전쟁은 일반적으로 약 2세기(1095-1291) 동안 성지 예루살렘을 탈환하고 지키기 위해 팔레스타인과 시리아 지역을 중심으로 하는 곳에서 이슬람 진영을 상대로 유럽인들이 벌인 전쟁을 의미하며, 대체로 십자군 전쟁은 8차에 걸쳐 연대기 형태로 기술되는 경향이 있다. 이 책에서 주해한 시의 시대 범위를 명시하기 위해 동방원정으로서의 십자군 원정을 당대 유럽과 이슬람 양 진영 간 주요 사건을 중심으로 약술하면 다음과 같다.

1095년 우르반[우르바누스] 2세의 주창으로 시작된 십자군(1차 십자군)은 1099년 그들의 목표인 예루살렘을 정복했고, 팔레스타인과 시리아 지역에서 에데사(Edessa) 백작령, 안티오크(Antiochia) 공국, 트리폴리(Tripolis) 백작령, 예루살렘 왕국을 건설했다. 유럽인들에 의해 '라틴 동방 왕국(Latin East)' 또는 '우트르메르(Outremer)'[9]로 불리는 이 지역 십자군 국가의 존재는 이후 기독교 진영과 — 시리아와 이집트를 중심으로 하는 — 이슬람 진영 간에 지속적인 정치적·군사적 충돌을 가져오는 계기가 되었다.

당시 이슬람 세계는 바그다드의 압바스조, 카이로의 파티마조, 페르시아와 이라크 등지의 셀주크조가 있었지만 분열된 양상을 보여 십자군의 공격에 맞서 효과적인 대응을 하지 못했다. 그러던 중 십자군을 상대로 대담하게 투쟁을 전개한 인물이 나타났는데 그는 곧 셀주크조에

9 '바다 건너'라는 뜻으로, 유럽 본토 외의 해외 식민지, 곧 11-15세기에 시리아와 팔레스타인 지역에 세워진 십자군 국가들을 의미한다.

의해 모술 지역의 총독으로 임명된 이마드 알딘 장기(عماد الدين زنكي 재위 1127-46, 이하 '장기'로 약칭)였다. 그는 시리아 지역 무슬림들의 단합을 꾀하면서 십자군을 공격했고, 1144년 에데사 백작령을 함락하였다. 이에 충격을 받은 유럽은 새로이 십자군(2차 십자군)을 보냈으나 장기조의 누르 알딘(نور الدين محمود بن زنكي 1118-74) 군대의 공격에 밀려 패퇴하였다. 누르 알딘은 십자군 수중에 있던 일부 이슬람 지역을 탈환하는 등 영향력을 발휘했다.

한편 이집트에서는 파티마조를 대신해 아이윱조가 세워지면서 이 왕조의 창건자인 살라딘(صلاح الدين بن أيوب 1137-93)이 본격적으로 대(對) 십자군 전쟁[10]을 추진해 갔다. 그가 1187년 힛띤(하틴Hattin) 전투에서 십자군 군대를 격퇴하고 예루살렘을 탈환하자 유럽은 경악을 금치 못했다. 이에 유럽은 영국 왕, 프랑스 왕, 신성로마제국 황제가 참여하는 대규모 십자군 원정(3차 십자군)을 감행하여 살라딘을 위협했으나 큰 성과를 거두지는 못했다.

그 이후, 1198년 교황 이노센트 3세는 새로운 십자군(4차 십자군)을 선포하였지만, 1204년 그 십자군은 이슬람 지역으로 향하는 대신 상업적 이익을 위해 기독교 세계의 중심지인 비잔틴 제국의 수도 콘스탄티노플을 무력 점령하고 약탈함으로써 십자군 본래의 목표에서 완전히 일탈하는 모습을 보였다.

---

10 일반적으로 '십자군 전쟁'이 '기독교도 유럽인들, 곧 십자군이 무슬림들을 상대로 행한 군사원정(military campaigns undertaken by the Christian Europeans against Muslims)'을 가리키는 용어인 데 반해, 필자는 이 책에서 '이슬람 진영이 십자군을 상대로 수행한 전쟁(wars undertaken by Muslims against the crusaders)'을 의도할 경우 '對십자군 전쟁'이라는 우리말 용어를 사용하겠다.

이후 유럽은 십자군에 맞선 이슬람 세력의 본거지를 이집트로 보고 그 지역을 정복하려 시도했다. 1219년 십자군(5차 십자군)은 이집트의 항구 딤야뜨[다미에타]를 점령하기도 했으나 결국에는 아이윱조의 군주 알카밀에게 참패하였다. 이어서 십자군을 이끈 신성로마제국의 황제 프리드리히[프레드릭] 2세는 알카밀과 협상을 벌여 1229년 예루살렘을 점령하기도 했다. 13세기 중엽 이집트를 향한 프랑스의 루이 9세(성왕)는 십자군 원정에서 자신이 이슬람 진영에 의해 포로로 잡히는 등 실패로 끝났고 이후 십자군의 동방원정은 약화되었다. 1291년 이집트 맘룩조의 이슬람 군대는 이슬람 지역 내 유럽인들을 완전히 추방했고 이후 십자군의 동방원정은 시도되지 않았다.

이 책에서 필자가 주해하려는, 십자군 전쟁과 관련된 아랍 시편들은 1차 십자군이 예루살렘을 점령(1099)한 시점부터 프랑스 왕 루이 9세의 이집트 침공(1249) 시기까지 약 150년의 기간 동안 지어진 작품들 중 일부이다. 이 기간은 이슬람 진영과 십자군 간의 대립이 종교적 신념에 따른 성전의 양상을 띠고 가장 치열하게 전개된 기간으로 간주된다. 구체적으로 이 기간은 이슬람 진영의 시각에서, 장기조의 장기와 누르 알딘, 아이윱조의 살라딘으로 대표되는 이슬람 진영의 지도자들과 살라딘 사후 아이윱조가 십자군을 상대로 전쟁을 수행한 기간이다. 이슬람 역사상 종국에 이슬람 영토에서 십자군을 축출한 맘룩조의 알다히르 바이바르스(الملك الظاهر بيبرس البندقداري), 깔라운(الملك المنصور سيف الدين قلاوون), 알아쉬라프(الملك الأشرف خليل بن المنصور قلاوون) 등 이슬람 군주들의 對십자군 전쟁의 역할이 있었지만, 이 책은 이와 관련된 시 자료를 다루지 않았다.

시의 내용과 주제

상기 기간 중 쓰인 아랍시들 중에서 필자는 이슬람의 성지인 예루살렘을 무슬림들이 십자군으로부터 탈환해 지키려는 의지나, 그러한 소망을 실현해 줄 이슬람 지역 통치자들의 對십자군 전쟁 활약, 그리고 그들에 대한 기대를 반영한 시를 중심으로 수집해 주해하였다.

이슬람 진영에서 볼 때 십자군은 이슬람 영토를 탐한 침략자이자 불신자 집단으로, 응당 몰아내야 할 대상이었다. 중세 아랍 사학자들의 연대기에서 십자군 전쟁에 관한 기술도 이 점에 초점이 맞추어져 있으며, 특히 그들은 이슬람의 성지 예루살렘을 어떻게 십자군으로부터 구해 내 지켜야 하는가에 관심을 두었다. 무슬림들은 역량이 뛰어난 이슬람 통치자가 나타나 이 사명을 수행해 주기를 기대했으며 이에 부응하는 자들이 곧 장기조의 장기와 누르 알딘, 그리고 아이윱조의 살라딘이었다. 이 세 인물은 바그다드를 수도로 하는 이슬람 제국인 압바스국의 칼리프가 수행해야 할 對십자군 지하드의 의무를 대신 짊어짐으로써 유럽 기독교 진영의 공격에 맞섰다. 이 세 통치자의 동시대 시인들은 그들에게 거는 무슬림들의 큰 기대감을 시에서 표출했다. 특히 시인들은 작품을 통해, 1099년 십자군에 빼앗긴 예루살렘을 되찾고자 하는 무슬림들의 간절한 바람을 세 통치자들에게 전하려 하는 등 전통적으로 아랍 시인들이 수행해 온 사회참여(社會參與)의 자세를 견지했다. 일례로, 시인들은 장기나 살라딘이 십자군에 맞선 전투에서 승리했을 경우 승전의 기쁨을 시로 담아 무슬림들의 사기를 드높이고 희망을 불어넣는 한편, 누르 알딘이 병환을 이유로 지하드 수행에 더딘 모습을 보일 경우 그의 쾌유를 바라며 지하드에 더욱 힘써 줄 것을 당부하는 등 시를 통한 간언과 조언을 잊지 않았다.

이 외에도 필자는 1192-3년 살라딘과 영국의 리처드 왕 간에 체결된 휴정 협정, 살라딘 사후 아이윱조 통치자들의 십자군 대처 상황과 관련된 시편들을 일부 추가했다. 이상으로 이 책에서 주해할 총 28편의 시는 상기의 시대 범위 내에서 예루살렘을 둘러싼 공방전을 중심으로 사건 발생순으로 분류, 배열하였다. 각 시편의 주제를 제시하면 다음과 같다.

I. 1099년 십자군의 예루살렘 점령

1. 아부 알무답파르 알아비와르디, "우리의 솟구치는 눈물은 피와 뒤섞였네"(492/1099): 예루살렘을 중심으로 시리아 지역이 십자군에게 점령당한 것을 바그다드 압바스조에 알림. 이에 대한 압바스조의 무관심을 탓하고 읍소하며 도움을 청함.
2. 익명의 시인, "코란을 불사르는 냄새 또한 피어오르는구나"(492/1099): 예루살렘을 점령한 십자군에 의해 이슬람이 겪는 수모를 알리고, 다른 지역 무슬림들에게 도움을 청함.

II. 이슬람 진영의 對십자군 전쟁 촉구, 특히 예루살렘 탈환 열망

● 장기조의 두 지도자 이마드 알딘 장기와 누르 알딘에게 예루살렘 탈환 촉구

3. 이븐 무니르 알따라불루시, "밤낮으로 열의와 결의가 생겨나고"(539/1144): 장기의 에데사 점령을 축하하고 이슬람의 영웅으로서 장기를 칭송함.

4. 이븐 알까이사라니, "아침빛은 어둠을 멸하노니"(539/1144): 장기가 십자군의 난공불락의 도시 에데사를 점령한 것을 축하함.
5. 이븐 알까이사라니, "칼날은 달콤한 승리를 맛보고"(544/1149): 누르 알딘의 인납 전투 승리를 축하하고 그의 지하드를 칭송함.
6. 이븐 무니르 알따라불루시, "그들이 더럽혀 놓았던 것을 지키고 정결케 하라"(546/1151-2): 십자군에 협조한 다마스쿠스 주민들을 징벌할 것을 누르 알딘에게 요구함.

● 딸라이으 이븐 룻직과 우사마 이븐 문끼드 간 화답시: 지하드를 위한 분발 촉구

7. 딸라이으 이븐 룻직, "죄로 인해 알라의 운명이 그곳을 덮쳤는가?"(551-2/1156-8): 지진으로 인해 사망한 시리아 주민들을 애도하면서, 십자군에 대한 지하드를 촉구함.
8. 딸라이으 이븐 룻직, "예루살렘으로 향하시어 그것으로 알라께 보상을 구하시오"(553/1158-9): 와병중인 누르 알딘에게 안부 인사를 전하며 예루살렘 탈환을 위한 지하드를 촉구함.
9. 우사마 이븐 문끼드, "군대의 사령관이여"(553/1158-9): 지하드에 몰두하는 딸라이으의 노력을 높이 평가함.
10. 딸라이으 이븐 룻직, "우리는, 말 안장에 몸을 단단히 묶어 고정시킨 채"(553/1158-9): 누르 알딘에게 지하드를 위한 조언과 충고를 함.

● 쉬르쿠흐와 살라딘에게 예루살렘 탈환 촉구

11. 이마드 알딘 알아쓰파하니, "조만간 예루살렘 정복을 무난히 이

루소서"(564/1168-9): 이집트의 와지르(재상)가 된 쉬르쿠흐에게 예루살렘 탈환을 기대함.

12. 이마드 알딘 알아쓰파하니, "예루살렘을 소홀히 하지 마시오"(564/1168-9): 쉬르쿠흐의 죽음을 맞아 살라딘을 위로하면서, 이집트 통치를 맡게 된 살라딘에게 예루살렘 정복을 위한 지하드를 촉구함.
13. 오마라 알야마니, "당신은 쇠로 된 바다를 이끌고"(564/1168-9): 이집트의 와지르로서 국가 부강과 십자군 격퇴라는 중책을 맡은 살라딘은 예루살렘을 탈환하고 이슬람 영토를 지켜 낼 의지를 지녔음.
14. 오마라 알야마니, "하늘의 별처럼 숭고한 대의를 위해 전쟁에 임하라"(564/1168-9): 이집트의 와지르가 된 살라딘에게 예루살렘 탈환을 당부함.
15. 오마라 알야마니, "그곳은 오랫동안 당신을 그리워하고 있소"(566/1170-1): 살라딘에게 예루살렘 정복의 숙원을 성취해 줄 것을 소망함.
16. 타끼 알딘, "예루살렘 땅이 당신에게 청혼하러 왔소"(583/1187-8): 살라딘에게 예루살렘 회복을 위한 지하드 수행을 권함.

Ⅲ. 살라딘의 對십자군 전쟁, 예루살렘 탈환(1187)을 중심으로 한 업적

17. 이븐 사나 알물크, "이슬람이 소망하던 바를 성취시켜 준 이여!"(583/1187-8): 살라딘이 시리아 일부 지역을 정복하고 힛띤[하

틴] 전투에서 승리한 것을 축하함.

18. 파크르 알딘 알쿳탑 알주와이니, "살라딘은 그들의 요청에 응했다"(583/1187-8): 살라딘은 예루살렘을 탈환하고 이슬람 영토를 구했으며 계속 이슬람을 지켜 나갈 것임.
19. 샤라프 알딘 알자우와니, "내가 내 눈으로 보는 것이 꿈은 아닌지?"(583/1187-8): 살라딘의 예루살렘 탈환에 대한 감격, 그의 탁월한 공적과 무용담.
20. 이븐 주바이르 알안달루시, "당신이 이슬람의 성지를 탈환함으로써"(585/1189-90): 예루살렘 등지를 탈환하고, 순례자에 대한 세금을 폐지한 살라딘의 업적을 높이 평가함.
21. 알라쉬드 이븐 알나블루시, "예루살렘을 지켜 주시오"(587/1191-2): 십자군의 예상되는 공격으로부터 예루살렘을 지켜 줄 것을 살라딘에게 요청함.
22. 이븐 알무자위르, "당신은 무함마드의 종교를 살려 냈고"(588/1192-3): 이슬람을 위해 헌신하는 살라딘의 위업을 드높이고, 살라딘과 휴전협정을 맺은 영국의 리처드 왕을 의심하면서 조롱함.
23. 이븐 알사아티, "영국 왕의 심장이 뛰는 가운데"(588/1192-3): 살라딘과 휴전협정을 체결함으로써 목숨을 부지한 영국의 리처드 왕을 조롱함.
24. 이마드 알딘 알아쓰파하니, "예루살렘은 그가 이룬 처녀 정복지 중 하나"(589/1193-4): 살라딘의 죽음을 애도하면서, 예루살렘 및 해변 지역을 정복한 그의 공적을 찬양함.

Ⅳ. 살라딘 사후 아이윱조 통치자들과 對십자군 전쟁

25. 까디 알따우르 마즈드 알딘, "내 눈에선 눈물이 홍수가 되어 쏟아졌다"(616/1219-20): 무슬림 통치자 알말리크 알무앗담이 군사 작전상 예루살렘을 파괴한 것을 비난함.
26. 무함마드 알까르까사니 알카뗍, "예루살렘이 파괴된 후에 더 큰 재난이 있을까?"(616/1219-20): 알말리크 알무앗담의 결정에 의한 예루살렘 파괴를 슬퍼하며, 그의 결정에 의구심을 가짐. 신앙으로 재난을 극복하자며 무슬림들을 위로함.
27. 샤합 알딘, "방방곡곡 예루살렘을 위해 통곡하고"(624/1226-7): 알말리크 알카밀이 예루살렘을 십자군에 양도하게 된 것에 대해 슬퍼하며, 살라딘 사후 무능한 아이윱조 통치자들을 비난함.
28. 익명의 시인, "로마인들의 왕이여"(647/1249-50): 7차 십자군에 참가한 프랑스 왕 루이 9세가 이집트를 침공해 점령하려는 것을 나무람.

주요 자료

이 책에서 주해를 위해 인용한 시 자료들의 주요 출처로는 다음 두 가지의 문헌을 들 수가 있다.

첫째는 1차 문헌으로, 아부 샤마(شهاب الدين أبو القاسم عبد الرحمن المعروف بأبي شامة 1230-67)의 『누르 알딘과 살라딘의 두 국가의 사실(史實)에 관한 두 정원(庭園)의 서(書)(كتاب الروضتين في أخبار الدولتين النورية والصلاحية)』(이하 『두 정원의 서』로 약칭)이다. 아부 샤마는 살라딘 사후 10년이 지난 시점에 출생했으며, 당시 아이윱조 안에서는 권력을 둘러싸고 분열과 내분이 일어나고 있었다. 아부 샤마는 생애 중 1년간 이집트에서 공부했고, 예루살렘과 히자즈 지역을 단기 방문한 것을 제외하고는 다마스쿠스에서 지냈다. 십자군 세력이 여전히 존속하고 있는 가운데 아이윱조 내부의 갈등과 혼란을 지켜본 아부 샤마는 이전에 누르 알딘과 살라딘이 보여 준 지도자로서의 헌신적인 자세와 치적을 기록하여 이슬람 통치자들의 모범으로 삼고자 했다. 그 결과물이 바로 그의 가장 중요한 저서 『두 정원의 서』이다. 이 책은 장기조의 누르 알딘 치세 초기부터 아이윱조의 살라딘 사망 시기까지 두 국가의 역사를 다루고 있다. 이 책은 『이븐 아비 따이의 역사(تاريخ ابن أبي طيء)』를 비롯해 그 일부가 오늘날 전해지지 않는 중요한 자료들을 직접 활용하고 있으며, 자신의 의도를 확실한 문서 자료로 입증하고 있다. 아부 샤마는 당시 문헌들에서 필요한 자료를 선별해 적극적으로 인용하는 방식으로 『두 정원의 서』를 집필하였으며 인용된 자료가 22개 문헌으로 약 961편에 달한다.[11] 『두 정원

11 أبو شامة، كتاب الروضتين في أخبار الدولتين النورية والصلاحية، المجلد 1، ج 1، ص 49.

의 서』는 연대기 방식의 역사서이면서 사건에 관련된 시를 풍부하게 제시하고 있어 필자가 인용한 시의 주요 출처가 되었다.

(이 문헌에서 인용된 시: 3, 4, 5, 6, 7, 8, 9, 10, 11, 12, 13, 14, 15, 18, 19, 20, 21, 22, 23, 24, 27번)

둘째는 2차 문헌으로, 압둘 잘릴의 『십자군 전쟁 시(詩)에서의 예루살렘, A. H. 492-648(بيت المقدس في شعر الحروب الصليبية 492-648 هـ)』이다. 이 책은 예루살렘과 그 주변의 도읍 및 성채를 둘러싼 십자군과 이슬람 군대 간의 공방전을 중심으로 당시의 아랍시 원문 전체나 일부를 제시하고 있다. 특히 이 책은 시 자료의 출처를 상세히 밝히고 있어 1차 문헌을 찾고자 할 때 지침이 되었으며, 1차 자료를 구하기 어려울 경우 인용 자료로 활용하였다. 필자는 이 책을 안내서로 삼아 상기의 『두 정원의 서』를 중심으로 하는 1차 문헌들인 중세 아랍 문헌들을 참조해 많은 시를 인용할 수 있었다. 그러나 압둘 잘릴의 이 책은 때로 시의 원문 전체가 아닌 그 일부만을 제시하거나, 1차 문헌의 원문과 차이를 보임으로써 인용 자료로 불충분한 점도 발견되었으며, 이런 경우에는 1차 문헌 자료를 우선시했다.

(이 문헌에서 인용하거나 참조한 시: 1, 2, 3, 4, 6, 7, 8, 12, 13, 14, 15, 16, 17, 18, 19, 20, 21, 22, 23, 24, 25, 26, 27, 28번)

이 외에 인용 출처로 이용한 1차 문헌을 제시하면 다음과 같다.

• 이븐 알아시르(عز الدين بن الأثير 1160-1233)의 『역사 완본(完本)(الكامل في التاريخ)』

: 이 책은 태초부터 628/1230-1년까지 이르는 기간의 이슬람 역사에 관한 주요 문헌으로 그 가치가 크다. 이라크, 이란, 스페인, 북아프리카 등 지리적으로 광대한 이슬람 동서 지역들의 역사를 광범위한 시각으로 균형 있게 다루었다. 십자군 전쟁과 관련해서는 십자군이 레반트 지역에 도착해서 이후 일어나는 사건들, 장기와 누르 알딘, 살라딘의 對십자군 지하드 같은 이슬람 진영의 대응 등의 사실들이 기록되어 있다.

(이 문헌에서 인용된 시: 1, 5번)

• 이븐 티그리 바라디(أبو المحاسن جمال الدين يوسف بن تغري بردي 1410-69)의 『이집트와 카이로의 제왕들 중 빛나는 별들(النجوم الزاهرة في ملوك مصر والقاهرة)』

: 아랍 정복부터 1467년까지 이집트의 역사를 기록한 책으로, 그에 앞선 사가들의 역사 저작들을 요약하고 그가 살았던 시대의 사건들을 추가했다.

(이 문헌에서 인용된 시: 2번)

• 이븐 와씰(جمال الدين بن واصل 1207-98)의 『아이윱조의 연대기에 관한 궁금증 해소(مفرج الكروب في أخبار بني أيوب)』

: 아이윱조의 역사에 관한 이 책은 1282년 사건까지 다루고 있는, 13세기 십자군 원정에 관한 중요한 사료이다.

(이 문헌에서 인용된 시: 11, 16, 17, 23번)

- 이븐 무니르 알따라불루시(1080-1153)의 시집(ديوان ابن منير الطرابلسي)
  (이 시집에서 인용된 시: 3, 6번)

- 딸라이으 이븐 룻직(1102-61)의 시집(ديوان الوزير المصري طلائع بن رزيك)
  (이 시집에서 인용된 시: 7, 8, 10번)

- 우사마 이븐 문끼드(1095-1188)의 시집(ديوان أسامة بن منقذ)
  (이 시집에서 인용된 시: 8번)

- 어븐 알사아티(1207-8 사망)의 시집(ديوان ابن الساعاتي)
  (이 시집에서 인용된 시: 23번)

중세 아랍시에 나타난 對십자군 전쟁:
아랍 시인의 역할[12]

1. 아랍 시인의 전통

아랍 동부 지역에서 아랍인의 역사는 크게 7세기 초 이슬람 등장을 기준점으로 그 이전과 이후의 시대로 나뉘어, 각각 이슬람 이전(자힐리야 الجاهلية) 시대(약 5-7세기 초)와 이슬람 시대(7세기 초 이후-현재)로 불

12 이 글은 필자의 두 편의 선행 논문(이 책의 18쪽, 각주 6번 참조)을 종합·수정·보완한 것이다.

린다. 이슬람 이전 시대, 그리고 — 우마이야조(661-750), 압바스조(750-1258)를 포함하는 — 중세 이슬람 시대(7세기 초-13세기 중엽)에 아랍 시인들 중에는 주관적 경험에 따른 자기표현을 중심으로 시를 쓴 시인들도 있었지만, 다수의 시인은 외부 세계나 현실에 관심을 갖고 그것에 관한 시를 쓰기도 하였다. 다시 말해 아랍 시인들은 개별적 인간으로서 자신의 내적 세계에 충실한 시를 짓기도 했지만, 그 외에 사회참여의 성격을 지닌 많은 시를 지었다. 그들은 자신이 몸담은 부족, 왕조, 국가 등 집단의 명예와 이익을 위해 시적 역량을 활용함으로써 그 집단 및 집단 수장(首長)과 밀접한 관계를 유지했다. 또한 그러한 관계는 바로 시인들의 생계 수단과 연관되어 그들은 대가를 받고 치자(治者)나 고관대작을 위해 칭송과 찬양의 색채가 짙은 시를 지었다. 그런 예는 이슬람 이전과 이후의 이슬람 시대의 많은 아랍 시인들에게서 찾아볼 수 있다.

아랍 시인들은 자신의 집단과 타 집단 간에 갈등 문제가 생기면 시를 이용해 자신의 집단을 옹호하고 적을 비난함으로써 자기 편의 사기를 높이고 구성원들이 우월함과 자부심을 갖도록 하고 집단 연대의식을 강화하려 힘썼다. 특히 시인들은 전시(戰時) 상황에서 자신들의 역량을 한껏 발휘했다. 시를 통해 아군의 강인함과 불굴의 의지를 드러내고, 적진을 무기력하게 그림으로써 군대와 구성원들의 용기를 북돋아 전의를 다지는 데 기여했다. 이슬람 이전 시대의 대표 시선(詩選)인 『무알라까트』를 보면 전시 상황에서 시인들이 시로써 자신의 부족을 옹호하고 상대방 부족은 비난하는 예를 볼 수 있다. 일례로, 다음 시에서 시인 아므르 이븐 쿨숨(عمرو بن كلثوم 600년경 사망)은 자신의 타글립 부족 군대가 바크르 부족을 상대로 싸운 전투에서 자기 부족의 용맹함과 탁월한 전투 역량을 과시하는 한편, 적군의 무기력함을 강조한다.

30 우리가 적에게 맷돌을 날라줄 때마다
그들은 맷돌과 만나서 가루가 되듯 죽임을 당한다
47 우리 청년 병사들은 싸움을 영광으로 여기는 자들
우리 백발 병사들은 경험 많은 백전노졸(百戰老卒)들
74 바크르 부족은 전리품과 포로들을 갖고 돌아갔고
우리는 적편 왕들을 쇠사슬로 묶어 돌아왔다
75 바크르 부족 사람들이여, 우리에게 감히 대적하려 들지 말라
당신들은 전쟁에서 우리의 용맹에 대해 확실히 알지
못했던가?

아므르 이븐 쿨숨의 「무알라까」[13]

이슬람 시대에 들어와 무슬림들이 타 지역에 대한 정복 전쟁을 수행하고 이슬람을 확장시켜 나가는 과정이나 비잔틴 제국을 상대로 전쟁하는 가운데에서도 아랍 시인들은 자신들의 시재(詩才)를 활용해 이슬람 국가의 통수권자나 지도자의 입장을 대변하고 격려하는 일을 잊지 않았다. 일례로, 압바스조 시대의 시인 아부 탐맘(أبو تمام 약 807-46)은 칼리프 알무으타씸이 838년 비잔틴 로마의 도시 암무리야(아모리온Amorion) 성(城)을 함락했을 때 다음 시로써 칼리프가 거둔 승리를 찬양하여 무슬림들의 사기를 높이고 자신감을 불어넣었다.

25 무슬림들의 지도자여! 당신은 암무리야 성(城)의
바위와 목재가 불에 타 무너지게 했도다

13 김능우 주해, 『무알라까트』(한길사, 2012), 230-234쪽.

41 알라께서 당신으로 하여금 암무리야 성의 두 망대를 치게
하셨고,
결국 알라께서 그 성을 멸하셨다
58 그[로마군 대장]는 전쟁의 열기로 타조처럼 뛰면서 도주한다
장작깨비가 많아지면서 전쟁의 불길이 넓게 퍼졌다
71 당신의 승리는 '노란 얼굴의 민족[로마인]'을 이름 그대로
노랗게 만들었고
아랍인들의 얼굴은 빛나게 만들었다

아부 탐맘의 「암무리야 전투 승전가」[14]

십자군 전쟁 기간에도 아랍 시인들의 이러한 역할은 지속되었다. 필자가 번역·주해한 시 작품에는 무슬림들이 십자군과 충돌하는 가운데 겪는 패배와 그것에 따른 애환과 불안, 반격을 위한 결의, 승리의 기쁨 등이 나타나 있어 당시의 긴박한 전시 상황 속에서 무슬림들의 내면과 심리를 알 수 있는 자료가 된다. 필자는 시 자료들을 조사하면서 당시 시 작품들이 사료처럼 실제 상황에 대한 사실 기록은 아닐지라도 대부분 사실에 근거를 두고 있고, 더욱이 그 상황에 처했을 당시 무슬림들의 정서적 반응과 입장 등 인간 내면의 움직임이 작품에 나타나 있음을 발견했다. 일례로, 시인은 사가처럼 단순히 이슬람 진영의 패배에 대해 그 결과를 기록하는 데에 그치지 않고 무슬림들의 고통과 울분을 함축적으로 강하게 전달함으로써 독자의 뇌리에 남도록 하였다. 시의 이러한 정

14 김능우, 「아부 탐맘의 암무리야 전투 승전가(勝戰歌)」, 『아랍시의 세계』(명지출판사, 2004), 265-272쪽.

서적 환기와 결합된 사실 전달이라는 효과에 힘입어 아랍 역사서에는 시가 빈번히 인용되는 것으로 생각된다. 이 점은 앨런 스윈지우드(Alan Swingewood)가 문학 텍스트를 통한 사회현상을 다루는 문학사회학(the sociology of literature)을 설명하면서, "예술로서의 문학은 사회적 삶의 표피를 뚫고 들어가 사람들이 사회에 대해 느끼는 방식을 보여 줌으로써 단순한 묘사나 객관적인 과학적 분석을 넘어선다"[15]라고 말한 바와 상통된다.

필자는 십자군 전쟁 당시 아랍 시인들이 작품을 통해 행한 역할에 관해 다음과 같이 두 부분으로 나누어 살펴보았다.

"2. 십자군 전쟁과 예루살렘"은 십자군 전쟁의 종교적 명분의 핵심이었던 예루살렘을 화제로 한 아랍시를 다룬다. 구체적으로는 이슬람교, 그리스도교 두 종교의 공동 성지인 예루살렘이 1099년 십자군에게 점령당하고, 이후 88년이 지난 1187년 살라딘이 그곳을 탈환하기까지 무슬림들이 심중에서 겪는 변화의 양상을, 아랍시를 통해 살펴본다. 당시 무슬림들에게 예루살렘은 이슬람 신앙의 중심지로, 그들의 생명이나 다름없는 곳이었기에 對십자군 전쟁을 다룬 시편들의 주요 소재가 되었다.

"3. 십자군 전쟁 중 아랍 시인들의 이슬람 진영 비판"은 십자군 전쟁 기간 (구체적으로는 1099년 1차 십자군의 예루살렘 점령부터 1229년 프리드리히 2세의 예루살렘 점령까지) 동안 아랍 시인들이 이슬람 진영 내부의 문제점을 어떻게 보았는지, 자신의 진영을 비판하는 데 초점을 두어 다루었다. 아랍 시인들이 십자군에 대응하고 위기 상황을 타개하기 위한 방안으로 적이 아닌 자신들 내부, 곧 이슬람 진영의 문제점을 진단했음은 주목할 만한 사항이 될 것이다. 이 글에서는, 십자군 전쟁 기간

---

15 앨런 스윈지우드, 『문학의 사회학』, 정혜선 옮김(한길사, 1984), 11쪽.

중 일어난 특정 사건들의 실례를 들고 그것과 관련된 시인들의 비판이 들어 있는 시 작품의 번역문 전문이나 부분을 제시하고 분석하는 방식을 따랐다.

2. 십자군 전쟁과 예루살렘

1) 예루살렘을 둘러싼 이슬람교와 그리스도교 간의 갈등

교황 우르반 2세가 주창한 십자군 원정의 명분은 종교적인 것으로, 그리스도교 성지인 예루살렘이 무슬림들의 수중에 들어가 있어 그리스도 교도들이 순례할 수 없고 무슬림들에게 박해를 받고 있다는 것이었다. 그렇다면 예루살렘은 종교적으로 어떠한 역사적 배경을 갖고 있는 것일까?

예루살렘은 중동 지역에서 일어난 세계적 종교인 이슬람교, 그리스도교, 유대교의 종교적 · 정신적 성도(聖都)이다. 예루살렘은 기원전 962년 유대인들의 신앙을 상징하는 솔로몬 성전이 그곳에 세워진 이래로 성도로 간주되었다. 그러나 예루살렘은 바빌로니아(B. C. 587), 그리스(B. C. 170), 로마(B. C. 70)에게 점령되었고 솔로몬 성전도 이들에 의해 세 차례에 걸쳐 파괴되는 수난을 겪었으며, 이후 예루살렘은 유대인들의 민족국가 재건의 열망과 신앙의 중심지가 되었다. 또한 그리스도교에서 예루살렘은 구약 성경의 역사와 관련된 곳이며, 신약 성경에서 예수가 활동한 곳이자 십자가형을 당하고 이후 부활하여 승천한 곳으로 그의 생애와 관련된 많은 성지와 교회들이 있어 그리스도 교도들의 정신적 고향이 되는 곳이다.

한편 이슬람교에서 예루살렘의 중요성은 그곳에 있는 알아크사 사원과 밀접하게 연관된다. 이슬람교의 하디스(الحديث 무함마드 언행록)에 따르면 알아크사 사원은 메카의 알하람(الحرام) 사원이 세워지고 40년 후 예루살렘의 알무리야(الموريا) 산 위에 세워졌다. 알하람 사원은 아브라함과 그의 아들 이스마일에 의해, 그리고 알아크사 사원은 다윗과 그의 아들 솔로몬에 의해 각각 이전의 기초 위에 세워진 것이다. 이처럼 두 사원은 이슬람의 상징으로 중요하며, 이슬람교의 사도 무함마드의 '여행과 승천(الإسراء والمعراج)' 사건[16]에 의해 두 지역이 하나로 연결되어 이슬람의 성지로서 굳건한 위치를 점하게 되었다.

또한 예루살렘은 무함마드의 이슬람 포교가 시작되면서 무슬림들에게 신앙의 상징으로 중요한 위치를 차지하게 되었다. 그 위상은 무함마드가 헤지라(Hegira, 622년 메카에서 메디나로 이주한 사건) 이전 메카에서 활동하던 기간과, 헤지라 이후 메디나에서 머물던 16개월 동안 예루살렘을 무슬림들의 예배 방향으로 정했던 것을 계기로 한층 드높아졌다. 물론 이후에 무슬림들의 공식적인 예배 방향은 메카로 정해졌지만, 예루살렘은 여전히 메카, 메디나에 이어 이슬람교 제3의 성도로서 신앙의 중심지로 남게 되었다.

예루살렘은 7세기 초 이슬람의 등장과 함께 이슬람의 영향력이 확대되면서 칼리프 오마르 시대에 이슬람 역내에 편입되기에 이르렀다. 즉,

---

16 사도 무함마드가 포교하던 시절 이슬람교에 대한 박해가 심해지자, 가브리엘 천사가 무함마드를 데리고 아라비아 반도의 메카에 있는 하람 사원에서 예루살렘에 있는 알아크사 사원까지 먼 거리를 한밤중에 여행했고, 예루살렘에 도착한 무함마드는 그곳에 있던 번개같이 빠른 '부라끄'라는 전설적인 짐승을 타고 하늘에 올라가 알라(하나님)의 징표를 직접 눈으로 보았으며 천국에까지 다녀왔다는 이야기. 이 내용은 코란에도 나와 있어, 무슬림들은 이것을 중요한 기적으로 여기며 믿고 있다. 이슬람교에서는 사도 무함마드의 승천을, 하나님이 그에게 직접 기적을 보여 줌으로써 이슬람의 위상을 높여 준 것으로 본다.
محمّد عبد القادر أبو فارس، في ظلال السيرة النبوية: الإسراء والمعراج، ص 15-16.

636년 야르묵(اليرموك) 전투에서 무슬림군이 비잔틴 로마군에게 승리를 거두면서 칼리프 오마르는 비잔틴 로마 제국의 예루살렘을 점령했다. 이후 약 460여 년이 지난 1099년, 십자군이 그리스도교의 성지임을 명분으로 예루살렘을 점령하기 전까지 이곳은 우마이야조, 압바스조, 파티마조 등의 이슬람 통치 시대를 거치는 동안 계속 이슬람 지역에 속해 있었다.

유럽의 십자군 원정의 초기 목적은 성지 예루살렘을 그리스도교 수중에 넣는 것이었다. 원정 초기인 1099년 십자군은 이집트의 파티마조의 통치하에 있던 예루살렘을 점령했다. 이후 이슬람 진영에서는 장기조의 장기와 그의 아들 누르 알딘이 시리아 지역을 중심으로 십자군과 전쟁을 벌이기는 했으나 예루살렘은 탈환되지 않았다. 이슬람 진영은 십자군에게 예루살렘을 내어 준 지 88년이 지난 1187년 이집트 아이윱조의 군주 살라딘의 활약에 힘입어 그 도시를 탈환하는 데 성공했다. 이후 예루살렘은 다시 십자군의 수중에 들어가고 재차 이슬람군이 탈환하는 등 주인이 바뀌는 가운데 마침내 642/1244-5년 3차 탈환으로 이슬람의 수중에 들어올 때까지 양측은 이곳을 두고 오랜 기간 전쟁을 벌였다.

2) 1099년 십자군의 예루살렘 점령

1차 십자군은 소아시아에서 이슬람 진영의 셀주크조 튀르크 군대에 승리를 거둔 뒤 남하하여 안티오크, 마아르라 알누으만 등을 비롯한 시리아의 일부 지역과 예루살렘을 정복하고, 무슬림들에게 큰 피해를 입혔다. 특히 십자군은 1099년 예루살렘을 정복하면서 역사상 유례 없는 잔인한 학살을 저질렀다. 이에 대해 이븐 알아시르는 다음과 같이 적고 있다.

"프랑크인들은 (…) 예루살렘의 북쪽에서 도시를 점령했다. 칼이 도시 주민들을 덮쳤다. 프랑크인들은 도시에 한 주간 머물면서 무슬림들을 죽였다. (…) 프랑크인들은 알아크사 사원에서 7만 명 이상의 사람을 죽였다. 그중에는 다수의 무슬림 이맘들과 학자들, 경건한 신자들, 금욕주의자들이 있었는데 그들은 고향을 떠나와 그 성스러운 장소 부근에 머물고 있던 자들이었다. (…) 그들[프랑크인들]은 그곳에서 셀 수 없을 정도로 많은 재물을 약탈했다."[17] 그곳의 참상에 대해 『게스타 프랑코룸』에는 이렇게 기록되었다. "도시 대부분이 거의 죽은 시체들로 가득 찼으므로, 그 썩는 악취 때문에 지휘관들은 사라센인들의 시체를 전부 도시 밖으로 던져 버리도록 명령했다. 그래서 살아 있는 사라센인들이 성문 앞으로 시체를 끌고 와 집채만 하게 쌓아 올렸다. 이전에는 그 어느 누구도 이교도들을 그렇게 학살한 광경을 보지도 듣지도 못했다. 시신들이 피라미드처럼 쌓아 올린 화장대에 올려져 불태워졌으므로 신을 제외하고는 그 수가 얼마나 되는지 아무도 헤아릴 수 없었다."[18]

시인 알아비와르디는 당시 십자군의 예루살렘을 비롯한 시리아, 팔레스타인 지역 점령의 비극적 상황을 시에서 그렸다. 그는 눈물을 아껴야 하는 남자이지만 어쩔 수 없이 울 수밖에 없는 안타까운 상황을 말한다. 시리아 지역의 무슬림들은 십자군의 공격으로 머리가 절단되고 죽임을 당해 맹금류의 먹이가 되고, 언제 들이닥칠지 모르는 십자군을 경계하며 긴장한 채 말 위에서 잠을 자야 하며, 무슬림 여인들은 적에 잡혀 능욕을 당하였다.

---

17 ابن الأثير، المصدر السابق، المجلد 10، ص 283-284.

18 W. B. 바틀릿, 『십자군 전쟁: 그것은 신의 뜻이었다!』, 서미석 옮김(한길사, 2004), 163쪽.

1　우리의 솟구치는 눈물은 피와 뒤섞였네
우리는 그 어느 동정도 받지 못하고
2　남아의 가장 치졸한 무기는 넘쳐 흐르는 눈물
전쟁의 불꽃은 창(槍)으로써 피어오르고
3　이슬람 신도들이여, 그대들의 뒤편에서는
머리통들을 발치에서 뒹굴게 하는 전쟁이 벌어지고 있다
6　시리아에 있는 당신의 형제들이 낮잠 자는 곳은
말 등이나 독수리의 뱃속이건만
8　얼마나 많은 피가, 얼마나 많은 여인이
부끄러움에 손으로 미모를 가리며 적에게 허용되었던가!

(1번 시)

익명의 한 아랍 시인도 예루살렘과 시리아 지역이 십자군의 수중에 들어간 것에 대한 비애감을 담은 시를 남겼다. 십자군에 의해 영토를 빼앗기고 인명이 살상되며 이슬람 사원이 그리스도교 수도원으로 바뀌고 코란이 불태워지는 등 무슬림들과 이슬람교가 겪는 치욕적인 고난을 생생하게 그린다.

1　불신자들은 이슬람에 사악한 짓을 범했고,
그로 인해 이슬람교에 대한 통곡은 길어지는구나
2　진리는 간데없고, 영토는 침범당했고,
칼은 절단하며, 피는 쏟아졌다
3　얼마나 많은 무슬림 남성이 약탈을 당했고,
얼마나 많은 무슬림 여성이 능욕을 당했던가

4 적(敵)은 얼마나 많은 이슬람 사원을
(그리스도교) 수도원으로 만들었고, 미흐랍에 십자가를 세웠던가
5 그 안에서 돼지의 피 냄새는 적에게 향기가 되고,
코란을 불사르는 냄새 또한 피어오르는구나

(2번 시)

3) 무슬림들의 예루살렘 탈환 열망

예루살렘을 십자군에게 빼앗긴 후 이슬람 진영은 한동안 십자군을 상대로 별다른 대응을 하지 못했다. 그러다가 539/1144-5년경 이후 이슬람 진영의 선봉장인 장기조의 장기와 그의 아들 누르 알딘, 그리고 아이윱조의 살라딘 같은 지도자들의 활약에 힘입어 이슬람군이 對십자군 전쟁에서 승리를 거두면서 무슬림들은 점차 자신감을 가졌고 이는 시에 표출되었다. 시인들은 작품을 통해 예루살렘 탈환을 목표로 지하드를 외치고 무슬림들의 단결을 촉구하였다. 예루살렘 탈환을 촉구하는 내용은 칭송, 애도, 격려 등의 다양한 주제로 시에서 나타난다. 특히 예루살렘 탈환을 향한 강한 열망은 장기, 누르 알딘, 쉬르쿠흐(أسد الدين شيركوه بن الشاذي، الملك المنصور 1169 사망),[19] 살라딘과 같은 이슬람 진영의 영웅들에 대한 칭송과 애도 시에서 뚜렷이 드러난다.

12세기 중반 무렵 이후 장기조의 이슬람 군대가 십자군과 격전을 벌인 에데사(الرها) 전투(1144)와 인납(الإنّب) 전투(1149) 등에서 결정적인 승리를 거둔 이후 예루살렘 탈환을 부르짖는 시인들의 외침은 커져갔다. 이븐 무니르는 장기가 에데사에서 거둔 승리를 찬양하는 다음 시

19 이 책의 124쪽 각주 4번 참조.

에서 그가 이 승리를 기점으로 지하드를 계속해 무슬림들의 소망인 예루살렘 탈환을 성취시켜 주기를 간절히 바란다.

1 이마드 알딘에 의해 명백한 승리가
종교의 고리에 붙들어 매졌다
8 다신교도들이 그의 영토를 점령하려 했을 때
그는 이백 명의 군대로 적군 이십만 명을 상대했다
9 전투는 로마의 개를 절명케 했던 바,
무화과를 자르듯 그의 심장 동맥을 절단했다
31 내일 예루살렘에 군마들의 가슴팍이 놓여지게 되고
마른 풀을 타작하듯 그곳을 타작할 것
32 밤낮으로 (예루살렘 탈환을 향한) 열의와 결의가 생겨나고,
그 결의가 이르는 곳마다 적의 어떤 요새도 굳건하지 못하네

(3번 시)

이븐 알까이사라니는 인납 전투에서 승리를 거둔 누르 알딘을 칭송하는 다음 시에서 그에게 예루살렘과 알아크사 사원을 십자군의 수중에서 구해 낼 것을 촉구한다. 이슬람의 중요한 상징인 알아크사 사원을 회복하는 것이야말로 예루살렘 탈환의 진정한 대의명분임을 강조함으로써 무슬림들의 지하드 수행 의욕을 자극하고 있다.

3 이마드 알딘의 아들이여! 당신은 결의를 수행하기 위해
어려움을 마다하지 않았고 결국 정상(頂上)과 악수를 하였도다
4 당신의 능력은 모든 높은 것들을 세우고,

심지어 별을 받침대로 하는 둥근 지붕을 세웠도다
5 진실로 당신의 결의는 단호하고, 의지는 강해서
세월이 엄두도 못 낼 일을 해냈도다
6 다른 이들이 잘 때 당신은 깨어 있고,
다른 이들이 두려움에 떨고 있을 때 당신의 심장은 침착성을
잃지 않는다
7 당신의 칼은 프랑크인들을 공격해
그들을 두렵게 하고, 로마군의 심장은 두근거린다
41 최후의 목적지로 당신을 이끌어 줄 우렁찬 함성의 군대와 함께
알아크사 사원으로 전진하라. 예루살렘을 향해
42 당신의 파도로 하여금 해안을 정화(淨化)시키도록 하라
당신은 바다. 큰 소리를 내는 엄청난 양의 물이 있는 바다

(5번 시)

아랍 시인들의 예루살렘 탈환 촉구는 지도자의 죽음을 애도하는 시에서도 드러난다. 애도 시에서 시인들은 고인이 생전에 행한 對십자군 전쟁의 업적을 찬양하고, 또한 그의 뒤를 이어 후임자가 지상(至上)과제인 예루살렘 탈환을 성취하기 위해 더욱 매진해 줄 것을 당부한다. 이마드 알딘 알아쓰파하니는 564/1168-9년 지은 시에서 아사드 알딘 쉬르쿠흐의 죽음을 맞아 살라딘을 위로한다. 시인은 쉬르쿠흐가 십자군에 맞서 지하드를 이끌었던 공적을 높이 평가하면서 그의 뒤를 이어 이집트를 통치하게 된 살라딘에게 對십자군 전쟁을 계속할 것과 예루살렘 탈환을 위한 군은 결의를 다질 것을 촉구한다.

5 쉬르쿠흐는 자신의 힘으로 뭇 왕들을 능가했다
그들은 숭고함에서 그에 버금갈 수 없었는바, 그는 자부심을 지녔다
6 황색 인종 프랑크인들은 그의 빛나는 칼과
갈색 창에 의해 붉은빛의 죽음을 맞이했다
10 살라딘이 대리자로 나서 통치를 맡았다
아침 태양이 보름달의 뒤를 잇는 것은 어떻게 생각되는가
13 당신은 당신의 근엄함으로써 다신교도 군대를 패배시켰고,
저들은 겁먹고 두려워하며 안절부절못했다
14 당신은 이집트 주변에 있는 저들의 무리를 산산조각내어 흩어지게 했고,
적을 분쇄하여 이집트 주민들에게 삶을 회복시켜 주었다
17 약속을 어긴 자들의 피로써 당신이 연못을 만들어 놓을 때까지
이슬람은 목마름을 해소하지 못할 것
18 프랑크인들을 죽이고 사로잡으면서
그들에게 징벌의 채찍을 가하시오
19 예루살렘을 소홀히 하지 마시오
처녀를 범하듯이 그곳을 공격해 정복하겠다는 결심을 하시오

(12번 시)

무슬림들은 對십자군전의 두 주역인 장기조의 장기와 누르 알딘이 타계한 후 이들의 임무를 계승하여 십자군을 상대하고 무력화시킬 수 있는 지도자는 살라딘 외에는 없음을 직시하였다. 살라딘은 이집트에서 내부의 정치적 불안으로 십자군에 제대로 저항조차 못했던 파티마조를

없애고 아이윱조(1171-1260)를 창건했다. 그는 안정된 통치를 기반으로 시리아 지역마저 자신의 지배하에 넣음으로써 이후 이 지역에서 십자군을 압박할 수 있었다. 무슬림들은 살라딘이야말로 십자군에 대적할 수 있는 실질적인 힘을 갖춘 인물로 보고 그가 예루살렘 탈환의 소망을 성취시켜 주기를 고대했다. 당시 시인들의 작품에는 무슬림들의 이러한 기대감이 표출되어 있다.

오마라 알야마니의 다음 시에는 예루살렘 회복을 위해 살라딘에게 거는 기대 심리가 잘 드러나 있다. 살라딘은 말보다는 실천을 중시하는 자이며 이집트 지역의 실질적인 통치자임을 밝힘으로써 그의 지하드 실천의 강한 의지와 이슬람 진영에서의 확고부동한 위상을 강조하면서 그에게 예루살렘 탈환을 위해 매진해 줄 것을 당부한다.

4 이븐 아이윱에게 전하라
예리한 무기를 든 자보다 말만 하는 자가 얼마나 부질없는가를
5 하늘의 별처럼 숭고한 대의를 위해 전쟁에 임하라
이집트 통치는 합의에 따른 것이 아니다
6 결심이 연약한 자에게 말하라
진지함으로 돌아가고 농담은 버리라고
7 닫혀 있던 예루살렘은 유수프의
손에 의한 정복을 허용했도다

(14번 시)

다른 시에서 오마라 알야마니는 예루살렘이 살라딘을 그리워한다는 비유를 통해 그가 예루살렘 탈환의 숙원을 성취해 줄 것을 소망한다.

사랑에 빠져 연인을 애타게 그리워하는 여인의 심리를 예루살렘 탈환의 열망, 곧 살라딘이 예루살렘 회복을 위해 출정해 주기를 바라는 무슬림들의 강렬한 소망과 연결시킨다. 그리워하던 연인 간의 만남은 사랑의 향기를 발하듯이 살라딘과 예루살렘의 만남은 무슬림들에게 다시금 정의와 평화의 시대를 되찾아 줄 것임을 확신한다.

10 당신은 예루살렘에게 사랑의 감정이 일어나게 하였고,
그로 인해 그곳은 오랫동안 당신을 그리워하고 있소
11 당신과의 만남에서는 고급스런 향기가 생겨나고,
그 피어나는 향내는 이슬람의 마음에 기쁨을 준다
12 당신의 이러한 공격은 조만간 예루살렘 정복으로 가는 계단으로,
당신은 선구자요 새 길을 닦는 자
13 알라의 행하심에 힘입어 당신이 그 집의 문을 열게 되면
그 후로 시리아 지역에 닫혀 있는 문은 없게 될 것

(15번 시)

살라딘의 조카인 타끼 알딘은 살라딘을 칭송하는 시를 통해 그에게 예루살렘 회복을 위한 지하드 수행을 강력하게 권한다. 여기에서 예루살렘은 살라딘 같은 뛰어난 역량을 갖춘 남자만을 기다리는, 혼기에 이른 처녀에 비유된다. 그 처녀는 그동안 자신에게 구혼한 많은 남자들이 있었지만 자신의 신랑감으로는 부족한 자들이어서 청혼을 거부해 왔다. 이를 통해 십자군으로부터 예루살렘 탈환의 사명을 감당할 자는 살라딘 외에는 없음을 암시한다.

2 예루살렘 땅이 당신에게 청혼하러 왔소
그녀의 충분한 배필이여, 그녀의 처녀성은 확실하오
3 종들과 하녀들의 시중을 받으며 베일을 쓰지 않고
규방에 머무르는 신부가 당신에게 시집왔소
4 살라딘이여, 지체 마시고 처녀인 그녀를 아침 일찍 취하시오
대지의 왕들이 그녀를 애타게 주시하고 있으니
5 그녀의 아름다움에 반한 얼마나 많은 청혼자들이
그녀에게 부족하다는 이유로 그녀를 얻지 못한 채 거절당했던가!

(16번 시)

4) 살라딘의 예루살렘 탈환

1187년 힛띤에서 십자군에 결정적 타격을 가한 살라딘은 전세를 역전시켰고 이어 예루살렘을 탈환하는 데 성공했다. 이슬람 제3의 성도를 되찾은 무슬림들의 기쁨은 절정에 달했다. 무슬림들의 예루살렘 회복은 지상 과제로서 그들의 절대 목표였기에, 그곳의 탈환은 특정 지역을 되찾았다는 차원을 넘어 무슬림들의 신앙 회복, 사기 고양과 직결되는 중요한 사건이었다.

무슬림 문인들은 예루살렘 탈환에 각별한 관심을 갖고 이에 대한 자신들과 무슬림들의 반응과 느낌을 표현하였다. 그들 중에서도 이마드 알딘 알아쓰파하니는 자신의 저서 『예루살렘 정복에 관한 사즈으체 기록』[20]에서 살라딘의 예루살렘 탈환을 이슬람 역사상 제2의 헤지라(Hegira)로 간주할 정도로 이 승리를 중요시하였다.[21] 이 책에서 저자는

---

20 이 책의 170-171쪽 참조.

예루살렘 탈환 연도인 583/1187년을 기점으로 역사 기술을 시작하고 있는 것을 보더라도 그가 이 사건에 상당한 비중을 두었음을 알 수 있다. 또한 아랍 점성가들이 살라딘에게 "당신의 성좌로 짐작컨대 당신은 한쪽 눈을 잃는 한이 있더라도 예루살렘에 들어갈 것입니다"라고 말하자, 그는 "나는 그 도시 탈환을 위해서는 장님이 되어도 좋소"[22]라고 응답했다는 일화에서 보듯, 그가 예루살렘 탈환 문제에 얼마나 심혈을 기울였던가를 짐작할 수 있다.

살라딘이 예루살렘을 탈환하자 무슬림들은 놀라움을 금치 못했다. 시인들은 꿈에서 그리던 예루살렘 회복이 현실에서 진정 이루어졌는가 반신반의하며 기쁨과 놀라움을 동시에 나타냈다. 다음 시행에서 샤라프 알딘 알자우와니는 살라딘의 예루살렘 탈환이 꿈인지 생시인지 알 수 없다고 말하면서 이전에는 이슬람 군대가 대적하기에 벅찼던 십자군을 모처럼 패퇴시키고 이슬람 성지 예루살렘을 탈환한 것에 대한 놀라움과 당혹감이 뒤섞인 가운데 승전의 기쁨을 나타내고 있다.

1 내가 내 눈으로 보는 것이 꿈은 아닌지?
예루살렘이 탈환되고 프랑크족이 패하였으니
2 쓰레기는 청소되었고
불결함이 제거됨으로써 그곳은 정화되었다
3 그들의 왕은 족쇄를 차게 되었구나
이전에는 그들의 왕이 포로로 잡혀가는 것을 본 적이 없었건만

---

21 عبد الجليل (ب)، ص 71.

22 أبو شامة، المصدر السابق، المجلد 2، ج 3، ص 211.

4 알라에 의한 승리와 사도에게 약속된 정복이 이루어졌으니
알라를 찬미하고 알라의 용서를 구하라
5 시리아 지역은 정복되었고
최후심판일에 인류가 모일 곳인 예루살렘은 정화되었다

(19번 시)

예루살렘 탈환은 무슬림들을 통합, 단결시켜 십자군에 충분히 대항할 수 있다는 자신감을 불어넣어 준, 이슬람사에서 하나의 큰 획을 긋는 중대한 사건이었다. 아랍 시인들은 예루살렘 탈환이 갖는 중요성에 비추어 이 승리를 이슬람사에서 위대한 승전 대열에 자리매김하는 데 주저하지 않았다. 특히 그들은 이 승리가 이슬람교의 창시 이래로 불신자 집단이나 이교도 민족과 싸워 무슬림들이 거둔 지난날의 중요한 승전들에 비견할 만한 것임을 강조하며 그 위상을 높이려 하였다.

다음에서 파크르 알딘 알쿳탑 알주와이니는 살라딘의 예루살렘 탈환전에서의 승리를 과거 예언자들이 불신자 집단에 맞서 거두었던 승전의 반열로 격상시킨다. 그는 만약 이 승리가 예언자 무함마드의 생존 시기에 있었다면 이에 관한 코란의 구절이 계시되었을 것이라는 가정을 통해 승리의 가치를 최대한 높인다.

1 이 왕에 속한 하늘의 군대는 이슬람의 지원 부대
어느 누가 그들을 의심했던가? 이 정복이 그 증거
2 우리가 이야기하는 것을 사람들은 어느 시대에 보았던가?
앞서 여러 시대가 지나갔건만
3 이 정복들은 예언자들이 행한 정복과 매한가지

값으로 매길 수 없으며 시를 지어 감사할 뿐
14 그 외에 사람들은 무시하라
지상의 왕들 중 어느 한 사람도 프랑크인들을 이기지 못했으니
15 이 정복이 예언자 시대에 있었다면
이에 관해 코란 구절이 내려졌을 것

(18번 시)

다음 시행에서 샤라프 알딘 알자우와니는 예루살렘 탈환의 공적을 세운 살라딘을, 이슬람 초기에 이슬람 수호와 전파의 사명을 맡았던 4명의 정통 칼리프, 곧 아부 바크르와 오마르, 오스만, 알리와 연관짓는다. 이를 통해 무슬림들에게 있어 살라딘의 위상은 정통 칼리프에 버금가는 이슬람사 최고의 인물로 각인된다.

6 사도 무함마드를 위해 그곳을 정복한 이분은 누구던가?
그에 관해 들리는 얘기는 무엇이며 그의 명성은 어떠한가?
7 유수프, 당신은 정복으로는 알씻디끄이며,
또한 진위 판단으로는 마음이 정결(淨潔)하신 이맘 오마르
8 당신은 샤리아를 수호함에서는 오스만이며,
또한 예언자를 지지함에서는 하이다르

(19번 시)

예루살렘 탈환은 십자군 치하에서 종교적 간섭과 탄압을 받던 무슬림들에게 신앙의 회복을 알리는 희소식이었다. 이에 아랍 시인들은 성지 예루살렘 탈환은 곧 이슬람 신앙과 의식(儀式)의 회복이며, 그리스도

교 십자군에 대한 이슬람의 승리를 의미하는, 종교적으로 중요한 사건임을 강조하였다. 이븐 사나 알물크는 예루살렘에서 십자군의 점령하에서 굴욕을 겪으며 위태로운 지경에 처했던 이슬람교를 해방시키고 소생시킨 살라딘의 공적을 높이 평가하며, 그것은 알라의 감사와 칭찬을 받을 만큼 이슬람을 위한 중대한 치적이었다고 말한다.

5 이슬람교는 사람들에게 감사했고,
당신은 이슬람교에 감사했다
6 당신은 죽어 있던 종교를 소생시켰고,
노예 신세였던 종교를 해방시켰다
7 알라께서는 당신이 옥좌 위에서, 천사들의 집에서
행한 바에 감사하셨고 칭찬하셨도다

(17번 시)

이븐 주바이르 알안달루시는 살라딘이 성취한 예루살렘 탈환의 승전을 십자군에 대한 이슬람교의 복수 실현으로 묘사하는 한편, 그 승리로 이슬람의 성지 예루살렘이 다시 생명과 정결함을 회복했다고 말한다.

12 당신은 정도의 종교를 위해 적들에게 복수했다
알라께서는 복수하는 자로 당신을 택하셨다
18 당신이 이슬람의 성지를 탈환함으로써
성지는 원래의 정결한 상태를 회복했다
19 당신은 성지로 인정된 예루살렘으로 와서
그곳을 불신자의 손에서 구원해 주었다

그곳에서 당신은 정도의 미너렛을 높이 세웠고
그곳의 사라진 자취에 생명을 불어넣었다

(20번 시)

3. 십자군 전쟁 중 아랍 시인들의 이슬람 진영 비판

1) 무슬림 통치자의 무관심과 지하드 태만 비판

초기 이슬람 시대에 코란 계시는 이슬람 신자들이 불신자나 이교도 집단의 억압이나 공격으로 위기에 처할 때 그들에 맞서는 군사적 행동을 허용하였다. 이것은 곧 이슬람을 해하려는 적에 대해서는 최소한의 방어나 공격 행위로서의 지하드를 정당화한 것이며, 나아가 지하드는 일부 무슬림들이나 분파에 의해 무슬림의 의무사항으로 규정되기도 하였다. 초기 이슬람 시대와 우마이야조 시대에 아라비아 반도 주변의 넓은 지역에 걸쳐 진행된 무슬림들의 정복 전쟁은 이슬람을 전파하기 위한 '노력'의 과정이라는 명분을 띠고 — 능동적이고 공격적인 성향의 — 지하드로 인정되었고, 이후 주로 그리스도교 세계와의 갈등과 충돌 속에서 적을 상대로 무슬림들이 취한 군사행동은 지하드의 범주에 들어가게 되었다.

이슬람 영토를 침공한 십자군과의 대치 상황에서 이슬람 진영의 통치자는 무슬림 군대를 이끌고 지하드 의무를 수행하는 것이 종교상의 도리였다. 신실한 무슬림들의 시각에서, 이슬람 지역을 십자군에 빼앗긴 것은 무슬림들이 지하드를 제대로 수행하지 않은 결과로, 특히 그것을 이끌어야 할 이슬람 통치자가 태만했던 결과로 비추어질 여지가 있었다. 아랍 시인들은 일부 작품에서 통치자들이 십자군에 맞서 능동적이고 적극적인 군사적 태세를 취하지 않음을 질타하고, 그들이 지하드에 태만한 점을 지적하거나 암시하였다. 시인들은 이러한 비판을 통해 무슬림들을 각성시키고 對십자군 전쟁을 위한 전의를 고취시키고자 하였다.

(1) 십자군 전쟁에 대한 압바스조의 무관심

1차 십자군의 공격으로 이슬람 영토 일부가 침탈되었고, 더욱이 이슬람의 성지 예루살렘이 적군의 수중에 함락되고 그곳의 많은 무슬림들이 학살당하는 비극을 겪은 상황에서는 다른 지역의 무슬림들이 힘을 모아 이슬람 성전인 지하드를 수행하는 것이 의무였다. 특히 이슬람 국가의 통치부는 군대를 동원해 적에 맞서야 하는 책무를 감당해야만 했다. 당시 이슬람 지역은 압바스조, 셀주크조, 파티마조로 분열되어 힘을 결집하는 것이 불가능했다. 그렇다고 해도, 이슬람 공동체의 정통 후계자인 압바스조 칼리프는 통치자로서의 사명감을 갖고 정치적 이해관계를 떠나 종교적 · 인륜적 차원에서 고통받는 무슬림들의 문제에 대처하는 데 적극적으로 관심을 기울여야 하고, 더 나아가 직접적인 군사행동을 수행해야 했다. 그러나 결과적으로, 압바스조는 시리아 지역의 사태에 무관심과 방관의 태도를 보였고 군사 지원을 하지 않았다. 이에 관련해 아부 알무답파르 알아비와르디가 지은 다음의 시는 당시 십자군 침공 사태와 이에 대한 압바스조의 안일한 태도를 잘 보여 준다.

3 이슬람 신도들이여, 그대들의 뒤편에서는
머리통들을 발치에서 뒹굴게 하는 전쟁이 벌어지고 있다
4 초록 수풀의 꽃봉오리처럼 안락한 삶 속에서
평안하고 즐겁게 잠을 즐길 수 있단 말인가?
5 잠자던 모든 이를 깨우는 재난이 닥쳤는데

어떻게 숙면을 취할 수 있단 말인가?
6 시리아에 있는 당신의 형제들이 낮잠 자는 곳은
말 등이나 독수리의 뱃속이건만
7 로마군이 그들에게 모멸감을 안겨 줄 때
당신들은 태평스레 안락하게 지내고 있구나
9 흰색 칼날은 붉게 물들고
갈색 창날도 피로 물들었는데
11 살아남으려 그 전쟁에 가지 않은 자는
나중에 이를 갈며 후회하게 될 것
12 전쟁은 불신자들의 손을 빌려 칼을 뽑아들고
그 칼은 우리의 목과 두개골을 찌를 것
13 전쟁 속에 메디나의 무덤에 묻혀 있는 자가
큰 소리로 "하쉼가(家) 사람들이여!" 라고 외치고 있다
14 나는 우리 움마가 전쟁을 하려 들지 않음을 본다
그들의 창과 종교는 그 지지대가 약해졌구나
15 그들은 죽음이 두려워 전쟁의 불길을 피한다
그들은 수치가 필연적이라고 여기지 않는다
16 다른 종족 군사들은 치욕을 좌시한다지만,
아랍의 용사들은 피해를 입고도 만족해하는가?
17 그들이 열정에 힘입어 종교를 수호하려 들지 않는다면,
차라리 질투심에 힘입어 자신들의 여자들을 지키려 한다면
좋겠건만
18 전투가 격렬한 가운데 그들이 보수를 받지 못했다면,
차라리 전리품을 탐내어 전쟁터로 달려갔으면

21 로마군은 아랍의 공격에 맞서
오랫동안 노여워하면서 우리를 예의주시하고 있다
22 이후로 만일 당신들이 분노하지 않는다면
우리는 적들에게 우리의 아낙네들을 넘겨주게 될 것

(1번 시)

이 시는 예루살렘과 시리아 지역의 무슬림들이 십자군의 공격으로 죽임을 당하고 충격에 휩싸여 있다는 소식을 바그다드 사람들에게 알리는 한편, 사태의 심각성을 깨닫지 못할 뿐만 아니라 고난을 겪는 무슬림 형제들을 도우려는 의지가 없는 압바스조 통치부의 안일한 자세와 비정함을 꼬집는다. 먼저, 시인은 시리아 무슬림들의 고통과 바그다드 사람들의 무관심과 수수방관의 태도를 비교한다(3-7행). 시리아 지역에서는 '머리통'이 절단되는 전쟁이 일어나(3행) 그곳 사람들은 전투에 참여하기 위해 '말 등' 위에서 선잠을 자거나, 불행히 전투에서 죽어 금수의 먹이가 되어 이미 '독수리의 뱃속'에서 영면(永眠)한 자들도 있다(6행). 반면에 바그다드 사람들은 '안락한 삶 속에서' '숙면'을 취하고 '태평스레' 지내고 있다(4-5행, 7행). 시인은 이를 통해 타 지역 무슬림 형제들의 고난을 간과하는 압바스조 통치부를 강하게 질책하고 있다.

이어 시인은 압바스조에게 對십자군 전쟁을 해야 하는 두 가지 이유를 말한다. 첫째, 이 '전쟁은 불신자들의 손'에 의해 일어난 것이기에(12행) 지하드를 통해 불신자 집단을 막아 내고 격퇴해야 할 당위성을 갖는다. 특히 지하드 수행은 메디나에 안장되어 있는 예언자가 직접 압바스조에게 요구할 만큼(13행) 이슬람 제국의 통치자가 떠맡아야 할 과제이다. 둘째, 지금 전쟁 초기에 십자군을 막지 않으면 적군은 바그다드를 포함한 이슬람 전역에 걸친 공격을 감행할 가능성이 있다. 그렇게 되면 적은 '우리의 목과 두개골을 찌를' 만큼(12행) 많은 무슬림들에게 피해를 입히고 '우리의 아낙네들을 넘겨주게' 될 정도의 치욕을 안겨 줄 것이기에(21-22행) 응당 전쟁에 나서야 한다.

그러나 시인은 압바스조의 지하드 수행의 열정이 부재함을 인지하고, 그들이 자신들의 여자들을 지키기 위해서, 또는 전리품을 기대해서라도 십자군과의 전쟁에 나서 줄 것을 읍소하다시피 간청한다(17-18행). 특히 시인은 '차라리-라면(좋을 텐데)'라는 가정법 표현('차라리 질투심에 힘입어 자신들의 여자들을 지키려 한다면 좋겠건만'[17행], '차라리 전리품을 탐내어 전쟁터로 달려갔으면'[18행])을 사용해 압바스조의 군사 지원에 대한 간절한 기대를 나타내고 있다. 이슬람 공동체 방어라는 숭고한 지하드 정신이 퇴색한 채, 일신상의 명예나 이익을 고려해 전쟁 참여를 독려하는 데에서, 당시 상황의 급박함과 더불어 압바스조의 무사안일주의와 무책임한 태도에 대한 시인의 비판 의식을 엿볼 수 있다.

(2) 병석에 있는 누르 알딘에게 지하드 수행을 요청함

한때 우사마 이븐 문끼드[23]는 장기조의 통치자 누르 알딘의 휘하에서 일하면서 對십자군전에 참가했다. 그러나 누르 알딘이 병환을 이유로 전쟁에 소극적인 태도를 보이자 십자군 격퇴에 열의를 지녔던 파티마조의 와지르(재상)인 딸라이으 이븐 룻직[24]은 우사마를 통해 누르 알딘이 적극적으로 전쟁에 나서 줄 것을 요구한다. 이러한 의도를 반영해 553/

---

23 이 책의 160-161쪽 참조.

24 이 책의 147쪽 참조.

1158-9년 딸라이으는 우사마에게 다음 시를 지어 보냈다.

2 (우사마여) 거주지가 높은 지대에 있지 않고,
마즈드 알딘의 집이 있는 도시를 나무라시오
3 그[누르 알딘]에 관한 소식을 알아보시고,
질책이 깃든 우리의 안부 인사를 그에게 전해 주시오
4 그에게 말해 주시오. "진실로, 당신은 오늘날 귀한 친구요,
그런데 당신은 지쳐 있는 친구요"라고
5 그리고 "저는 당신의 피로한 상태가 조만간 변할 것으로
여기지는 않습니다"라고 전해 주시오
6 그에게 무슨 일이 있는지 제가 확인하려는데
그에게서는 아무런 서신도, 기별도, 말씀도 없소
18 저의 말을 '정의의 군주'[누르 알딘]에게 전하시오
그는 희망을 주는 자, 기대를 한몸에 받는 자
19 그에게 말해 주오. "당신은 불신자들에게 빚을 갚는 데 너무도
지체했구려
더딘 자는 공격당한다는 점에 주의하시오"라고
20 예루살렘으로 향하시어 그것으로 알라께 보상을 구하시오
당신은 진격함으로써 갈증을 해소시켜 줄 것이오
21 당신의 진군이 지체된다면 우리에게는 알라께서 계신
것만으로도 충분하오
신자들을 보호하시는 놀라우신 주님이시니

(8번 시)

이 시에서 딸라이으는 우사마를 통해 병환 중인 장기조의 군주 누르 알딘의 안부를 묻고(3행), 누르 알딘을 '정의의 군주'이자 무슬림들에게 희망을 주는 지도자로 칭송한다(18행). 그러나 전체적으로 이 시의 목적은 칭송에 있기보다는 누르 알딘의 지하드 태만을 질책하는 성격이 짙다. 시인은 '거주지가 높은 지대에 있지' 않은 도시라는 표현을 통해 숭고한 지하드 의무 수행을 잊고 있는 듯한 장기조의 누르 알딘을 비난하고, 이와 더불어 누르 알딘에게 십자군에 맞서 싸우도록 적극적으로 조언하지 않은 우사마의 태만을 나무라고 있다(2행). 또한 시인은 직접적으로 '질책이 깃든' 안부 인사라고 밝힘으로써 누르 알딘에게 한마디 충언을 드리겠다는 의지를 드러낸다(3행). 시인은 누르 알딘이 병환 중인 것을 알지만, 계속 그런 상태로 있는 것이 의심되고(5행), 누르 알딘으로부터 전쟁 준비에 관한 아무런 답변도 없는 것(6행)에 대한 자신의 불만을 암시한다. 그래서 시인은 누르 알딘에게 지체 말고 예루살렘 탈환을 위한 지하드에 나서 이슬람의 사명을 수행해 줄 것을 요구한다. 십자군을 상대로 많은 전투를 벌여서 '아부 알가라트(공격의 선봉장)'라는 별명을 얻은 시인 딸라이으는, 상대적으로 누르 알딘이 전쟁을 주저하고 있음을 못마땅하게 여겼고 그 점이 이 시에 반영된 것으로 생각된다.

2) 십자군과 내통한 무슬림들에 대한 비판

이슬람 진영 내 통치 계층의 무슬림 중에는 자신들의 영토나 권력을 보존하기 위해 십자군 측에 도움을 구하거나 협조하는 자들이 있었다. 그들은 사적인 욕심을 도모하기 위해, 이슬람 형제애와 종교 공동체 의식을 저버리고 적진과 내통하는 비열한 행위를 저질렀다. 시인들은 이처럼 사리사욕을 위해 이슬람을 배신하는 무슬림들에 분노를 표현하고, 그들에 대한 강력한 응징과 처단을 요구했다. 시인들은 그리스도교도 적이 이슬람 영토를 호시탐탐 노리고 있는 가운데 이슬람 진영이 단결해도 어려운 상황에서, 이슬람을 배신하는 행위야말로 이슬람 진영 내부의 붕괴로 인한 국가의 패망을 가져올 수 있는 암적 요소로 보았다.

(1) 다마스쿠스 부리조에 대한 비난

장기조가 對십자군전을 추진해 가는 과정에서 다마스쿠스, 알레포 등 이슬람 진영에 속한 시리아 지역 일부 도시들의 통치자들은 자기 영토의 안전과 이익만을 위해 십자군 진영에 의탁하거나 협조했다. 특히 다마스쿠스의 부리조[25]는 장기조의 정치적 압력과 군사 공격에 대응하기 위해 십자군 측의 지원을 받았다. 부리조는 자신들이 이슬람 진영을 배신한 것에 대한 대가를 치러야 했으며 그것은 1151-4년 기간 중 누르 알딘의 다마스쿠스 포위와 무력 점령으로 귀결되었다. 시인 이븐 무니르 알따라불루시는 아군 진영에 대한 배반을 일삼은 부리조를 누르 알딘이 응징해 주기를 바라는 심정에서 다음 시를 지었다.

4 당신의 군대로 하여금 로마인의 여자들을 차지하지 못하게
했던
잡다한 족속들의 거처를 칼날로써 텅 비게 해주시오
5 그들은 위선(僞善)의 고궁을 지었고, 최후심판일
망자(亡者)들이 모이는 곳에서 자신들을 태울 불을 스스로
지폈다

25 이 책의 136쪽 각주 3번 참조.

7 당신은 적과 그들을 도와준 자들을 내쫓았다
불신자들을 도운 자는 불신자나 마찬가지
8 그들을 용서하지 마시오. 정도(正道)는
고귀한 자에 맞서 사악함을 택했던 그런 자를 쪼개어 버렸소
9 불신자에게 주시오
알리가 카이바르의 기만에 분노해서 미르합에게 주었던 것을
10 어머니가 할례를 받지 않은 기독교도인 자가 행한 기만은
기독교로 개종한 자가 행한 기만 같지는 않다
11 이러한 결의는 우리로 하여금, 지난 시대 왕들처럼 수호(守護)의
열의를 불태우게 했고 그 열기는 꺼지지 않았다
13 그곳[다마스쿠스]은 손쉬운 상대이니 실행하시오
실행하지 않는 자는 목표에 이르지 못한다
14 당신은 공명정대로 세상을 가득 채우고,
덕행으로 악행(惡行)의 코빼기를 뽑아 버린 자가 아니던가
15 당신은 지극히 성실하신 아버지의 애정과,
어린 고아를 따뜻하게 맞아 주는 어머니의 자애를 지녔다
16 이슬람의 고지(高地). 그곳에서 보호받는 자는 믿음 있는 자요,
그곳을 단념하는 자는 불신자라
17 그들은 십자가의 든든한 보호막이 되어,
모든 칼의 공격으로부터 막아 주었다
18 그들의 자취는 알아크사 사원을 모욕해 불결하게 하였구나
그들이 더럽혀 놓았던 것을 지키고 정결케 하라

(6번 시)

이 시에서 시인은 누르 알딘에게, 이슬람을 배신하여 무슬림들에게 군사적·신앙적 피해를 가져온 다마스쿠스의 지배 계층인 부리조 사람들에 대한 처단을 요구한다. 먼저 시인은 부리조의 죄악을 밝혀내면서 그들을 향해 거침없는 비난을 퍼붓는다. 다마스쿠스 지배층은 이슬람을 배신하고 '십자가의 든든한 보호막이 되어' 기독교 십자군을 지원(17행)함으로써 위선적인 행동을 하였다(5행). 십자군 곧 '불신자들을 도운' 그들은 불신자에 다름아닌 자들(7행)이며, 십자군을 도운 그들의 위선적인 기만행위는 그리스도교도 적군보다도 더 비열하기 짝이 없다(10행). 군사적인 면에서 다마스쿠스인들의 배신행위는 십자군에 대한 누르 알딘 휘하 이슬람 군대의 공격을 방해하였고(4행), 종교적으로는 '알아크사 사원을 모욕해 불결하게'(18행) 함으로써 이슬람의 숭고한 위상에 해를 입히려 하였다.

이처럼 시인은 다마스쿠스 통치부의 배신행위와 그것으로 인한 피해를 공개하면서 분노를 표출하고, 이어서 그들에 대한 강력한 응징을 주장한다. 누르 알딘은 선한 무슬림들과 더불어 이슬람을 수호하려는 열의를 갖고 있기에(11행), 사악한 배신자 무리를 결코 용서해서는 안 되며 무자비할 정도의 응징을 가해야만 한다(8행). 이슬람 초기 시절 예언자의 이슬람 공동체를 배신하고 대적했던 카이바르의 유대인들을 알리 이븐 아비 딸립이 응징했듯이 누르 알딘은 다마스쿠스 지배층을 처단해야만 한다(9행). 그들은 위선적인 행동으로 인해 최후심판일에 불의 심판을 받게 될 운명에 처할 것이며(5행), 그들을 제거해야만 불결해진 알아크사 사원, 곧 이슬람이 다시 정결해져서 원래의 숭고함을 회복할 것이다(18행).

(2) 파티마조 샤와르에 대한 비난

1163년 이집트 파티마조 내부에서는 와지르(재상)직을 두고 샤와르(شاور)[26]와 디르감(ضرغام) 간에 다툼이 일어나 디르감이 와지르가 되고 샤와르는 장기조의 누르 알딘에게 피신했다. 누르 알딘은 파티마조 내정 개입을 결정하고 휘하의 쉬르쿠흐와 살라딘으로 하여금 샤와르를 대동해 군대를 이끌고 이집트를 침공하게 했다. 디르감은 살해되고 샤와르는 와지르가 되었다. 그러나 샤와르는 누르 알딘에게 약속한 보상금을 지불하지 않기 위해 십자군에 지원을 요청하고 쉬르쿠흐에 맞섰다. 이후 1168년 십자군이 이집트 원정을 감행하여 카이로로 진군하자 파티마조의 칼리프 알아디드(العاضد 재위 1160-71)는 누르 알딘에게 원군을 요청했다. 쉬르쿠흐가 군대를 이끌고 나가자 십자군은 철수하였다. 샤와르는 칼리프 알아디드의 명에 따라 쉬르쿠흐에 의해 처형되었다. 이어 쉬르쿠흐가 1169년 파티마조의 와지르직에 임명되었다.

이마드 알딘 알아쓰파하니는 다음 시에서 이슬람 형제를 배신하고 십자군을 끌어들인 샤와르의 악행을 비난하는 한편, 그를 응징하고 이집트 파티마조를 구한 쉬르쿠흐의 위업을 찬양한다.

14 당신은 샤와르의 악(惡)으로부터 알라의 종들을 구했다
당신은 알라를 믿는 자들을 위해 얼마나 많은 목표를
이루었던가!
15 그자[샤와르]는 프랑크인들로 하여금 이슬람 지역을
탐하게 했고,

---

26 이 책의 174쪽, 각주 8번 참조.

마침내 저들은 가서 그곳을 차지하려 들었다
16 그런 것은 최후심판의 집회 날, 알라께 드린 최상의 복종과
경배에 따라
알라 앞에서 정산(精算)될 것
17 다신교[십자군]가 "이자[샤와르]가 내게 도움을 청했다"라고
외쳤을 때,
알말리크 알만쑤르는 그자를 굴복시키며 승리했다
18 당신은 알라의 종교를 위해 복수하며 분노했고,
자애로운 알라께서는 그 분노에 기뻐하셨다
24 떳떳하게 당신은 이집트를 탄압한 자의 머리에 창날 끝을
대었는데,
그렇게 해도 당신은 범죄를 저지른 것이 아니었다

(11번 시)

시인은 샤와르가 십자군에 지원을 요청함으로써 십자군이 이집트를 공격해 점령할 빌미를 제공했다고 보고(15행), 이슬람을 배신한 그의 행위는 크나큰 죄악으로 최후심판일에 징벌을 받을 것임을 암시하고 있다(16행). 반면에 쉬르쿠흐는 샤와르의 악행으로 위험에 처할 뻔한 파티마국의 무슬림 백성들을 구하고(14행), 샤와르를 처단함으로써(17행) 이슬람 수호에 큰 기여를 하였다. 쉬르쿠흐는 무슬림들과 이슬람에 해를 입히려던 자에 대해 분노하여, 그자를 죽였기에 그것은 결코 범죄가 아니며 오히려 알라를 기쁘게 하는 일이었다(18행, 24행). 여기에서 시인은 이슬람 진영의 적인 십자군을 끌어들여 자신의 영달만을 추구하고, 백성들의 안위는 안중에도 없는 무슬림 고관의 반(反)이슬람적 행위에 대해

신랄한 비판을 하고 있음을 알 수 있다.

3) 이슬람 진영 통치자의 실정(失政)에 대한 비판

이슬람 진영 통치자들 십자군과의 대치 상황에서 적에 맞서 능동적이고 적극적인 군사적 태세를 취하기보다 적의 공격을 두려워하여 수동적이고 방어적인 입장을 택하거나 경솔한 판단을 한 자도 있었다. 실제로 무기력한 대처 결과가 적에게 유리한 상황으로 전개되어 무슬림 백성들의 안위가 위협을 받기도 했다. 이럴 때 일부 시인은 주저하지 않고 그 통치자의 무능함을 지적하고 비판하였다. 이와 관련해서는 살라딘 사후 뒤를 이은 아이윱조 통치자들의 사례가 있다.

(1) 알말리크 알무앗담의 예루살렘 파괴를 비난

아이윱조의 알말리크 알무앗담[27]은 시리아 지역 통치자로서 예루살렘도 관할하고 있었다. 그러나 그는 시리아 지역의 무슬림 병력이 적어서 만일 예루살렘이 십자군에 의해 점령될 경우, 시리아 지역도 위태로울 것으로 판단하였다. 그는 병력 강화를 통해 십자군에 강력하게 맞서기보다는 예루살렘을 아예 포기하는 길을 택했다. 그래서 그는 예루살렘의 성벽과 탑을 스스로 파괴하여 주민들로 하여금 성내에 거주하지 못하게 했다. 주민들은 크게 슬퍼하였고 성에서 쫓겨나듯 마지못해 다른 곳으로 이주하였고 그런 와중에 기아로 죽은 자들도 생겨났다. 예루살렘의 중요성과 주민의 안위를 무시한 알무앗담의 이러한 실정에 대한 무슬림들의 원망과 분노는 컸다.

---

27 이 책의 267쪽 각주 2번 참조.

무함마드 알까르까사니 알카떱은 이러한 사건 배경에서 다음 시를 지었다. 시인은 이 재난으로 인한 무슬림들의 한없는 슬픔을 표현하면서, 성지를 파괴하기로 한 알무앗담의 결정을 무모한 것으로 여긴다.

1 예루살렘의 재난은 잠을 빼앗아 갔고
그곳에서 설교자는 상복(喪服)을 입었다
2 그곳의 까디는 높이 세워진 건물들의 파괴로 인해
죽은 게 아니더라도 죽은 것이나 다름없었다
3 까디는 알아크사 사원을 불러 말했다
지하드를 책무로 맡긴 알라께서 그런 행위를 흡족히
여기시는가라고
4 그 사원의 숭고한 설교단은 두려움에 신음하고,
미흐랍이 파괴됨으로 인해 설교는 연기되었다
5 그곳 바위[바위의 돔 사원]가 겪은 고난으로 눈물은 마르지
않는다
안타깝게도 눈물은 심장에 얼마나 큰 상처를 주었던가
6 또한 다윗 성채에도 슬픔이 덮쳤는데
그 눈물은 과거의 영광을 상기시키는 표시
7 사원의 자비의 문에도 고통이 따랐고
산은 눈물을 하염없이 흘렸다
8 코란 서당들은 통곡하였고
파트와 잉크병에서는 잉크가 쏟아졌다
9 그곳 거주자는 실로암 연못을 잊지 못하네
만일 그가 다른 지역을 소유한다 해도

10 헤브론 지역은 다른 곳에 닥친 재난으로
겁쟁이가 되어 벌벌 떨고 있구나
11 오늘 폐허에서 축하 인사말이,
몸을 흔들어대는 젊은 처녀마냥 우쭐거린다
12 딤야뜨 점령 소식이 들린다면
저들[프랑크족]은 "목적한 바를 이루었다"라고 말할 것
13 하지만 교회들은 웃음 짓는구나
지고하신 알라께서는 의지한 바를 이루시나니
14 예루살렘을 찾아온 이들이여, 이슬람을 위해
울며 애도하고 잿더미 위에서 잠을 청하시오
15 그곳을 애도하느라 사람들이 피눈물을 흘린다면
그곳의 재난은 통곡하는 자에게 더 큰 피해를 주는 것
16 메카는 언니를 잃고 슬퍼하는 여자 같다
메카는 언니의 소식을 접하자 검은 상복을 입었다
17 메카가 순례 일을 못하게 되어 모든 사람의 눈은 울어댔고
숙면은 불면으로 대체되었다
18 알말리크 알무앗담은 그곳의 파괴에 크게 흡족해했다
그가 세상을 통치한다 해도 아무 소용 없을 것
19 하지만 우리 주님은 용서하시고
다정히 대해 주시면서도 종들을 시험하시는 주(主)
20 주의 은총을 저버리는 자들이 돌아왔을 때마다
주님께서는 우리에게 살 곳을 마련해 머물게 해주셨다
21 예루살렘이 파괴된 후에 더 큰 재난이 있을까
설령 우리가 가시나무를 베개 삼는다 해도

22 세상과 그 안의 것들은 지워질 것
설령 우리가 세상에서 혹독한 일곱 해를 겪는다 해도

(26번 시)

이 시는 전반적으로, 주제 면에서 도시의 패망이나 상실을 그리는 전통적인 '도시 애도(哀悼)(رثاء المدن)'의 성격을 띠고 있다. 즉, 시인은 이슬람 성지가 있는 예루살렘이 파괴되고 그곳을 잃게 됨으로 인한 무슬림들의 슬픔과 상실감을 그리고 있다. 구체적으로, 그 슬픔을 표하는 애도의 행렬에는 신도들과 이슬람 역사가 깃든 전 공간과 사물이 함께 참여하고 있다. 즉 까디, 주민, 순례자를 포함하는 모든 무슬림들(1-2행, 9행, 14-15행), 예루살렘 내에 있는 이슬람 건물과 장소인 알아크사 사원의 설교단, 바위의 돔 사원, 다윗 성채, 자비의 문, 산, 코란 서당, 잉크병(4-8행), 그리고 이슬람 제1의 성지 메카도(16-17행) 함께 예루살렘의 파괴로 슬픔에 잠긴 채 애도에 참가한다.

암울하고 침통한 애도의 분위기를 띤 이 시는 다른 한편으로 십자군과 맞닥뜨린 상황에서 보이는 아이윱조 통치자의 나약함과 무능, 경솔함을 질책하는 정치적 성격도 띠고 있다. 즉, 알말리크 알무앗담이 십자군을 두려워해 경솔한 판단을 내려 이슬람 영토 내에서 중요한 예루살렘을 파괴하여 그곳의 주민들은 물론이고 모든 무슬림들에게 정신적·물질적으로 큰 피해를 입힌 것에 대해 책임을 묻고 있다. 물론 이 시에서 통치자에 대한 직접적인 비판의 언사를 담은 시행은 18행('알말리크 알무앗담은 그곳의 파괴에 흡족해했다 / 그가 세상을 통치한다 해도 아무 소용 없을 것')이다. 여기에서 시인은 알무앗담이 신중한 고려 없이 독단으로 파괴하고 만족해하는 것을 조롱하면서, 알무앗담이 통치자로서 자격이 없음을 말한다. 또한 시인은 3행에서 '지하드를 책무로 맡긴 알라께서 그런 행위를 흡족히 여기시는가라고' 물음으로써 알무앗담이 십자군을 상대로 지하드에 전념하지 않고, 부질없이 예루살렘의 건물들을 파괴하는 무모한 행동을 한 데 대해 의문을 표한다. 이 두 행을 제외하면 시의 나머지 대부분은 앞에서 언급한 애도 시의 주요 부분인 슬픔을 표현하는 시행들과, 신앙심에 의지해 시련을 극복하자는 내용(19-22행)에 할당되어 있다. 그럼에도 불구하고 이 시는 재난의 참담한 결과를 극대화하여 표현함으로써 그 불행을 가져온 통치자의 경솔한 태도를 우회적으로 비난하고 있다. 즉, 예루살렘에서 집을 잃고 쫓겨난 무슬림들이 흘리는 피눈물을 보여 줌으로써 알무앗담의 실정에 대한 분노와 비판의 강도를 높이고 있다.

한편, 시인은 알무앗담의 무모한 예루살렘 파괴가 적진인 십자군 측에 유리하게 작용하고 그들의 사기를 높일 수 있음을 내비친다. 즉, 십자군은 폐허로 변한 예루살렘 소식에 축하를 나누고(11행), 교회는 웃으며(13행), 이집트 딤야뜨[다미에타] 지역과 예루살렘이 동시에 십자군의 수중에 들어올 가능성을 내다본다(12행). 결과적으로 알무앗담의 경솔한 결정은 단순히 건물 파괴에 그치지 않고 지난날 쌓아 올린 이슬람의 영광을 무너뜨렸고, 무슬림들의 신앙을 흔들리게 했으며 십자군에게 더욱 자신감을 줌으로써 앞으로 이슬람 진영의 사기를 떨어뜨려 무슬림들의 삶을 더욱 위험에 빠뜨리게 하였음을 시인은 고발하고 있다.

당시 상황에 대해 까디 알따우르도 다음의 시를 지었다.

1 나는 숭고한 예루살렘을 지나면서
별들처럼 뿔뿔이 남은 집들에게 인사를 건넸다

2 지나간 우리의 앞선 시대를 떠올리며
내 눈에선 눈물이 홍수가 되어 쏟아졌다
3 한 이교도는 그곳의 자취를 지우기를 원했고,
비열하고 양심 없는 자가 되어 소매를 걷어붙였다
4 나는 그자에게 말했다 "당신 오른손이 마비되기를
그것을 고려하는 자나 요구하는 자, 용인하는 자도 그렇게
되기를"
5 그자가 사람들을 희생하려 든다면 나는 나를 희생해 그곳을
구할 것
이런 생각은 모든 무슬림에게 있지

(25번 시)

이 시는 길이가 짧지만 알무앗담에 의해 파괴된 예루살렘에 대한 시인의 비통한 심정을 전통적인 까씨다(قصيدة 아랍의 전통 정형 장시長詩)의 서두에 나오는 딸랄(طلل 옛 집터를 포함한 삶의 잔흔殘痕) 형식을 빌려 와 적절히 표현하고 있다. 이슬람 성지 예루살렘은 파괴되고 그곳에 살던 사람들이 떠나가 텅 비게 되었다. 예루살렘은 적막감이 감돌며 스산한 분위기를 자아내고 그곳을 지나가는 시인은 하염없이 눈물을 흘린다(1-2행). 시인은, 예루살렘을 이처럼 폐허로 만든 장본인인 알무앗담과 그 결정에 동의하거나 묵인한 자들은 성지를 파괴한 행위로 인해 신의 징벌을 받아 마땅한 자들(3-4행)로 여긴다. 시인은 자신을 포함한 모든 무슬림들은 어떤 방법으로든 예루살렘을 지키겠다는 의지를 갖고 있음을 통치자에게 강력히 드러낸다(5행).

(2) 알말리크 알카밀의 예루살렘 양도를 비난

이집트 통치자인 아이윱조의 술탄 알말리크 알카밀[28]은 두 형제 알말리크 알무앗담, 알말리크 알아쉬라프[29]의 세력을 견제하기 위해 시칠리아의 영주인 프리드리히 2세 황제의 지원을 받으려 했다. 그 조건으로 알말리크 알카밀은 황제에게 예루살렘과 기타 영토를 양도하겠다고 약속했다. 황제가 이끄는 군대가 악카(아크레)에 도착하자 술탄은 626/1229년 그에게 예루살렘 양도를 결정했고, 그곳 무슬림 주민들에게 성 밖으로 나갈 것을 통보했다. 이로 인해 살라딘이 40여 년 전 십자군으로부터 탈환했던 이슬람 성지이자 삶의 터전인 예루살렘을 다시 잃게 된 주민들은 크게 슬퍼하며 술탄을 비난했다.[30]

샤합 알딘은 이 사태에 대해 무슬림들의 울분을 드러내는 다음 시를 지었다.

1　내 눈은 눈물을 그치지 않을 것인가?
그렇다면 하루 종일 내내 계속 울기나 하자
2　아마도 홍수처럼 쏟아지는 눈물이
내 심장에 타오르는 탄 덩이의 불길을 꺼줄 것
11　주위에 높은 기둥과 높은 발코니가 있던,
축복받을 알아크사 사원의 자취는 지워졌구나
15　울고 통곡하며 회개하는 자의
갈망과 슬픔이 그 사원에서 사라졌다

---

28 이 책의 279쪽 각주 3번 참조.
29 이 책의 279쪽 각주 4번 참조.
30 عبد الجليل (أ)، ص 235-237.

16 방방곡곡 예루살렘을 위해 통곡하고

슬퍼하고 원통해하며 애도를 공표하라

17 자매(姉妹)인 메카도 애도하면서

예루살렘이 겪은 고난에 대해 아라파트에게 하소연해다오

18 테베도 예루살렘의 재난을 애도하면서

고귀한 궁실에서 그 일을 설명해다오

19 그들은 예루살렘을 파괴해 악카와 쑤르를 기쁘게 해주었다

그 두 도시는 예루살렘의 불행으로 얼마나 자주 기뻐했던가

20 그들은 예루살렘의 주민을 흩어지게 했구나

한군데 모인 것은 모두 흩어지게 마련이니

21 그들은 예루살렘을 파괴해 살라흐가 세운 영광을,

호화로운 궁실 같던 영광을 무너뜨렸구나

22 그들은 그가 불러일으켰던 함성과 명성을 잠재웠다

한때 그들은 잇따라 적을 공격해 큰일을 치르기도 했건만

23 아이윱 후손들은 알지 못했던가?

자신들이 그의 노력으로 명문가 사람들로 여겨졌음을

24 또한 예루살렘 탈환이 자신들 치세(治世)의 꽃임을 알지

못했던가

꽃이 피지 않고 열매가 생기겠는가

(27번 시)

이 시에서 시인은 십자군에게 예루살렘을 양도하여 이슬람 성지를 상실하게 된 데에 대한 무슬림들의 슬픈 심정을 표현하는 한편, 살라딘이 생전에 예루살렘을 탈환하면서 이슬람 역사의 새로운 장을 열었던

영광스런 업적을 무로 돌린 아이윱조 통치자 알말리크 알카밀의 무능함을 질타한다. 시인은, 무기력하게 예루살렘을 십자군 수중에 넘겨준 데에 '내 심장에 타오르는 탄 덩이의 불길' 같은 분노와 애끓는 심정을 억누를 길 없어 하염없이 울기만 할 뿐이라고 말한다(1-2행). 예루살렘 내 이슬람의 상징이자 무슬림들이 경건한 자세로 예배를 드리며 신 앞에서 회개하고 신의 보상을 갈망하던 성소인 알아크사 사원을 잃게 되어 그들의 절망감은 극에 달한다(11행, 15행). 그 슬픔은 비단 예루살렘 지역 사람들에 그치지 않고 메카와 테베를 포함하는 이슬람 영토 전역의 무슬림들에게 확산되어 모두가 함께 예루살렘의 고난에 대해 애도를 표한다(16-18행).

그러나 시인은 애도하는 데 그치지 않고, 그러한 불행한 사태에 대한 통치자의 책임을 묻고 그의 실정을 드러낸다. 알카밀의 실정은 곧 선조인 살라딘이 오랫동안 목숨을 걸고 십자군과 싸워 쟁취하고 지켜 낸 이슬람 영광과 자부심의 상징인 예루살렘을 너무도 손쉽게 적에게 순순히 내어 준 것이다. 알카밀은 살라딘이 이룩해 놓은 모든 것을 한순간에 상실하는 큰 과오를 범하였다. 살라딘이 노력하여 사람들을 모으고, 영광을 일으켜 세우고, 용기를 북돋는 함성을 지르게 했다면 알카밀은 사람들을 흩어지게 하고, 영광을 무너뜨리고, 함성을 잠재웠다(20-22행). 시인은 알카밀에게 훈계하듯 강한 어조로, 선대의 살라딘이 노력과 희생으로 십자군으로부터 예루살렘을 탈환하여 아이윱조의 위상을 통치 가문으로서 명문 반열에 올려놓았건만, 어떻게 당신은 그렇게 쉽사리 포기하고 굴복하여 이슬람 역사에 치욕을 남길 수 있느냐고 말한다.

4. 이슬람 진영을 위한 격려자이자 비판자로서의 시인들

1099년 1차 십자군의 예루살렘 점령에 관련된 당시의 아랍시를 보면 그 사태는 시리아와 팔레스타인 지역 무슬림들에게 그야말로 청천벽력의 사건으로 그들은 두려움과 당혹감을 감추지 않을 수 없었던 것으로 보인다. 그 시에는 전반적으로 비탄과 절망감이 나타나 있어 당시 십자군의 침략과 이슬람 영토 점령에 대한 무슬림들의 깊은 우려와 두려움이 반영되어 있었다.

무슬림들의 그러한 무력감은 이후, 이슬람 진영에서 對십자군 전쟁을 수행할 역량을 갖춘 지도자들의 출현과 함께 점차 희망과 전의(戰意)로 변화하는데, 이 점은 시에서 뚜렷하게 나타난다. 장기조의 이마드 알딘과 누르 알딘의 적극적인 對십자군 지하드 수행과 그에 따른 승리, 그리고 아이윱조 살라딘의 이집트·시리아 지역 통합과 십자군에 대한 응전을 목도한 무슬림들은 그동안의 패배의식을 떨쳐 버리고 자신감을 되찾을 수 있게 되었다. 무슬림들의 이러한 자신감 및 지하드 수행의 강한 의지는 여러 시에서 확인되며, 또한 탁월한 무슬림 지도자들의 지휘하에 예루살렘 탈환을 성취하리라는 기대심리 또한 시에 표출되었다. 아랍 시인들은 예루살렘 탈환을 위한 무슬림들의 의지 표현에서 강도를 높였으며, 이 점은 시인들의 낙관적이며 미래지향적인 어조에서 충분히 감지된다.

1187년 살라딘의 예루살렘 탈환은 무슬림들의 숙원을 성취해 줌으로써 무슬림들의 결속을 다지고 사기를 진작시킨 역사적인 전환점이었다. 무슬림들의 간절한 열망이 현실로 이루어지자 아랍 시인들은 승전의 희소식에 대한 이슬람 공동체의 솔직한 심정을 표출하였다. 그것은 곧 실현 불가능하게만 보이던 일이 기적적으로 성취된 것에 대한 당혹감이 섞인 놀라움과 환희의 감정이었다. 또한 시인들은 위업을 수행한 살라딘이야말로 이슬람 역사상 최고의 영웅 대열에 놓일 자격을 갖춘 인물이라는 점을 강조하였다. 시인들은 예루살렘 탈환의 주인공인 살라딘을 초기 이슬람 시절 정통 칼리프들의 위상에 다가서게 함으로써 살라딘의 전공을 불멸화하고 이슬람 공동체의 결속을 강화하려 했다. 또한 시인들은 예루살렘의 탈환은 곧 그리스도교 십자군의 탄압으로부터 이슬람교의 해방이며, 그리스도교에 대한 이슬람교의 승리라는 점을 강조함으로써 종교상의 내적 갈등을 시사하기도 하였다.

이처럼 예루살렘 탈환을 중심으로 한 對십자군 전쟁 상황에서 아랍 시인들은, 이슬람 이전 시대부터 이어 온 그들의 전통적인 역할에 따라 이슬람 지도자를 칭송하고, 승전을 축하하며 무슬림들에게 지하드 참여를 독려하였다. 그러나 이슬람 사회의 지식인으로서 시인들은 작품을 통해 무슬림들을 격려하고 적을 격하시키는 방식에 머무르지 않고 더 나아가 자신들 내부의 문제점을 지적하여 교정하려는 의지를 지녔다. 시인들은 자기 진영, 곧 이슬람 진영 내부의 잘못된 점을 찾아내려 했으며, 그것은 주로 국가나 왕조의 무슬림 통치자들의 무책임한 태도, 무능과 그릇된 판단, 對십자군 전쟁 의지의 결여 등으로 요약될 수 있다.

시인들은 무슬림 통치자들의 對십자군 지하드 수행을 위한 책임 방기나 태만을 비판했다. 이슬람에서 군사행동으로서 지하드 수행은, 적에 의해 무슬림들의 생명이 위태로운 경우 그들의 의무와 다름이 없다. 1차 십자군의 공격으로 인한 시리아 지역 무슬림들의 비극적 상황에 대한 압바스조 칼리프의 무관심 사례가 그 대표적 예이다. 알아비와르디는 시를 통해 무슬림들이 겪는 참상에 대한 칼리프의 방관적 태도를 질타하는 한편, 이슬람 정통성을 지닌 국가로서 압바스조의 對십자군 전쟁 참가의 당위성을 주장하였다. 일부 시인은 지도자가 對십자군 전쟁 수행에서 수동적이거나 태만할 경우 그를 비판하였다. 예로서, 딸라이으 이븐 룻직은 장기조의 누르 알딘이 병환을 이유로 전쟁에 나서지 않는 것에 대해 지하드 사명에 소극적인 것으로 보고 질책하였다.

시인들은 십자군과 내통하거나 협조한 무슬림 통치자들에 대해 분노했다. 시인들은 이슬람 진영의 내부 붕괴를 가져올 수 있는 위험 요소인 그러한 배신행위에 분노하고 그들에 대한 응징을 요구했다. 예로, 이븐 무니르 알따라불루시는 십자군과 결탁한 다마스쿠스의 부리조에 대해 비난하며 그들에 대한 처단을 요구하였다. 또한 이마드 알딘 알아쓰파하니는 이집트 파티마조의 재상인 샤와르가 자신의 이익을 위해 십자군에 군사 지원을 요청한 것에 신랄한 비판을 하였다.

시인들은 이슬람 통치자의 무능과 실정을 비판하는 데 서슴지 않았다. 일부 이슬람 통치자는 십자군과의 대치 상황에서 수동적인 태세를 취하거나 그릇된 판단을 하여 무슬림 백성들을 위기로 몰아넣은 경우가 있었다. 그 예는 아이윱조 통치자들 중에서, 자신의 영토에 속한 예루살렘을 스스로 파괴해 포기한 알말리크 알무앗담과 예루살렘을 십자군에게 양도한 알말리크 알카밀의 경우에서 찾을 수 있다. 시인들은 그 통치자들의 실정을 묵과하지 않았다. 예로, 시인 무함마드 알까르까사니 알카떱은 알말리크 알무앗담의 지도자로서의 무능함을 말하면서 그의 경솔한 결정을 조롱한다. 또한 샤합 알딘은 알말리크 알카밀의 결정으로 이슬람 성지 예루살렘을 잃게 됨으로써, 앞서 살라딘이 노력과 희생으로 얻어 낸 영광을 무로 돌리고 불행한 결과를 가져온 데 대해 책임을 묻는다.

아랍 시인들의 시 작품은 당시 이슬람 진영 내부의 문제점을 드러내는 양질의 언론 역할을 함으로써 십자군과의 대치 상황에서 무슬림들을 일깨우는 데 일조한 것으로, 이러한 자기비판 의식은 공동체의 안위를 우선시하고 대의를 중시하는 성숙한 지식인으로서 당시 시인들의 면모를 보여 주는 것으로 생각된다.

❁ 일러두기

1. 이 책에서 십자군 전쟁에 관련된 중세 아랍시를 인용하기 위해 저본으로 삼은 주요한 책은 두 가지로, 각각의 아랍어 서지 사항은 다음과 같다.

أبو شامة (شهاب الدين عبد الرحمن بن إسماعيل بن إبراهيم بن عثمان المقدسي الدمشقي الشافعي)، كتاب الروضتين في أخبار الدولتين النورية والصلاحية، وضع حواشيه وعلّق عليه إبراهيم شمس الدين، دار الكتب العلمية، بيروت، لبنان، 1422هـ-2002م.

(아부 샤마, 『누르 알딘과 살라딘의 두 국가의 사실(史實)에 관한 두 정원(庭園)의 서(書)』, Dār al-Kutub al-'Ilmiyah, 베이루트, 레바논, 2002)

عبد الجليل حسن عبد المهدي، بيت المقدس في شعر الحروب الصليبية 492-648هـ، دار البشير، عمّان، الأردنّ، 1989م.

(압둘 잘릴, 『십자군 전쟁 시(詩)에서의 예루살렘, A. H. 492-648』, Dār al-Bashīr, 암만, 요르단, 1989)

2. 일부 난해한 중세 어휘의 설명을 위해 필자는 중세 아랍어 사전인 이븐 만두르의 『아랍인의 언어(لسان العرب)』를 참조했으며, 이 경우 〈만두르〉의 약어로 표기했다. 이 사전의 서지사항은 다음과 같다.

- ابن منظور، لسان العرب، الطبعة الأولى، دار صادر، بيروت، لبنان.

(이븐 만두르, 『아랍인의 언어』, Dār Sādir, 베이루트, 레바논)

3. 이 책은 상기 저본을 비롯한 아랍 문헌에 수록된, 십자군 전쟁 관련 까씨다(قصيدة 아랍의 전통 정형 장시長詩) 중에서 28편의 아랍어 원문을 완역한 것이다. 다만 시인의 생애와 작품 해제는 독자의 이해를 돕기 위해 필자가 추가한 것이다.

4. 이 책의 제목 『중세 아랍시로 본 이슬람 진영의 대(對)십자군 전쟁』은 저본의 제목이 아니며 필자가 정한 것이다.

5. 각 시 작품의 제목은 원작에는 없는 것으로, 필자가 해당 작품의 시행에서 주제

를 드러내는 구절을 따서 붙인 것이다.

6. 연도 표기는 필요한 경우 이슬람력(A. H.)과 서력(A. D.)을 순서대로 나란히 제시하였으며, 빗금(/) 표시로 양자를 구분했다.
   예) 546/1151-2년

7. 각 시 작품에서 행의 일련번호는 원작에는 없는 것으로 독자의 편의를 위해 필자가 부여한 것이다.

8. 각 시 작품의 주해는, 일차적으로 독자의 이해를 돕기 위해 시인 소개와 작품 해제를 두었고, 이어서 독자의 가독성을 고려해 우리말 번역문을 제시했으며, 마지막으로 전공자나 아랍어 독해가 가능한 독자를 위해 아랍어 원문과 더불어 난해한 아랍어 어휘와 구절에 대한 설명을 각주 형태로 제시했다.

9. 한글 번역문은 의역 또는 윤문된 한글 문장을 제시했고, 필요한 경우 각주에서 〈직〉의 표시와 함께 직역한 문장을 제시했다.

10. 이 책의 주석은 대부분 필자의 것으로 이것을 나타내는 별도의 기호는 쓰지 않았다.

11. 이 책의 우리말 구문에서 사용한 괄호의 종류와 그 용도는 다음과 같다.

   - [ ]는 그 속에 있는 것은 앞의 말과 서로 대치할 수 있음을 보인다.
     예) — 숙달[능란]하게 되다.
     — 알라께서는 파루끄[칼리프 오마르] 이후
   - ( )는 그 속에 표시된 것을 생략할 수 있음을 보이거나, 풀이 앞에서 보충적 설명을 보인다.
     예) — 군마들이 (목걸이 알처럼) 정렬했고
     — 그곳에선 (재난의 근심으로) 구름이 수척해지고
   - ( )는 아랍어 단어나 표현과 병기되는 한글 전사 표기 및 우리말 번역에도 쓰였다.
     예) — مرّي (무르리)
     — 안싸르(أنصار)는 예언자 무함마드를 지원해 주었던
     — الدروع السابرية (사부르산産 갑옷)
   - (( ))는 뜻의 부연 및 해설에 사용했다.
     예) — عريب (아리브): 한 사람, 한 명. ((부정문에만 사용됨))
   - ج 과 ㊫은 각각 아랍어와 한글의 명사나 형용사의 복수형을 보인다.
     예) — (منسم ج مناسم) (만시므 ㊫ 마나시므): 동물의 발바닥.
   - ㊊는 동사의 미완료형을 보인다.
     예) — (فهِق (يَفهق) (파히까 ㊊ 야프하끄): 가득 차다, 충일하다.

12. 이 책에서는 아래와 같이 아랍어의 글자를 한글에 대응시켜 전사하며, 장모음은 표시하지 않는다.

아랍어 글자	한글 전사	예
أ	후속 모음에 따라 /아/, /우/, /이/	أَسَد (아사드), أُسامَة (우사마), طَلائِع (딸라이으)
ب	/ㅂ/	بَدَل (바달)
ت	/ㅌ/	الكاتِب (알카팁)
ث	/ㅅ/	يَثْرِب (야스립)
ج	/ㅈ/	حِجْر (히즈르)
ح	/ㅎ/	أَحْمَد (아흐마드)
خ	/ㅋ/	الخَزْرَج (알카즈라즈)
د	/ㄷ/	العِمادِيَّة (알이마디야)
ذ	/ㄷ/	مُنْقِذ (문끼드)
ر	/ㄹ/	رُعَف (루아프)
ز	/ㅈ/	زَجْر (자즈르)
س	/ㅅ/	الأَوْس (알아우스)
ش	후속 모음에 따라 /샤/, /슈/, /쉬/	شاوَر (샤와르), شُجاع (슈자으), أَمِير الجُيُوشِ (아미르 알주유쉬)
ص	/ㅆ/	المَنْصُور (알만쑤르)
ض	/ㄷ/	العاضِد (알아디드)
ط	/ㄸ/	مُصْطَلِم (무쓰딸리므)
ظ	/ㄷ/	ظُبَة (두바)
ع	후속 모음에 따라 /아/, /오/, /이/	عَوْن (아운), عُمارَة (오마라), عِماد (이마드)
غ	/ㄱ/	غازِي (가지)
ف	/ㅍ/	فَهِق (파히까)
ق	/ㄲ/	القاضِي (알까디)
ك	/ㅋ/	المُلُوك (알물루크)

아랍어 글자	한글 전사	예
ل	/ㄹ/ 또는 /ㄹㄹ/	الكنديّ (알킨디), عَلِيّ (알리),
م	/ㅁ/	المَلِك (알말리크)
ن	/ㄴ/	بُرْنُس (부르누스)
ه	/ㅎ/	هُبُوب (후부브)
و	후속 모음에 따라 /와/, /우/, /위/	وَزِير (와지르), وُسُوق (우수끄), تَثْوِيب (타스위브)
ي	후속 모음에 따라 /야/, /유/, /이/	اليَمَنِيّ (알야마니), يُوسُف (유수프), مُشَايِع (무샤이으)

13. 아랍어 고유명사 중에서 그 한글 표기가 이미 국내에서 통용되어 온 다음의 단어는 상기의 전사 방식을 따르지 않고 기존의 한글 표기를 사용하였다.

예) — صلاح الدين: '쌀라흐 알딘'(아이윱조 술탄) → '살라딘'

— القرآن: '알꾸르안'(이슬람 경전) → '코란'

— الأقصى: '알아끄싸'(예루살렘의 이슬람 사원) → '알아크사'

— خليفة: '칼리파'(이슬람 제국 최고 통치자의 칭호) → '칼리프'

14. 아랍어 정관사 ال의 한글 전사는, 그 뒤에 오는 글자의 종류(태양문자, 월문자)에 상관없이 모두 /알/로 통일하였다.

예) — البحتري (알부흐투리)

— السري (알사리)

I.

1099년 십자군의 예루살렘 점령

이슬람 치하의 기독교 성지인 예루살렘을 회복한다는 목표를 갖고 1096년 유럽을 출발한 1차 십자군은 아나톨리아와 시리아 지역에서 셀주크조의 이슬람 군대를 패퇴시키며 니케아, 안티오크 등의 주요 도시를 점령했고, 마침내 1099년 예루살렘을 점령하는 데 성공했다. 십자군 측에서 그 사건은 크게 기뻐할 승전이었던 데 반해, 무슬림들에게는 치욕스럽고 비극적인 패배에 다름 아니었다. 당시 십자군의 침공으로 영토와 가족을 잃은 무슬림들의 참담한 심경과 분열된 이슬람 진영이 앞으로 맞이할 위기에 대해 우려하는 시선을 담은 두 편의 아랍 시가 전해 온다.

1. 아부 알무답파르 알아비와르디, "우리의 솟구치는 눈물은 피와 뒤섞였네"(492/1099)

2. 익명의 시인, "코란을 불사르는 냄새 또한 피어오르는구나"(492/1099)

1. 아부 알무답파르 알아비와르디, "우리의 솟구치는 눈물은 피와 뒤섞였네"(492/1099)[1]

시인 소개

아부 알무답파르 알아비와르디(محمد بن أحمد بن محمد القرشي الأموي، أبو المظفّر الأبيوردي 507/1113 사망). 쿠라산 지역의 아비와르드에서 가까운 쿠판(كوفن)에서 태어났으며 알쿠파니(الكوفني)라는 이름으로도 알려졌다. 뛰어난 시인이며 역사가, 문학자, 계보학자였던 그는 고향 지역과 바그다드에서 학문을 익혔으며 하디스(예언자 언행록)를 듣고 전하는 일을 했다.[2]

작품 해제

이슬람력(A. H.) 492년 샤으반(8월) 23일[1099년 7월 15일], 1차 십자군은 예루살렘을 점령했고, 그곳에서 많은 무슬림들을 살상했으며, 특히 알아

---

1 ابن الأثير، المصدر السابق، المجلد 10، ص 284–286؛ عبد الجليل (أ)، ص 67–69.

2 الزركلي، الأعلام، المجلد 5، ص 316، "الأبيوردي"؛ عبد الجليل (أ)، ص 66.

크사 사원에서 7만 명 이상을 죽였다. 그해 라마단 월[1099년 7월 22일-8월 20일]에 압바스조에 지원을 요청하기 위해 까디(판사)[3]를 수행하여 사람들이 시리아 지역에서 바그다드로 왔다. 알하라위는 금요일 사원에 모인 사람들에게 예루살렘에서 벌어진 참극에 관한 소식을 전하여 자리에 있던 자들의 심금을 울렸다. 이에 관련해 아부 알무답파르 알아비와르디는 다음의 시[4]를 지었다.[5]

시에서 화자는 예루살렘과 시리아 지역의 무슬림들이 십자군의 공격으로 죽임을 당하고 충격에 휩싸여 있다는 소식을 바그다드 사람들에게 알린다. 또한 사태의 심각성을 깨닫지 못할 뿐만 아니라 고난을 겪고 있는 무슬림 형제들을 도우려는 의지가 없는 압바스조 통치부의 안일한 자세와 비정함을 꼬집는다. 그는 압바스조가 전쟁에 나서려 하지 않기 때문에 이슬람 수호라는 숭고한 목적은 차치하고, 전리품을 얻기 위해 또는 무슬림 여자들을 지키기 위해서라도 십자군을 상대로 싸워달라고 압바스조에 간청하며 읍소한다. 당시 이슬람 제국의 중심인 압바스조의 무기력함과 더불어 이슬람권 내 상호 협조의 부재와 분열상, 이슬람 공동체 정신의 결여를 한눈에 들여다볼 수 있는 대목이라 하겠다.

작품 내 주요 서사와 제재를 살펴보면 다음과 같다.

---

3 아부 사으드 알하라위(أبو سعد، محمد بن أحمد بن أبي يوسف الهروي 488/1095 사망). 샤피이 학파의 법학자이며 까디(판사)이다. 바그다드의 압바스조에서 대사로 활동했고, 이후 셀주크조 술탄 밑에서 공직을 수행했다.

الزركلي، المرجع السابق، المجلد 5، ص 316، "الهروي"؛ عبد الجليل (أ)، ص 65.

4 다수의 역사학자들은 이 시를 알아비와르디가 지었다고 보는 반면, 알하라위가 지었다고 보는 일부 학자들도 있다. عبد الجليل (أ)، ص 66.

5 ابن الأثير، المصدر السابق، المجلد 10، ص 284.

1 십자군의 침공에 의한 시리아 지역의 비극

십자군의 만행으로 시리아 지역과 예루살렘에서 벌어지는 참극에 슬픔을 가눌 길 없음. 많은 사람이 죽고 여인들이 잡혀가는 등 시리아 지역 사람들은 극도로 절망적인 상황에 처해 있음(1-2행, 8-10행).

2 시리아 지역의 참상에 무관심한 압바스조

같은 무슬림 형제로서 바그다드의 압바스조는 시리아의 비극이 마치 남의 일인 양 수수방관하고 무관심하며 태평스럽게 지내고 있음(3-7행).

3 읍소하며 압바스조에 지원을 간청함

지금이라도 서둘러 전쟁에 나서지 않으면 나중에 후회하고 무슬림들은 십자군에 패배할 것임(11-12행). 무덤 속에서 예언자 무함마드도 압바스조를 질책하며 지하드를 요구함(13행). 죽음이 두려워 불신자와의 전쟁에 나서지 않음은 무슬림들의 치욕이기에 전쟁에 나서야 하며, 설령 숭고한 종교적 사명감과 열정이 없다면 차라리 전리품을 가져오기 위해서, 또한 무슬림 여자들을 지키기 위해서라도 전쟁에 참여할 것을 촉구함(14-19행). 서둘러 전쟁에 임하지 않는다면 그동안 만반의 전쟁 준비를 한 십자군이 무슬림 지역을 계속 점령해 갈 것임(20-22행).

우리말 번역

1 우리의 솟구치는 눈물은 피와 뒤섞였네
우리는 그 어느 동정도 받지 못하고
2 남아의 가장 치졸한 무기는 넘쳐 흐르는 눈물
전쟁의 불꽃은 창(槍)으로써 피어오르고
3 이슬람 신도들이여, 그대들의 뒤편에서는
머리통들을 발치에서 뒹굴게 하는 전쟁이 벌어지고 있다[6]
4 초록 수풀의 꽃봉오리처럼 안락한 삶 속에서
평안하고 즐겁게 잠을 즐길 수 있단 말인가?
5 잠자던 모든 이를 깨우는 재난이 닥쳤는데
어떻게 숙면을 취할 수 있단 말인가?
6 시리아에 있는 당신의 형제들이 낮잠 자는 곳은
말 등이나 독수리의 뱃속이건만
7 로마군[7]이 그들에게 모멸감을 안겨 줄 때
당신들은 태평스레 안락하게 지내고 있구나
8 얼마나 많은 피가, 얼마나 많은 여인이
부끄러움에 손으로 미모를 가리며 적에게 허용되었던가!
9 흰색 칼날은 붉게 물들고
갈색 창날도 피로 물들었는데

---

6 "낙타 혹의 윗부분이 발바닥에 닿게 하는 전쟁이 있다", 즉 "낙타를 땅바닥에 거꾸러뜨리는 전쟁이 벌어지고 있다"로 해석하는 것도 가능해 보인다.
7 십자군.

10 칼로 찌르고 내려치고 하는 가운데,
한순간 갓난아이의 머리는 백발이 된다[8]
11 살아남으려 그 전쟁에 가지 않은 자는
나중에 이를 갈며 후회하게 될 것
12 전쟁은 불신자들의 손을 빌려 칼을 뽑아들고
그 칼은 우리의 목과 두개골을 찌를 것
13 전쟁 속에 메디나의 무덤에 묻혀 있는 자[9]가
큰 소리로 "하쉼가(家) 사람들이여!" 라고 외치고 있다[10]
14 나는 우리 움마[11]가 전쟁을 하려 들지 않음을 본다
그들의 창과 종교는 그 지지대가 약해졌구나
15 그들은 죽음이 두려워 전쟁의 불길을 피한다
그들은 수치가 필연적이라고 여기지 않는다
16 다른 종족 군사들은 치욕을 좌시한다지만,
아랍의 용사들은 피해를 입고도 만족해하는가?
17 그들이 열정에 힘입어 종교를 수호하려 들지 않는다면,

---

8 '갓난아이의 머리는 백발이 된다'라는 표현은 크게 놀라거나 두려운 상황, 곧 십자군이 도발한 끔찍한 전쟁의 재앙을 나타낸다. 이 말은 코란에서 인용된 것이다. 코란에는 "너희가 믿음을 거부한다면 갓난아이가 백발이 되는 그날 너희는 어떻게 자신을 지키겠는가?(فكيف تتقون إن كفرتم يوما يجعل الولدان شيبا)"(73장 17절)라는 절이 있으며, '갓난아이의 머리가 백발이 되는 날'은 곧 불신자들에게 더없이 두려운 최후심판의 날을 의미한다.

9 '메디나의 무덤에 묻혀 있는 자'는 곧 예언자 무함마드를 가리킨다.

10 여기에서 '하쉼가 사람들'은 곧 바그다드의 압바스조 사람들을 가리킨다. 메디나에 안장된 예언자 무함마드가 십자군의 공격에 미온적인 태도를 보이는 압바스조 칼리프를 질책한다는 것을 의미한다.

11 이슬람 공동체.

차라리 질투심에 힘입어 자신들의 여자들을 지키려 한다면 좋겠건만

18 전투가 격렬한 가운데 그들이 보수를 받지 못했다면,

차라리 전리품을 탐내어 전쟁터로 달려갔으면

19 코들이 코걸이에 걸려 끌려다닌다면

그들은 잘려지고 흙 묻은 코로 재채기를 하는 수모를 겪을 것[12]

20 전쟁이 커다란 독수리의 눈매로 우리를 끈덕지게 주시하는 가운데

우리는 당신들에게 도움을 청했다

21 로마군은 아랍의 공격에 맞서

오랫동안 노여워하면서 우리를 예의주시하고 있다

22 이후로 만일 당신들이 분노하지 않는다면

우리는 적들에게 우리의 아낙네들을 넘겨주게 될 것

원문 주해

1 مَزَجنا دِماءً بالدُّمُوع السَّواجِمِ فلم يَبْقَ منا عُرْضةٌ للمَراجِمِ

2 وشَرُّ سِلاح المَرْءِ دَمْعٌ يُفيضُه إذا الحَربُ شُبَّتْ نارُها بالصَّوارِمِ

12 〈직〉 "그 코들이 코걸이에 순응한다면 / 그들은 잘려지고 흙이 묻은 코로 재채기를 하게 될 것" 이슬람 해석에 따르면 재채기는 순간적인 죽음을 의미한다. '바그다드의 무슬림들이 십자군과의 전쟁에 나가려하지 않는다면 그들은 치욕스런 죽음을 맞이할 것[그들이 치욕스런 죽음을 맞이하라고 나는 기원할 것]'이라는 의미이다.

3 فايُّها بَنِي الإسلام إنَّ وَراءَكُمْ   وَقائعَ يُلْحِقْنَ الذُّرَى[13] بالمَناسِمِ[14]
4 أتَهوَيمةً[15] في ظِلِّ أَمْنٍ وغِبْطَةٍ   وعَيْشٍ كَنُوَّار الخَمِيلة ناعِمِ
5 وكَيف تَنامُ العَينُ مِلْءَ جُفونِها   على هَفَواتٍ[16] أَيْقَظَتْ كلَّ نائم
6 وإخوانُكم بالشام يُضْحي مَقيلُهم   ظُهورَ المَذاكي[17] أو بُطونَ القَشاعِمِ[18]
7 تَسُومُهُمُ الرُّومُ الهَوانَ وأنتُمُ   تَجُرُّون ذَيْلَ الخَفْض فِعْلَ المُسالم
8 وكم مِن دِماءٍ قد أُبِيحتْ ومِن دُمىً[19]   تُوارِي حَياءً حُسْنَها بالمَعاصِمِ
9 بِحيثُ السُّيوف البِيضُ مُحْمَرَّةُ الظُّبا[20]   وسُمْرُ العَوالي دامياتُ اللَّهاذِمِ[21]
10 وبَيْنَ اختلاسِ الطَّعْنِ والضَّرْبِ وقْفَةٌ   تَظَلُّ لها الوِلْدانُ شِيبَ القَوادِمِ[22]
11 وتلك حُروبٌ مَنْ يَغِبْ عن غِمارِها   ليَسْلَمَ يَقْرَعْ بعدها سِنَّ نادم
12 سَلَلْنَ بأيدِي المُشركين قَواضِباً   سَتُغْمَدُ منهم في الطُّلَى[23] والجَماجم
13 يكاد لَهُنَّ المُسْتَجِنُّ بطَيْبَةٍ[24]   يُنادي بأعلى الصوتِ يا آلَ هاشِمِ
14 أَرَى أُمَّتي لا يُشرِعون إلى العِدا   رِماحهمُ والدينُ واهِي الدعائم
15 ويجتنِبون النارَ خوفاً مِن الرَّدَى   ولا يَحسبُون العارَ ضَرْبَةَ لازِمِ[25]

---

13 (ذِروة ج ذُرَى) (디르와 ㊌ 두라): 〈만두르, ذرا〉 꼭대기, 정점; 낙타 혹의 가장 윗부분(أعلى سنام البعير).
14 (مَنسِم ج مَناسم) (만시므 ㊌ 마나시므): 동물의 발바닥(에 덧댄 것).
15 تهويم (타흐위므): 꾸벅 꾸벅 졸기, 겉잠.
16 (هَفْوَة ج هَفَوات) (하프와 ㊌ 하파와트): 실수, 과실.
17 (مُذَكٍّ ج مَذاكي) (무닥키 ㊌ 마다키): 〈만두르, ذكا〉 성장한[나이 든] 말.
18 قشْعم، قشعام (까쉬아므): 덩치가 큰 수컷 독수리.
19 (دمية ج دمى) (둠야 ㊌ 두마): 인형. ((여자를 비유할 때 사용됨))
20 (ظُبَة ج ظبات، ظبى) (두바 ㊌ 두바트, 두바): 〈만두르, ظبا〉 (칼, 창의) 날.
21 لهذم (라흐다므): 〈만두르, لهذم〉 날카로운, 예리한(حادّ).
22 (قادِم ج قوادِم) (까디므 ㊌ 까와디므): 〈만두르, قدم〉 (사람의) 머리(رأس).
23 (طُلاة ج طلىً) (뚤라 ㊌ 뚤라): 〈만두르, طلي〉 목(عُنق).
24 طَيْبة (따이바): 〈만두르, طيب〉 메디나(المدينة). ((예언자 무함마드가 붙인 메디나의 다른 명칭))
25 صار الشيءُ ضربةَ لازِمٍ: 〈만두르, لزم〉 달라붙다, 부착되다; 필연적인(لازب).

أتَرْضى صَناديدُ الأعاريبِ بالأذى ويُغْضي على ذُلٍّ كُماةُ الأعاجمِ 16

ومنها:

فلَيْتَهمُ إذ لم يَذُودوا حَمِيَّةً عَن الدينِ ضَنُّوا غَيْرَةً بالمحارم 17

وإن زَهَدوا في الأَجْر إذْ حَمِسَ الوَغَى فَهَلاّ أَتَوْهُ رغبةً في المغانم 18

لَئِنْ أَذْعَنَتْ تلك الخَياشيمُ[26] للبُرَى[27] فلا عَطَسوا إلاّ بأَجْدَعَ راغِمِ 19

دَعَوْناكمُ والحربُ تَرْنو مُلِحَّةً إلينا بأَلحاظ النُّسور القَشاعِمِ 20

تُراقبُ فينا غارةً عَربيةً تُطيلُ عليها الرُّومُ عَضَّ الأباهم[28] 21

فإن أنتمُ لم تَغْضَبوا بعد هذه رَمَيْنا إلى أعدائنا بالحرائِمِ 22

---

26 (خيشوم ج خياشيم) (카이슈므 ㊍ 카야쉬므): 〈만두르, خشم〉 코, 콧구멍.

27 (بُرَة ج بُرات، بُرًى) (부라 ㊍ 부라트, 부라): 〈만두르, بري〉 발목 장식; 동이나 은으로 만든 고리로 낙타의 코에 걸어 둠.

28 (الأباهم (الأباهيم : عضّ الأباهم : 〈만두르, بهم〉 '(자신의) 엄지 손가락을 깨물다', 분노하다.

إذا رأوْني، أطال الله غيظَهم، عضُّوا من الغيظ أطرافَ الأباهيم

(그들이 나를 본다면 알라께서 그들의 분노를 오래 지속시키실 것이고 / 그들은 분노로 인해 엄지손가락을 깨물 것이다.)

2. 익명의 시인, “코란을 불사르는 냄새 또한 피어오르는구나”(492/1099) [1]

시인 소개

작자 미상.

작품 해제

1099년 1차 십자군이 예루살렘을 점령하여 학살을 저지른 데에 대한 전해오는 아랍시는 의외로 적어서, 앞서 나온 알아비와르디의 시(1번 시)와 여기에 소개되는 익명의 시인이 쓴 작품 두 편만이 있을 뿐이다.

이 시는 두 부분으로 나뉘어, 첫 번째 부분(1-6행)에서는 예루살렘을 적에게 빼앗겨 이슬람 사원이 기독교 교회나 수도원으로 바뀌고, 코란이 불태워지며 무슬림 여성들이 능욕당하는 장면 등을 통해 이슬람이 겪는 수모에 대해 말하고 있다. 이어 두 번째 부분(7-9행)에서는 이슬람 제국의 변방인 시리아 지역에서 일어난 사태의 심각성을 알면서도 관망

1 ابن تغري بردي، النجوم الزاهرة في ملوك مصر والقاهرة، ج 5، ص 151–152؛ عبد الجليل (أ)، ص 70.

만 하고 있는 (아마도 바그다드의 압바스조의 지배층 사람들을 비롯한) 다른 지역의 무슬림들에게 십자군에 대응하기 위한 군사행동에 나설 것을 간절한 심정으로 촉구하고 있다.

우리말 번역

1 불신자들은 이슬람에 사악한 짓을 범했고,
그로 인해 이슬람교에 대한 통곡은 길어지는구나
2 진리는 간데없고, 영토는 침범당했고,
칼은 절단하며, 피는 쏟아졌다
3 얼마나 많은 무슬림 남성이 약탈을 당했고,
얼마나 많은 무슬림 여성이 능욕을 당했던가
4 적(敵)은 얼마나 많은 이슬람 사원을
(그리스도교) 수도원으로 만들었고, 미흐랍[2]에 십자가를 세웠던가
5 그 안에서 돼지의 피 냄새는 적에게 향기가 되고,
코란을 불사르는 냄새 또한 피어오르는구나
6 어린애가 이 사태를 본다면
그 아이의 머리에는 백발이 생겨날 것[3]
7 무슬림 남자들은 편하게 지내는데

2 이슬람 사원 안 한쪽 벽에 움푹 들어간 곳으로 무슬림들의 예배 방향인 메카를 가리키는 곳이다.

3 이 책의 93쪽, 각주 8번 참조.

모든 변방의 무슬림 여인들은 (적에게) 잡혀가는가?

8 알라와 이슬람을 위해 젊은이나 노인이나 할 것 없이
수호해야 할 진리가 있지 않은가?

9 그곳에 있던 지각 있는 자들에게 말하라
"알라의 부름에 응하라. 부디 알라의 부름에 응하라"고

원문 주해

1	أَحَلَّ الكفرُ بالإسلام ضَيْماً	يَطولُ عليه للدين النحيبُ
2	فَحقٌّ ضائعٌ وحِمًى مُباحٌ	وسيفٌ قاطعٌ ودَمٌ صَبيبُ
3	وكم من مُسلِمٍ أمسى سَليباً	ومسلمةٍ لها حَرَمٌ سَليب
4	وكم من مسجد جعلوه دَيْراً	على مِحرابه نُصِبَ الصليب
5	دمُ الخنزير فيه لهم خَلوقٌ[4]	وتحريقُ المَصاحِف فيه طِيب
6	أُمور لو تَأَمَّلهن طِفْلٌ	لَطَفَّلَ[5] في عَوارِضه[6] المَشيب
7	أتُسْبَى المُسلِماتُ بكلِّ ثَغْر[7]	وعَيْشُ المسلمين إذا يَطيب
8	أما لله والإسلام حَقٌّ	يُدافِع عنه شُبّانٌ وشِيبُ
9	فقُل لذَوِي البَصائرِ حيث كانوا	أَجيبوا الله وَيْحَكُمُ أَجيبوا

---

4 خلوق (칼루끄): 향료의 일종.

5 طفّل (땁팔라): (다가) 오다(أقبل).

6 (عارضة ج عوارِض) (아리다 ㊌ 아와리드): (얼굴의) 뺨, 볼.

7 ثغر (사그르): 〈만두르, ثغر〉 적의 공격이 우려되는 변방 지대, 전장(戰場) 부근 지역.

II.

이슬람 진영의 對십자군 전쟁 촉구, 특히 예루살렘 탈환 열망

● 장기조의 두 지도자 이마드 알딘 장기와 누르 알딘에게 예루살렘 탈환 촉구

1차 십자군은 시리아 지역의 주요 도시들과 예루살렘을 점령하여 당초의 목표를 이루었다. 당시 이슬람 진영은 압바스조, 파티마조, 셀주크조로 크게 분열되어 있었고, 시리아 지역 내 무슬림 영주들이 자신들의 통치권 유지에만 급급하여 십자군에 맞서지 못하는 상황에 머물러 있었다. 그러나 셀주크조 술탄에 의해 모술 지역의 총독이 된, 장기조의 이마드 알딘 장기와 그의 아들 누르 알딘이 등장하면서 무슬림들의 對십자군 전쟁의 불씨가 지펴졌다. 장기는 1144년 십자군의 주요 성채인 에데사를 점령하여 프랑크인들을 위협했으며, 누르 알딘도 부친의 위업을 계승해 십자군에 빼앗겼던 이슬람 지역을 탈환하는 등 십자군을 긴장시켰다. 아랍 시인들은 이 부자(父子) 지도자가 對십자군 전쟁에서 거둔 승리를 찬양하는 한편, 그 승전에 이어 향후 두 사람이 이슬람 성지 예루살렘을 탈환해 주기를 염원하는 마음을 담아 시를 지었다.

3. 이븐 무니르 알따라불루시, "밤낮으로 열의와 결의가 생겨나고"(539/1144)
4. 이븐 알까이사라니, "아침빛은 어둠을 멸하노니"(539/1144)
5. 이븐 알까이사라니, "칼날은 달콤한 승리를 맛보고"(539/1149)
6. 이븐 무니르 알따라불루시, "그들이 더럽혀 놓았던 것을 지키고 정결케 하라"(546/1151-2)

3. 이븐 무니르 알따라불루시,
"밤낮으로 열의와 결의가 생겨나고"(539/1144)[1]

시인 소개

이븐 무니르 알따라불루시(أحمد بن منير بن أحمد الطرابلسي 1080-1153). 따라불루스(레바논의 트리폴리Tripoli)에서 시인의 아들로 태어나 어린 시절부터 문학 수업을 받았고, 시에서 탁월함을 보였다. 503/1109-10년 십자군이 따라불루스를 점령하자 그는 다마스쿠스로 이주하여 그곳의 영주인 타즈 알물루크 부리(تاج الملوك بوري)에 의탁하면서 그를 칭송하는 시를 지었다. 그러나 이븐 무니르는 고위 관리들을 풍자하는 시를 지어 그들로부터 분노를 샀고, 이 일로 인해 영주의 명에 따라 투옥되고 혀가 절단되는 형벌을 받았다. 이후 그는 하마, 샤이자르, 알레포로 옮겨다니며 지냈다. 생애 말엽 그는 알레포로 가서 이마드 알딘 장기와 누르 알딘에 의탁해 지내면서 십자군에 맞서 지하드를 수행하는 두 사람을 칭송하는 시를 지었다.[2]

---

1 أبو شامة، المصدر السابق، المجلد 1، ج 1 ، ص 176-178؛ ديوان ابن منير الطرابلسي، ص 199-201؛ عبد الجليل (أ)، ص 75-76.

2 김능우, 「중세 아랍시에 나타난 '십자군과 이슬람 세계와의 충돌'」, 『아랍시의 세계』(명지출판사, 2004), 255-256쪽; الزركلي، المرجع السابق، المجلد 1، ص 260؛ عبد الجليل (أ)، ص 75.

작품 해제

이슬람력 539년 주마다 둘째 달 26일[1144년 12월 23일] 이마드 알딘 장기는 조슬랭 2세의 수중에 있던 유프라테스 강 서부 지역의 수도인 에데사를 함락했다. 이 사건 후 유럽은 2차 십자군을 파견했을 정도로 장기의 에데사 점령은 십자군 측에 큰 충격을 주었다. 이븐 무니르는 다음 시에서 승전을 축하하며 장기를 칭송했다.

작품 내 주요 서사와 제재를 살펴보면 다음과 같다.

1 이슬람 진영의 영웅 이마드 알딘 장기

장기는 이슬람 영토와 무슬림들을 지키느라 늘 깨어 있음(3-4행). 무슬림들을 안전하고 평온하게 지내게 해주는 진정한 지도자로서 그의 업적을 말로 표현할 길 없음(5-7행).

2 난공불락의 도시 에데사를 마침내 장기가 점령함

에데사는 오랜 기간 많은 공격을 격퇴할 만큼 정복하기 어려운 요새였음(11-15행). 용맹스런 사자 같은 장기가 알라의 뜻에 따라 군대를 이끌고 적군을 공격해 에데사를 정복하는 데 성공했고, 그곳의 십자군 영주 조슬랭은 패전의 치욕을 당함(16-23행).

3 이슬람이 기독교에 대해 승리를 거둠

이슬람 군대의 공격에 시달리는 교회 종탑, 기독교 교회의 종소리를 대체한 이슬람 사원의 아잔 소리(24-27행).

4 예루살렘을 탈환하리라 믿는 장기의 군대

에데사를 점령한 이슬람 군대는 만반의 준비를 갖추어 조만간 강력한 의지로 이슬람의 성지인 예루살렘을 십자군의 수중에서 탈환할 것임(28-32행).

5 이슬람의 영웅 장기를 칭송

장기는 적에게 무자비하게 죽음을 안겨 주는 두려운 존재인 반면, 이슬람 지역 백성들에게는 이슬람과 그들의 목숨을 구해 준 은인이자 자비와 정의가 넘치는 자로 무슬림들의 존경과 찬미를 받는 지도자임(33-42행).

우리말 번역

1　이마드 알딘에 의해 명백한 승리가
종교의 고리에 붙들어 매졌다
2　이교도들의 속임수를 물리침으로 인해
국가의 공유자가 차지할 몫이 증가했다
3　한 왕은 뜬 눈으로 밤을 지새우는데
그의 고민은 잠자는 백성들의 근심을 몰아내는 것
4　그의 눈에는 선명한 빛깔의 검은 코흘이 칠해져 있고,[3]
그의 분노의 눈길은 시기하는 자들의 눈을 도려냈다
5　그의 지나가는 나날들 매일매일은
무슬림들에게는 축일이나 다름없구나
6　만일 그를 공정하게 묘사한다면

3 코흘은 눈 화장을 위해 눈꺼풀에 검은색을 칠하는 것을 말하는데, 여기서는 '깨어 있으면서 만반의 준비를 갖춘 상태'를 의미하는 것으로 생각된다.

그에게 가장 어울리는 호칭은 '신도들의 지도자'

7 그를 위해 세월의[4] 손길이 기록한 것만큼

이야기꾼들도 말하지 못했고 작가들도 글 쓰지 못했다

8 다신교도들[5]이 그의 영토를 점령하려 했을 때

그는 이백 명의 군대로 적군 이십만 명을 상대했다[6]

9 전투는 로마의 개[7]를 절명케 했던 바,

무화과를 자르듯 그의 심장 동맥을 절단했다[8]

10 이집트가 (용맹스런 지도자들에 의해) 지켜진다면

고귀한 것은 그대로 고귀한 것이라는 말이 입증되는 것[9]

---

4 〈직〉 "여러 해[年]"

5 '프랑크인 기독교도들'을 의미한다.

6 〈직〉 "다신교도들이 그의 영토에 머물려 했을 때 / 그들은 이십만 명이었는데 (그의 군대는) 이백 명이었다." '적은 수의 무슬림들이 인내하는 가운데 알라의 도움으로 많은 수의 불신자 적군을 격퇴한다'는 의미의 이 시행은 코란에 나온 다음 표현을 이용한 것이다.
"예언자여, 신자들을 격려하여 전쟁에 임하게 하라. 너희들 중 인내하는 자가 이십 명 있으면 이백 명을 이길 것이다. 만일 너희들이 백 명 있다면 불신자들 천 명을 이길 것이다"(코란, 8장 65절). "너희들 중에 인내하는 자가 백 명 있으면 이백 명을 이길 것이다. 또한 만일 너희들 중 천 명이 있다면 알라의 허락하에 이천 명을 이길 것이다. 알라께서는 인내하는 자들과 함께하신다"(코란, 8장 66절).
김용선 역주, 『성(聖) 꾸란 (上): 이슬람 경전』(박영사, 1983), 279쪽; 최영길 역주, 『성 꾸란: 의미의 한국어 번역』(파하드국왕꾸란출판청, 1997), 316쪽.

7 '로마의 개'는 비잔틴 제국의 황제인 요한네스 2세 콤네누스(John II Komnenos, 재위 1118-43)를 가리킨다. ديوان ابن منير الطرابلسي، ص 198.

8 '동맥을 절단하다(قطع الوتين)'라는 표현은 코란에 나온 구절을 이용한 것으로 보인다. "만일 그가 알라에 대하여 지어낸 말을 한다면 알라께서는 그의 오른손을 붙잡아, 그의 동맥을 절단하실 것이다(ثم لقطعنا منه الوتين)"(코란, 69장 44-46절).
김용선 역주, 앞의 책(下), 257-258쪽; 최영길 역주, 앞의 책, 1127쪽.

9 '이집트는 용맹스런 통치자들의 역량에 힘입어 지켜졌으며, 이는 자부심과 숭고한 전통을 지닌 나라는 그 위상을 유지할 수 있음을 보여 주는 증거'라는 의미이다.

11 에데사가 반드시 정복되기만 한다면
(그의 역량을) 의심하는 자들의 의혹을 충분히 없앨 수 있을 것[10]

12 긴 세월 속에 에데사는 처녀로 남아
구애하는 자들의 욕구로 인해 순결을 잃은 적이 없었다

13 콘스탄틴 황제는 그곳을 차지하려 고민하는데
그는 거기에서 한 줌의 흙도 갖지 못한 채 돌아갔다

14 얼마나 많은 왕들이 그곳을 차지하려 들다가
이마에 죽음의 표시로 낙인이 찍혀 장식되었던가!

15 그곳은 까마득히 떠 있는 별과 같고,
바라보는 이들에게 그곳은 잡을 수 없는 별과 같다[11]

16 굴에 사는 사자(獅子)들은 한 우두머리 사자에 의해
치욕의 멍에를 쓰게 되었다

17 그 사자는 포효하며 사자 같은 무슬림 전사들을 이끌고 그곳을 찾아가
그들[프랑크족]의 포효를 신음으로 바꾸어 버렸다

18 무슬림 병사들은 공터에서 말 타고 공치기 놀이를 하듯
칼로 적의 머리통을 내리쳐 그것으로 놀이를 했다

19 변방 지역[에데사]을 향한 결의는 얼마나 대단한가!

이 행은 이어지는 다음 행들에서의 의미, 즉 에데사가 오랜 기간 외부로부터의 어떠한 공격에도 꿋꿋하게 버텨냈다는 의미와 연결된다.

10 '난공불락의 요새인 에데사를 정복하면 이마드 알딘의 군사적 역량이나 에데사 점령의 가능성에 대해 의심하는 자들의 의혹을 없앨 수 있을 것'이라는 의미이다.

11 〈직〉 "그곳은 별의 자매이고 / 바라보는 사람들의 생각에 별과 같다"
'에데사는 인간이 도달할 수 없는 하늘의 별과 같아, 그 어떤 군대라도 그곳에 도달하거나 점령하는 것을 상상조차 할 수 없는 난공불락의 도시'라는 의미이다.

남의 불행을 고소해하는 자들[무슬림들]로 하여금 할례 하지 않는
족속[12]을 비웃게 했으니

20 칼날은 조슬랭[13]의 창자를 뒤진 후에
프린스[14]의 머리에 치욕의 모자를 씌워 주었다

21 사루즈[15]는 그[이마드 알딘]의 군마들을 보고 나자
그곳에 있던 무리[십자군]를 뿔뿔이 흩어지게 했다

22 알라께서는 결단하시어, 그곳을 열려고 하는 자들[16]을 위해
그곳의 자물쇠들을 내던져 주셨다

23 시리아 지역은 알라에게 번개를 기대했던 바,
내리는 비는 두려움을 덜어 주기도 하고, 안심하던 자들에게 두려
움을 주기도 한다[17]

24 가젤들이 즐겁게 지내다가 얼마나 많이 일소(一掃)되었던가!
선체(船體)의 무늬가 물속에 가리워지듯이[18]

25 어느덧 임종이 그곳에 다가왔고
살던 이들이 가버린 뒤에 사계(砂鷄)가 그곳을 차지했다[19]

---

12 '할례를 하지 않는 자들'은 기독교도들, 즉 동로마인들과 프랑크인들[십자군]을 의미한다.

13 조슬랭 2세.

14 안티오크의 공작.

15 하란에서 가까운 도시. 이마드 알딘은 에데사를 점령한 후 539/1144-5년 곧바로 사루즈를 점령했다. ديوان ابن منير الطرابلسي، ص 200.

16 '사루즈를 정복하려는 이마드 알딘의 군대'를 의미한다.

17 즉, '시리아 지역에서는 알라의 뜻에 따라 장기의 공격이 있을 것으로 예상되어, 무슬림들은 안심하는 한편 십자군은 두려워한다'는 의미이다.

18 에데사 등지의 기독교도들이 이슬람 군대의 공격을 받아, 선박에 새겨진 무늬가 물에 잠기듯이 거주지에서 쫓겨나 보이지 않게 되었다는 의미이다.

19 '프랑크인들이 죽거나 쫓겨난 뒤 그 지역은 야생 새들이 머무는 폐허로 변했다'라

26 모습을 드러낸 종탑의 십자가들은
서로 겨루는 칼들 사이에 놓인다
27 칼들은 종탑을 내리쳤고
마침내 교회 종소리를 아잔 소리로 바꾸었다
28 그곳에서 네 살배기 군마들은 내내
보리나 밀기울이 섞인 나뭇잎을 먹게 될 것[20]
29 하란에 물어보라. 얼마나 많은 적의 군마들이 마리딘에서 살아나
차가운 (기쁨의) 눈물을 흘렸는가를
30 어제 수마이사뜨 지역에는 군마들이 (목걸이 알처럼) 정렬했고
정렬한 군대는 보는 이들을 기쁘게 한다
31 내일 예루살렘에 군마들의 가슴팍이 놓여지게 되고
마른 풀을 타작하듯 그곳을 타작할 것[21]
32 밤낮으로 (예루살렘 탈환을 향한) 열의와 결의가 생겨나고,
그 결의가 이르는 곳마다 적의 어떤 요새도 굳건하지 못하네
33 그가 공격을 연기한 것에 속아 넘어간 자들에게 말하라
"너희들은 조만간 그의 향기를 맛보게 될 것이다"라고
34 그는 그에게서 도망친 자에게 다다르는 죽음과 같은 존재로,
방심한 자들에게 슬픔을 안겨 준다
35 그는 그의 고리를 붙드는 자들은 살려 준다
그의 고리는 회개한 자를 위한 튼튼한 밧줄

는 의미이다.

20 '장기가 이끄는 이슬람 군대가 적지를 점령하고 군마들이 여유롭게 마음껏 먹이를 먹을 수 있게 될 것'이라는 의미이다.

21 '내일 이슬람 군대가 예루살렘을 차지하게 될 것'이라는 의미이다.

36 복종하는 자는 살 것이고 거역하는 자는
그다음 날, 다른 이들의 본보기가 될 것
37 숭고한 태양 같은 분이시여, 당신 덕에
세상과 종교에서 두 번 죽었던 자에게 영혼이 되돌아왔습니다
38 행운은 한 치의 거짓도 없이,
당신이 계속해서 영토를 차지하게 할 것이라고 맹세했습니다
39 당신은 그 지역에서 정의(正義)를 넘치게 했고
억압자들의 압제로 인한 고통을 잊게 했습니다
40 당신의 거처는 어디로 옮겨가든 간에
여전히 순례자들이 도는 카으바[신전]가 됩니다
41 매일매일 그곳의 목은
값진 진주를 배열해 만든 찬미의 목걸이로 빛이 납니다
42 그곳에서 제가 정중히 당신을 위해 기도를 할 때마다
사람들은 '아멘'[22]이라고 화답했습니다

---

22 즉 '그렇게 되길 바라나이다'.

원문 주해

1 بعِماد الدِّين أَضْحتْ عُرْوَة الدِّ   ين مَعْصُوباً بها الفَتْحُ المُبِينْ
2 واستَزادَتْ بقَسِيمِ الدَّوْلَة الـ   قِسَم مِن إدْحاضِ كَيْدِ المارقينْ
3 مَلِكٌ أَسْهَرَ عَيناً لم يَزَلْ   هَـمُّها تَشْرِيدَ هَمِّ الراقِـدِين
4 لا خَلتْ مِن كَحَلِ النَّضْرِ فقد   فَقَأَتْ غَيْظاً عُيُونَ الحاسِدينْ
5 كُلُّ يومٍ مَرَّ مِن أَيَّامِهِ   فهو عِيدٌ عائدٌ للمُسلِمِين
6 لَوْ جَرى الإنْصافُ في أَوْصافِهِ   كان أَوْلاها أَمِيرَ المُؤمِنِينْ
7 ما رَوَى الراوُون بل ما سَطَّرُوا   مِثْلَ ما خَطَّتْ له أَيْدِي السِّنِين
8 إذْ أَناخَ الشِّرْكُ في أَكْنافِه   بمئَيْ أَلْفٍ تَلاها بمِئَيْن
9 وَقْعَةٌ طاحَتْ بِكَلْبِ الرُّوم مِن   قَطْعِه التِّين إلى قَطْعِ الوَتِينْ
10 إنْ حَمَتْ مَصْرٌ فقد قام لها   واضِحُ البُرْهان أنَّ الصِّين صِين
11 والرُّها لو لم تكُن إلاّ الرُّها   لَكَفَتْ حَسْماً لِشَكِّ المُمْتَرين
12 دَرَجَ الدَّهْرُ عليها مُعْصِراً   لم تُدَنَّسْ بمَرام اللامِسِين
13 هَمَّ قُسْطَنْطِين أَن يَفْرَعَها   ومَضى لَمْ يَحوِ منها قِسْطَ طِينْ
14 ولكَمْ مِن مَلِكٍ حاولَها   فتَحَلَّى الحَيْنَ وَسْماً في الجَبِين
15 هي أُخْتُ النَّجْم إلاّ أنَّها   منه كالنَّجْم لِرأْيِ المُبْصِرين
16 مُنِيَتْ منه بلَيْثٍ قائدٍ   بعِرانِ الذُّلِّ آسادُ العَرِين
17 زارَها يَزْأَرُ في أُسْدِ وَغًى   تُبْدِلُ الأُسْدُ مِنَ الزَّأْرِ الأَنِينْ
18 صَوْلَجُوا البِيضَ بضَرْبٍ نَثَرَ الـ   ـهامَ في ساحاتِها نَثْرَ الكُرِين
19 يا لَها هِمَّةُ ثَغْرٍ أَضْحَكَتْ   من بَنِي القُلْفِ ثُغُورَ الشامِتِينْ
20 بَرْنَسَتْ رأسَ برِنْسٍ[23] ذِلَّةً   بَعْدَما جاسَتْ حَوايا جُوسْلين

---

23 برنس (부르누스): 〈만두르, برنس〉 모자가 달린 긴 옷.

21 وسَرُوج مُذْ وَعَتْ أَسْراجَه … فَرَّقَتْ جُمَّاعَها عنها عِضِينْ
22 تِلْكَ أَقْفالٌ رَماها اللهُ مِن … عَزْمِه الماضِي بخَيْرِ الفاتِحِينْ
23 شامَ منه الشَّامُ بَرْقاً وَدْقُهُ … مُؤَمِّنُ الخُوَّفِ مُخِيفُ الآمِنِين
24 كَم كَنِيسٍ كُنِسَت آرامُها … منه بَعْدَ الرَّوْحِ في ظِلِّ السَّفِينْ
25 دَنَتِ الآجالُ مِن آجالِها … فأَحَلَّتْها القَطا[24] بَعْدَ القَطِين
26 وَمنارٍ يُجْتَلَى صُلْبانُهُ … بَيْنَ بِيضٍ تَتبارى في البُرِين
27 قَرَعَتْه البِيضُ حتَّى بَدلَتْ … قَرْعَةَ الناقُوسِ تَثْويبَ[25] الأَذِين
28 بالقَسيميّات مَقسوماً لها الدَّ … هْر في عَلْكِ لُجَيْن أو لَجِين
29 سَلْ بها حَرَّان[26] كم حَرَّى سَقَتْ … بَرْداً يوم رَدَتْ مِن مارِدين[27]
30 سُمِطَت أَمْسِ سُمَيْساطٌ[28] بها … نَظْمَ جَيْشٍ مُبْهِجٍ للنَّاظِرِين
31 وغداً يُلْقَى على القُدْس لها … كَلْكَلٌ[29] يَدْرَسُها دَرْسَ الدَّرِينْ[30]
32 هِمَّةٌ تُمْسِي وتُضْحِي عَزْمَةً … لَيْسَ حِصْنٌ إنْ نَحَتْهُ بحَصِينْ

---

24 قطا (까따): 사계(砂鷄). ((모래땅에 사는 비둘기 모양의 새))

25 تثويب (타스위브): 〈만두르, ثوب〉 예배 시간에 맞추어 무슬림들에게 사원으로 오라고 무앗딘(아잔하는 사람)이 외치는 소리.

26 حرّان (하란): 터키 동남부의 고대 도시(Harran).

27 ماردين (마리딘): 오늘날 터키 동남부의 도시(Mardin).

28 سميساط (수마이사뜨): 유프라테스 강 서쪽 지역에 있는 동로마 영토의 일부로 성채가 있다. ديوان ابن منير الطرابلسي، ص 200.

29 كلكل (칼칼르): 〈만두르, كلل〉 말의 가슴 부위.
ألقى على شيء كلكله : 원래는 '(말이) 가슴 부위를 ~ 위에 놓다'를 뜻하며 비유적으로 '~를 점유하다, 차지하다'의 의미를 갖는 것으로 보인다. 〈만두르, كلل〉에 나온 다음의 예를 보자.

وقالت أعرابية ترثي ابنها:

ألقى عليه الدهرُ كلكله، … مَن ذا يقوم بكلكل الدهرِ؟

(한 여자 유목민이 아들의 죽음을 애도하며 "세월은 가슴을 그에게 두었는데 / 어느 누가 세월의 가슴을 일으켜 세우겠는가?"라고 읊었다.)

30 درين (다리느): (나무나 풀 등의) 마른[건조한] 조각.

33 قُلْ لِقَوْمٍ غَرَّهُمْ إمْهالُه   ستَذُوقُونَ شَذاه بَعْدَ حِين

34 إنّه المَوْتُ الذي يُدْرِكُ مَنْ   فَرَّ منه فشَجاً للغافِلِين

35 وهو يُحْيِي مُمْسِكِي عُرْوَتِه   إنَّها حَبْلٌ لِمَنْ تابَ مَتِين

36 مَنْ يُطِعْ يَنْجُ ومَنْ يَعْصِ يَكُنْ   مِنْ غَداةٍ عِبْرَةً للآخَرِين

37 بِكَ يا شَمْسَ المَعالي رُدَّتِ الرُّ   وحُ في المَيْتَيْن من دُنْيا ودِين

38 أَقْسَمَ الجَدُّ بأن تَبْقَى لِكَيْ   تَمْلِكَ الأَرْضَ يَمِيناً لا يَمِين

39 وتُفِيضُ العَدْلَ في أَقْطارِها   مُنْسِياً مُؤْلِمَ عَسْفِ الجائِرِين

40 لا تَزَلْ دارُك كَيْفَ انْتَقَلَتْ   كَعْبَةً مَحْفُوفَةً بالطائِفِين

41 كُلَّ يَوْمٍ يَنْجَلِي جِيدُها   مِن نَظِيم المَدْحِ بالدُّرِّ الثَّمِين

42 كَلَّما أُخْلِصُ فيها دَعْوَةً   لك قالَتْ أَلْسُنُ الخَلْق آمِينْ[31]

31 آمينَ(아민), أمينَ(아민): 〈만두르, أمن〉 기도 직후에 하는 말. '그렇게 되어지이다(كذلك يكون)'의 의미를 갖는다.

4. 이븐 알까이사라니, “아침빛은 어둠을 멸하노니”(539/1144)[1]

시인 소개

이븐 알까이사라니(ابن القيسراني، شرف الدين، محمد بن نصر بن صغير 1085-1153). 뛰어난 시인이며 성학(星學), 천문학, 사실(史實) 암송과 역사 전승 분야의 학자였다. 악카(عكّا 아크레Acre)에서 태어났으며, 유년 시절 그곳을 떠나 시리아 해안 지역인 까이사리야(قيسارية 카이사레아Caesarea)에서 성장해 그 지명을 따 이븐 알까이사라니라는 이름을 갖게 되었다. 청년 시절, 십자군이 까이사리야를 점령하자 그는 그곳을 떠나 다마스쿠스로 갔다. 다마스쿠스에서 유명한 문학가들에게서 가르침을 받고 알레포에서도 배움을 얻었다. 한때 다마스쿠스에서 우마이야 사원 문의 시계를 관리하는 일을 맡기도 했으나, 그곳의 통치자인 타즈 알물루크(تاج الملوك بوري)를 풍자하여 그의 분노를 사는 바람에 알레포로 도망쳐 장기조의 통치자들에 의탁했다.

이븐 알까이사라니는 시를 통해 이슬람 진영의 힘을 결집해 십자군에 대항하려 했던 누르 알딘의 정책과 계획을 대변했다. 그는 장기조

1 أبو شامة المصدر السابق، المجلد 1، ج 1 ، ص 173-174؛ عبد الجليل (أ)، ص 77-78.

의 두 통치자인 이마드 알딘 장기와 누르 알딘의 시대는 물론이고 그 이전에 있었던 십자군 전쟁의 주요 사건을 실제로 겪음으로써, 칠십 평생 십자군 침략의 초기와 절정기, 쇠퇴기를 목격한 인물로 알려져 있다.[2]

작품 해제

이븐 알까이사라니의 이 작품은 앞선 이븐 무니르 알따라불루시의 시(3번 시)와 마찬가지로 1144년 장기가 에데사를 점령한 것을 기념해 승전을 축하하고 장기를 칭송할 의도에서 지어진 시이다. 이 시에서는 장기가 난공불락의 십자군 도시인 에데사를 무력으로 점령한 것, 이 승리로 이슬람의 위상이 회복되고 무슬림들이 안정을 되찾은 것, 상대적으로 기독교의 권위가 추락하고 조슬랭 2세의 십자군이 무기력하게 패한 것 등이 언급되고 있다. 이어 에데사 정복을 기점으로 장기가 십자군 왕국들이 있는 이슬람 영토를 탈환할 것이라는 기대감이 나타난다. 시인은 이슬람 진영의 승리를 '광채', '아침빛', '사원의 높은 돔', '정의의 확산', '민바르[설교단]와 코란의 회복' 등의 표현을 사용해 한껏 찬양한다. 반면, 패배한 십자군에 대해서는 '기독교의 무기력함', '거짓', '욕보임을 당하는 처녀', '부패', '불길에 놀란 메뚜기 떼', '어둠' 등 부정적이고 암울하며 패배주의가 가득한 표현을 동원해 이슬람 진영과 극명한 대조를 이끌어 냄으로써 장기의 승리를 더욱 부각시킨다.

---

2 김능우, 「중세 아랍시에 나타난 '십자군과 이슬람 세계와의 충돌'」, 『아랍시의 세계』(명지출판사, 2004), 256-257쪽; الزركلي، المرجع السابق، المجلد 7، ص 125؛ عبد الجليل (أ)، ص 77.

작품 내 주요 서사와 제재를 살펴보면 다음과 같다.

1 에데사 탈환의 위업을 성취한 이마드 알딘 장기

장기가 무력으로 에데사를 점령함으로써 불가능하게 보였던 무슬림들의 對십자군 투쟁 가능성을 보여 주었고, 이 승리로 그는 이슬람을 지켜내 무슬림들의 자긍심을 높이고 그들을 안전하게 해줌으로써 그의 공적은 영원히 회자될 것임(1-7행).

2 십자군의 철옹성 에데사 탈환

뭇남자를 거부하며 도도하게 구는 처녀 같은 난공불락의 도시 에데사였지만 장기의 기발한 전략에 힘입어 결국 점령됨(10-16행).

3 정의와 이슬람 신앙 회복

장기는 에데사를 탈환함으로써 십자군 통치로 인한 부패를 종결시키고 정의를 실현했으며, 무슬림들을 해방시키고 이슬람 신앙을 회복시킴(17-19행).

4 장기의 공격으로 치욕스런 패배를 당한 십자군

십자군의 기독교 신앙은 에데사를 지키는 데 아무 도움이 되지 못했음(8-9행). 에데사의 십자군 통치자는 죽음을 당할까 걱정하고 십자군은 불길에 놀란 메뚜기 떼처럼 도망치고 포로로 잡혀 옴(20-23행).

5 장기의 결단력과 실행력

장기는 적을 공격하리라 결심하면 반드시 실행에 옮겨 뜻을 관철하는 지도자임(24행). 아침빛이 밤을 몰아내듯 장기는 십자군을 몰아내고 비잔틴 제국의 영토까지 점령하려는 굳은 결의를 지님(25-28행).

우리말 번역

1 그는 칼이고, 그 칼의 싸움은 당신에게 반드시 도움이 되지
그 검대(劍帶) 말고 제왕들을 옴짝달싹 못하게 했던 것이 있었는가?

2 타오르는 승리가 눈에 보이지는 않지만
이 빛나는 승리로써[3] 칼날들이 광채를 얻게 하라

3 이슬람의 돔은 자신의 높이를 자랑하며 드높아졌다
이슬람교는 그 기둥[4]이 아니었으면 드높아지지 않았을 것

4 까심 알다울라[5]의 아들인 '국가 공동 통치자'[6]는,
몰아내기에 불가능한 적을 알라로부터 몰아냈다

5 안전해짐은 믿음 있는 자들을 기분 좋게 한다
안전의 토대는 강화되었고 휴식처도 더욱 편안해졌다

6 들려오는 최근의 정복에 관한 이야기는 맛깔스럽고
내세(來世)에까지 회자될 것

7 그 이야기는 뭇 사람들을 편안케 해주어 둥지에서 날아오르는
새처럼 되게 해주었는데,
그것은 이야기의 핵심이[7] 만인의 가슴에 전해졌기 때문

---

3 〈직〉 "이 승리의 앞니로부터"

4 여기서의 기둥은 아랍어로 '이마드(عماد)'이며, 이것은 곧 이마드 알딘을 가리키는 것으로 보인다.

5 까심 알다울라(قسيم الدولة '국가를 공유하는 자')는 이마드 알딘 장기의 부친인 아끄순끄르 알부르수끼(آق سنقر البرسقي)의 별칭이다.

6 '국가 공동 통치자'는 셀주크조 술탄의 후견인인 아타벡(atabeg)의 직무를 수행했던 이마드 알딘 장기를 가리킨다.

7 또는 '그의 마음이'.

8 무슬림들이 에데사를 정복한 것은
이교도[기독교도]들이 믿어 왔던 것과는 다른 결과를 보여 주었다
9 그들[기독교도들]은 마리아 아들[8]의 탄생이 (자신들에게) 힘이
될 것으로 기대했는데,
그 족속에게 그의 탄생은 별 도움이 되지 못했다
10 오십 년 동안 모든 이가 탐내던 도시
그곳의 칼날은 인도산(産) 칼날을 무디게 만들어 버리지
11 그녀[9]는 뭇 남자들의 시선을 외면하지
설령 그녀는 시선을 의식하더라도 곁눈으로 흘끔 보고 말지
12 다루기 힘든 여자 같은 도시. 그곳을 제압하는 것이야말로
제왕(諸王)이 바랐던 바
그러다 마침내 자신을 제어할 역량을 갖춘 자가 그곳을 제압했다
13 사람들의 지지를 받고, 불굴의 용사를 훈련시키는 데 정통한 자가
그 도시에 전쟁의 열기를 더해 주었다
14 그의 주위에 있는 칼날[10]의 광채는 마치 불꽃 같다
그렇지만 그의 두 손에는 부시가 들려 있지
15 그는 그 도시에 전쟁과 속임수[11]라는 두 가지 불을 붙였고,

---

8 예수를 가리킨다.
9 에데사를 가리킨다.
10 또는 '창날'.
11 장기는 에데사를 공격할 때 속임수를 썼다. 즉 그는 자신이 에데사 정복에 몰두하기보다는 디야르 바크르(Diyar Bakr) 지역의 아르투끄조와의 분쟁 문제로 바쁜 척했다. 이에 프랑크인들은 방심하였고 에데사의 영주인 조슬랭은 도시를 나와 유프라테스 강을 건너 서부 지역으로 갔다. 이 기회를 틈타 장기는 에데사를 점령했다. ابن الأثير، المصدر السابق، المجلد 11، ص 98-100.

그곳의 성벽은 놀라서 무너져 내릴 수밖에
16 에데사는 욕보임을 당하는 처녀처럼 저항했다
그런데 칼이 성교를 했다는 것이 대체 말이나 되는가
17 그의 정의심(正義心)이 그 지역에 널리 퍼졌고
그는 이전에 그 지역을 부패하게 만든 자를 붙잡았다
18 자유롭던 자는 결박되어 족쇄를 차게 되었고
족쇄를 찼던 자는 쇠사슬에서 풀려났다
19 민바르[12]마다 그 목재 기둥이 흔들렸고,[13]
코란 책마다 그 잉크가 빛을 발했다
20 그 도시의 프린스[14]가 목숨을 잃게 된다면 상황은 변할 것
그렇지 않으면 별에게 어떻게 그가 밤을 지새울지 물어보라[15]
21 백작의 부대는 도시 근방에서 계속 도주하는데
그 모습은 메뚜기 떼가 불길에 놀라 펄쩍 뛰어오르는 것 같다
22 길 잃고 방황하는 포로들이여, 너희들을 기만한 자는 비천해졌고
올곧은 자는 고귀한 인물이 되었는데 너희들은 어디로 가겠는가?
23 차분히 생각해 보라. 운명에 따른 인연을
완강히 거부하는 승리자에게로 가는 것도 괜찮겠지
24 그[장기]는 화살처럼 정확한 판단력을 지닌 자로
만일 그의 결심이 '알렉산더 대왕의 성벽'을 향하면 여지없이

---

12 이슬람 사원 내의 설교단.

13 '무슬림 원로가 설교단에 올라가 설교를 했다'라는 의미이다.

14 프랑크인 공작.

15 "그렇지 않으면 ~ 물어보라"는 프랑크인 공작이 설령 목숨을 부지한다 해도 내내 불안감에 잠 못 이룰 것임을 의미한다.

치명타를 날린다[16]

25 점령된 후 에데사는 자신의 왕국들을 그에게 양도하니,
불신자 왕들에게 그 지역은 그[장기]의 영토라고 말하라
26 그렇게 아침으로 밤의 어둠을 끝내자
밀려오는 아침빛은 어둠을 멸하노니
27 자신의 병사들을 하늘나라의 왕들로 둔 자 누구였던가?
그의 군마들은 그 어느 대지에도 만족해하지 않았다
28 그의 군은 결의. 사이한 강에서 그는 물을 마시고
콘스탄티노플의 정원을 종종 찾아갈 것

원문 주해

1	هو السَّيْفُ لا يُغنيكَ إلا جِلادُهُ	وهل طَوَّقَ الأَمْلاكَ إلاّ نِجادُهُ[17]
2	وعن ثَغْر هذا النَّصْر فَلْتَأْخُذِ الظُّبَى[18]	سَناها وإنْ فاتَ العُيونَ اتِّقادُه
3	سَمَتْ قُبَّةُ الإسلام فَخْراً بطَوْلِه	ولم يَكُ يَسْمو الدِّينُ لو لا عِمادُهُ
4	وذاذَ قَسِيمُ الدَّوْلة ابن قَسيمِها	عنِ الله ما لا يُسْتطاعُ ذِيادُه
5	لِيَهْنِ بَنِي الإيمان أَمْنٌ تَرَفَّعتْ	رَواسِيهِ عِزًّا واطْمَأَنَّ مِهادُه
6	وفَتحٌ حَدِيثٌ في السَّماعِ حَدِيثُه	شَهِيٌّ إلى يَومِ المَعادِ مُعادُه

16 '이마드 알딘 장기는 제아무리 십자군이 강하다고 해도 적군을 응징하겠다는 결심을 하면 반드시 실행하여 적을 격퇴한다'는 의미로, 그의 강한 결의와 실천력을 강조하고 있다.

17 نجاد (니자드): 검대(劍帶).

18 (ظبة ج ظبات، ظبى) (두바 ㊌ 두바트, 두바): 〈만두르, ظبا〉 칼이나 검의 날.

7 أَراحَ قلوباً طِرْنَ عن وُكُناتِها   عليها فَوافَى كُلَّ صَدْرٍ فُؤادُه
8 لَقد كان في فَتْحِ الرُّهاءِ دَلالَةٌ   على غَيْرِ ما عِندَ العُلُوجِ اعْتِقادُه
9 يُرَجُّون مِيلادَ ابنِ مَرْيمَ نُصْرَةً   ولم يُغْنِ عند القوم عنه وِلادُه
10 مَدينةُ إِفْكٍ[19] مُنْذ خَمْسِين حِجَّةً   يَفُلُّ حَديدَ الهِنْد عنها حَدّادُه
11 تَفُوتُ مَدَى الأَبْصار حَتَّى لَوْ أَنَّها   تَرَقَّتْ إليه خانَ طَرْفاً سَوادُه
12 وجامِحةٌ عَزَّ المُلوكَ قِيادُها   إلى أنْ ثَناها مَنْ يَعِزُّ قِيادُه
13 فأَوْسَعَها حَرَّ القِراعِ مُؤَيَّدٌ   بصيرٌ بتَمْرِين الألَدِّ لِداده
14 كأَنَّ سَنا لَمْعِ الأَسِنَّة حَوْلَه   شَرارٌ ولكنْ في يدَيْه زِنادُه
15 فأَضْرَمَها نارَيْن : حَرْباً وخَدْعَةً   فما راعَ إلاّ سُورُها وانْهِدادُه
16 فصَدَّت صُدُودَ البِكْر عند افْتِضاضِها   وهَيْهاتَ كان السيفُ حَتْماً سِفاده
17 فيا ظَفَراً عَمَّ البلادَ صَلاحُه   بمَن كان قد عَمَّ البلادَ فسادُه
18 فلا مُطْلَقٌ إلاّ وشُدَّ وِثاقُه   ولا مُوثَقٌ إلاّ وحُلَّ صِفاده
19 ولا مِنْبَرٌ إلاّ تَرَنَّحَ عُودُه   ولا مُصْحَفٌ إلاّ أَنارَ مِداده
20 فإنْ يَثكَل الإبرنْز فيها حياتَه   وإلاّ فقُلْ للنَّجْم كيف سُهاده
21 وباتَت سَرايا القُمُّص تَقْمُص دونَها   كما يَتَنَزَّى عن حَرِيقٍ جَرادُه
22 إلى أينَ يا أَسْرى الضَّلالةِ بعدها   لقد ذَلَّ غاويكُم وعَزَّ رَشادُه
23 رُوَيْدَكُم لا مانعٌ مِن مُظَفَّرٍ   يُعانِدُ أَسبابَ القَضاءِ عِناده
24 مُصيبُ سِهام الرأْيِ لَوْ أَنَّ عَزْمَهُ   رَمى سَدَّ ذِي القَرْنَيْن[20] أَصْمى سَداده

---

19 إفك (이프크): 〈만두르, أفك〉 거짓(كذب), 죄악(إثم).

20 سَدّ ذِي القَرْنَيْن (삿드 디 알까르나인): 여기서 '알렉산더 대왕의 성벽'은 '강한 적군', '적의 철옹성'을 의미한다.
'알렉산더 대왕[쌍각왕(雙脚王 ذو القرنين '둘 까르나인')]의 쇠 성벽'은 코란에 나오는 일화이다(코란, 18장 83-98절). 코란에서 쌍각왕은 역사적 실제 인물로서의 실체가 확인되지는 않았지만 대체로 알렉산더 대왕인 것으로 알려져 있다. 쌍각왕은 알라의 섭리에 따라 지상을 통치하는 왕으로 약자를 보호하고 사악한 무리를

وقُلْ لمُلوكِ الكُفْرِ تُسلِمُ بعدَها   مَمالِكَها إنَّ البِلاد بلادُه 25

كَذا عَن طَرِيق الصُّبْح فَلْيَنْتَه الدُّجَى[21]   فيا طالَما غالَ الظِّلالَ امتِدادُه 26

ومَن كان أَملاكُ السَّمواتِ جُنْدَه   فأَيَّةُ أَرضٍ لم تَرْضَها جِيادُه 27

ولله عَزْمٌ ماءُ سَيْحان[22] وِرْدُهُ   ورَوْضة قُسْطَنْطِينية مُسْتَراده 28

벌하였다. 그는 '고구와 마고구(ياجوج وماجوج)'라는 족속이 한 무리의 연약한 백성을 해한다는 말을 듣고 그 무리를 보호하기 위해 쇠로 된 방벽을 쌓도록 명했고, 이로써 그들은 안전해질 수 있었다. 이에 관련된 코란 번역문의 일부를 인용하면 다음과 같다.

"그들은 말하였다. '쌍각왕이여, 고구와 마고구가 나라를 어지럽게 하고 있습니다. 당신에게 공물을 바치겠으니, 저희들과 그들 사이에 방벽을 만들어 주시겠습니까?' 그[쌍각왕]가 말하였다. '주께서 내게 주신 힘은 공물보다 더 훌륭하다. 그러니 성심껏 나를 도우라. 내가 너희들과 그들 사이에 방벽을 만들어 주겠노라. 철조각을 가지고 오라'"(코란, 18장 94-96절). 김용선 역주, 『성(聖) 꾸란 (中): 이슬람경전』(박영사, 1983), 120-128쪽; 최영길 역주, 『성 꾸란: 의미의 한국어 번역』(파하드국왕꾸란출판청, 1997), 543-545쪽.

21 دجى (두자): (밤의) 어둠, 암흑.

22 سيحان (사이한): 안티오크와 비잔틴 로마 사이에 있는 큰 강.

5. 이븐 알까이사라니, "칼날은 달콤한 승리를 맛보고"(544/1149)[1]

시인 소개

이븐 알까이사라니[2]

작품 해제

544/1149년 십자군에 맞선 장기조의 누르 알딘(نور الدين محمود بن زنكي 1118-74)은 푸아티에의 레몽(Raymond of Poitiers, 1099-1149) 공작이 통치하는 안티오크 공국의 하림(حارم) 요새를 포위해 약탈했고 이어 인납(إنّب) 요새로 향했다. 그곳에서 벌어진 격렬한 전투[3]에서 누르 알딘의 군대는 많은 프랑크인들을 죽였고 다수의 포로를 잡았다. 이 전투에서 푸

---

1 أبو شامة، المصدر السابق، ج 1، ص 217–220؛ ابن الأثير، المصدر السابق، المجلد 11، ص 145.

2 이 책의 4번 시 참조.

3 이 전투는 '인납 전투(وقعة إنّب)' 또는 '알카띰 전투(وقعة الخطيم)'라는 명칭으로 알려져 있다. أبو شامة، المصدر السابق، ج 1، ص 215.

아티에의 레몽이 아사드 알딘 쉬르쿠흐[4]의 손에 죽임을 당했고 그의 목은 절단되어 누르 알딘에게 보내졌다.[5] 이 승리 이후 누르 알딘은 안티오크에 속한 많은 요새와 성채들을 점령하였다. 이어 누르 알딘은 안티오크 시를 공략했고 그 결과, 누르 알딘과 그 도시 간에 휴전이 성립되었다. 이 휴전협정으로 알레포 부근과 안티오크 부근이 누르 알딘의 영토에 들어가게 되었다. 이 사건을 기념하여 알레포와 안티오크 중간에 위치한 '지스르 알하디드(جسر الحديد 철교鐵橋)'라는 곳에서 이븐 알까이사라니는 누르 알딘을 칭송하는 다음 시를 지었다.

이 시는 십자군에 대항하는 이슬람 진영 지도자로서의 누르 알딘의 강한 면모와 지하드를 수행하는 이슬람 지도자로서의 경건한 자세, 인납 전투에서 무슬림 군대의 공격으로 처참하게 패하는 십자군의 모습을 그리면서 누르 알딘의 승리를 드높이는 한편, 향후 그에게 예루살렘을 비롯한 이슬람 영토를 십자군의 손에서 탈환해 줄 것을 청한다.

작품 내 주요 서사와 제재를 살펴보면 다음과 같다.

---

4 아사드 알딘 쉬르쿠흐(أسد الدين شيركوه بن الشاذي، الملك المنصور 564/1169 사망). 쿠르드족 출신으로, 아이윱조 창건자인 살라딘의 삼촌이다. 누르 알딘의 가신이었다가, 십자군의 위협 속에서 권력 싸움이 벌어진 이집트의 파티마조에 파견되었으며, 1169년 파티마조의 와지르직을 맡기도 했으나 곧 사망했다.

5 المصدر نفسه، ج 1، ص 215–216.
"레몽 역시 시르쿠(쉬르쿠흐Shirkuh)라 불리던 위대한 전사에 의해 쓰러져 죽었다. 무슬림들은 최고의 치욕을 안겨 주는 행위로서, 레몽의 시체에서 목을 베어내어, 그 두개골을 끓여서 말린 후 은 상자에 넣어 바그다드에 있는 칼리파에게 보냈다." W. B. 바틀릿, 『십자군 전쟁: 그것은 신의 뜻이었다!』, 서미석 옮김(한길사, 2004), 250쪽.

1 누르 알딘의 결의와 실행력

누르 알딘의 결의는 언사로 그치지 않으며 반드시 실행으로 이어져 큰 업적을 이루어 냄(1-5행).

2 십자군을 상대로 지하드에 매진하는 누르 알딘

누르 알딘은 항상 정신을 차리고 전쟁에 대비하고 있으며 십자군을 공격해 그들에게 두려움을 안겨 주는 존재임(6-9행). 누르 알딘은 이슬람을 해하려는 적에게 분노하여 지하드를 행하고 적의 침략으로부터 이슬람 지역을 방어하기 위해 노력하며(12-13행), 세속적 목적을 위해서가 아니라 오로지 알라로부터의 보상을 기대하고 이슬람의 영광을 위해 적과 싸움(27행, 29행).

3 인납 전투에서 무슬림군에 의해 살상되는 십자군

시체 더미를 밟고 가는 군마, 타오르는 화염, 적을 내려치는 칼날, 폭우처럼 쏟아지는 화살 등의 이미지를 통해 그려지는 격렬한 전투 장면(14-18행). 전투에서 무슬림 군대는 십자군을 공격하고 십자군은 안간힘을 다해 저항해 보지만 결국 무기력하게 죽임을 당함(19-25행).

4 안티오크의 영주 레몽의 참혹한 죽음

전투에서 안티오크의 레몽 공작은 누르 알딘 군대의 공격으로 창에 찔려 비참한 최후를 맞음(31-37행).

5 전투에서의 승리 후 누르 알딘에게 거는 기대

인납 요새의 점령을 기점으로 안티오크와 알레포 등의 일부 지역을 탈환한 누르 알딘이 계속해 시리아의 주변 지역을 정복해 가고, 더 나아가 예루살렘을 탈환해 줄 것을 기대함(39-46행).

6 이슬람의 중심인물 누르 알딘의 위상

이슬람 수호에 기여한 누르 알딘의 업적으로 보아 그는 분명 이슬람 성인 반열에 들어갈 만한 위대한 인물로서, 그의 선행에 대해 알라의 보상이 있을 것임(49-52행).

우리말 번역

1 이것이야말로 칼로도 주장치 못하는 결의요,
글로도 말할 수 없는 후덕함이라
2 이러한 결의가 공표되었을 때
시인들과 연설가들은 어찌할 바를 몰랐다[6]
3 이마드 알딘의 아들이여! 당신은 결의를 수행하기 위해
어려움을 마다하지 않았고 결국 정상(頂上)과 악수를 하였도다
4 당신의 능력은 모든 높은 것들을 세우고,
심지어 별을 받침대로 하는 둥근 지붕을 세웠도다
5 진실로 당신의 결의는 단호하고, 의지는 강해서
세월이 엄두도 못 낼 일을 해냈도다
6 다른 이들이 잘 때 당신은 깨어 있고,
다른 이들이 두려움에 떨고 있을 때 당신의 심장은 침착성을
잃지 않는다
7 당신의 칼은 프랑크인들을 공격해

---

6 말로만 떠드는 자들을 비꼬면서, 실행의 중요성을 강조한다.

그들을 두렵게 하고, 로마군의 심장은 두근거린다
8 당신은 칼로 적의 대장을 공격해 그의 허리를 쳤고,
그러자 십자가들이 기울며 쓰러졌다
9 적들이 듣지 않더라도 그들에게 말하라
"창(槍)의 힘에 대해 언급하는 것은 그 필요성이 있기 때문"이라고
10 세월은 변화가 있기 마련. 인납 전투와 야그라 전투 사이에는
시간적으로 멀지도 가깝지도 않았다[7]
11 혹시나 하는 희망은 너희들[적군]의 생각을 미혹시켰고,
무지함은 너희들을 거짓 꼬임에 넘어가게 했다
12 당신은 이슬람교를 위해 분노하였고, 결국 만족함을 얻었다
인도(引導)의 종교, 그 기쁨의 원천은 분노
13 당신은 적들의 더러운 피로부터 대지를 정결케 했고
이로 인해 무슬림 군대의 모든 칼은 성교 후 액(液)으로
얼룩져 있는 듯
14 불은 당겨졌고 전쟁의 불길은 활활 타오르며,
운명의 시간도 불이 붙었다
15 말들은 땅에 널린 시쳇더미 때문에
걸음을 잘 딛지 못하고 빨리 달리지 못한다
16 칼날 위의 먼지는 한데 엉기고,
화염 위의 연기는 피어오른다

---

7 543/1148-9년 안티오크의 일부 지역인 야그라에서 있었던 전투에서 누르 알딘은 안티오크의 군주 알브린스[레몽]에게 패배하였으나, 이듬해 인납 전투에서는 대승을 거두었다. "세월은 변화가 있기 마련"은 곧 누르 알딘이 지난날에는 패했지만, 현재에는 승리하고 있음을 의미한다.

17 전투에서 칼날은 머리 위에 날아와 떨어지고,

투구와 갑옷으로 무장해도 소용이 없다

18 화살이 폭우처럼 쏟아지는데

활 위에 놓인 손은 구름이다[8]

19 칼날은 달콤한 승리를 맛보고

적들을 내려치는 것은 꿀맛 같다

20 창날은 적의 가슴에서 목적한 바를 찾는다

그것이 심장인지, 아니면 샘물인지는 몰라도

21 그들의 창은 손을 배반했고, 이윽고 무력하게 항복하였다

'나브' 나무, '가랍' 나무[9] 같지 않게

22 알라의 보호를 받지 못한 심장을 지닌 자는 공격을 받고

그의 손에 들려 있는 창은 나뭇가지가 되었다

23 그들의 칼은 죽음을 가져왔다. 명(命)이 다한 자들이여!

너희들이 살길은 파멸밖에 없도다

24 그들의 갑옷은 재난을 가져왔고,

불행은 그들의 갑옷 밑에서 반역(反逆)하였다

25 피의 옷을 걸친 그들의 몸뚱이들은

유린당한 모습이다

26 이러한 영웅담이 만일 지난날 언급되었다면

아마 아랍인들은 잊어버렸을 것

---

8 '무슬림 군대가 무수한 화살을 적에게 퍼부어 댄다'는 의미이다.

9 이 두 종류의 나무에서 활과 화살이 만들어진다고 한다. 곧 탄력 있는 강한 나무를 말한다.

27 왕들 중 전리품 획득을 위해 다신교도의 영토를 침략했던 자 누구였던가?
누르 알딘은 알라에게서 보상을 얻으려는 자
28 누르 알딘은 얼굴에 흰 점이 있는 자.[10] 그 흰 점이 칠흑 같은 밤에 빛을 발할 때,
밤의 장막은 아침 태양으로부터 찢겨져 나간다
29 그의 행적은 그의 이름 '칭송받을 만한 자'에 걸맞고,
그의 얼굴은 그의 별명 '종교의 빛'을 나타낸다[11]
30 매일같이 나는 그의 행적을 생각하는 것으로 바쁜데
그에 대한 나의 모든 칭송시는 부족하기 짝이 없다
31 그는 사자(獅子)를 쇠사슬로 묶어 사로잡는 자
사자가 (자기보다) 더 힘센 자를 사로잡을 수 있겠는가?
32 공작[12]을 살해하는 자로 하여금 그가 지녔던 물품들을 취하도록 하라
그에게는 안티오크 외에 달리 뺏길 물건이 있겠는가?
33 불쌍한 자! 그의 부하 기병들은
안장이 놓인 말들을 타고도 패배를 당했다
34 나는 창이 그의 목을 열매 따듯 한 것을 보고
놀라지 않을 수 없었다
35 그의 머리 위로 물 올라오는 듯 치솟는 피. 그의 창 마디가

---

10 얼굴의 흰점은 관대함을 나타낸다.

11 누르 알딘은 별명으로 '종교[이슬람]의 빛'이란 의미이고, 이름은 마흐무드(محمود)로 이 낱말은 '칭송받을 자'를 의미한다.

12 이 전투에서 전사한 안티오크의 군주 레몽을 가리킨다.

그를 쇠진시켰고,

그 창은 가파른 오르막길에 있으나, 실은 내리막길에 놓인 것[13]

36 그의 왕관 가장자리가 머리 가르마에서 떨어져 나오자,

그의 머리통 자체가 가장자리 없는 왕관이 되어 버렸다[14]

37 창이 그의 머리를 관통했을 때,

창날은 그의 어깻죽지까지 뚫고 나왔다

38 우리는 스스로를 방어하면 목적을 달성하는 것으로 여겼으나,

칼이 의외의 큰 승리를 당신에게 주었다

39 당신의 정복은 전염되어 여러 요새에 퍼져 갔다

이것은 옴이 걸린 경우와 같다[15]

40 적들에게는 마지막 숨조차 붙어 있지 않은 칼 외에

남은 것이라곤 없다

마치 머리가 잘린 뱀의 꼬리가 꼬이는 것처럼

41 최후의 목적지로 당신을 이끌어 줄 우렁찬 함성의 군대와 함께

알아크사 사원으로 전진하라. 예루살렘을 향해

42 당신의 파도로 하여금 해안을 정화(淨化)시키도록 하라[16]

당신은 바다. 큰 소리를 내는 엄청난 양의 물이 있는 바다

43 시리아 지역의 해안을 칼로써 회복시켜 준 이여!

그 해안은 입에 침을 머금고 웃음 짓는다

44 당신은 계속해서 불복하는 자를 복속시킨다

---

13 적의 쇠진함을 의미한다.

14 '적군 왕의 머리가 절단되었다'는 의미이다.

15 '순식간에 적의 요새들을 점령했다'는 의미이다.

16 '십자군이 점령했던 시리아 지역의 해안 지역을 탈환하라'는 의미이다.

마침내 당신은 안티오크와 알레포 사이의 지역까지 점령했다
45 당신은 붙잡혀 있던 요새들의 손을 풀어 주었다. 그러자 요새들은
화해를 요청하면서,
당신과 타협해 탈출구를 찾으려 하였다
46 그 요새들은 주요 지역들[17]처럼 자신들도 같은 신세가 될 것임을
알아챘다
기둥 없는 집이 어찌 바로 서 있겠는가?
47 당신은 적들의 목 아래에서 물이 흐르게끔 만들었다
마치 바람으로 모래가 눈에 들어가 흐르는 눈물같이
48 당신은 '지스르 알하디드' 위에 창을 꽂았다
그곳은 사자(獅子)가 있는 곳
49 당신이 이룬 모든 선행으로 획득할 상급에 기뻐하길
선행의 결과는 천국으로 이어지나니
50 당신이 경건함에 있어 대행자(代行者) 무리 중 한 사람이 아니라면,
당신은 그 중심인물임에 틀림없다[18]
51 만일 당신이 하늘의 천사와 혼인으로 맺어진다면
당신과 천사 사이에는 순수한 친족 관계가 있게 되는 것
52 당신이 증언하지 않는다면 이슬람에는 고귀함이 있겠는가?
세상의 열락을 좇는 사람들은 언급될 여지가 없지[19]

---

17 이미 무슬림 군대의 수중에 떨어진 지역을 말한다.

18 '누르 알딘은 이슬람 성인(聖人)들 중 최고 반열에 들 만큼 경건함을 갖춘 인물'이라는 의미이다. 이 시행은 수피즘(이슬람 신비주의)과 관련이 있다.

19 '세상 열락을 추구하는 일반 사람들과는 달리 누르 알딘이야말로 이슬람의 고귀한 위상을 지켜 낼 인물'이라는 의미이다.

원문 주해

1 هَذِي العَزائِمُ لا ما تَدَّعِي القُضُبُ وذِي المَكارِمُ لا ما قالَتِ الكُتُبُ
2 وهذه الهِمَمُ اللاَّتي متى خَطَبَتْ تَعَثَّرَتْ خَلْفَها الأَشْعارُ والخُطَبُ
3 صافَحْتَ يا ابنَ عِمادِ الدِّين ذُرْوَتَها براحَةٍ للمَساعِي دُونَها تَعَبُ
4 ما زال جَدُّكَ يَبْنِي كُلَّ شاهِقَةٍ حتَّى ابْتَنَى قُبَّةً أوتادُها الشُّهُبُ
5 لله عَزْمُكَ ما أَمْضَى وهَمُّكَ ما أَقْضَى اتِّساعاً بما ضاقَتْ به الحِقَبُ
6 يا ساهِدَ الطَّرْفِ والأَجْفانُ هاجِعَةٌ وثابِتَ القلبِ والأَحْشاءُ تَضْطَرِبُ
7 أَغْرَتْ سُيُوفَك بالإفْرَنْجِ راجِفَةٌ فُؤادُ رُومِيَّة الكُبْرى لها يَجِب
8 ضَرَبْتَ كَبْشَهُمُ منها بقاصِمَةٍ أَوْدَى بها الصُّلْبُ وانْحَطَّتْ بها الصُّلُب
9 قُلْ للطُّغاة وإِنْ صَمَّتْ مَسامِعُها قولاً لِصُمِّ القَنا في ذِكْرِه أَرَب
10 ما يَوْمُ إِنَّب والأَيَّامُ دائِلَةٌ مِن يَوْمِ يَغْرا بَعِيدٌ لا ولا كَثَبُ
11 أَغَرَّكُمْ خَدْعَةُ الآمالِ ظَنَّكُمْ كَمْ أَسْلَمَ الجَهْلُ ظَنًّا غرَّهُ الكَذِب
12 غَضِبْتَ للدِّين حتَّى لم يَفُتْكَ رِضًى وكان دِينُ الهُدَى مَرْضاتُه الغَضَبُ
13 طَهَّرْتَ أَرْضَ الأَعادِي مِن دِمائِهِمُ طَهارَةً كُلُّ سَيْفٍ عندها جُنُبُ
14 حتَّى استَطارَ شَرارَ الزَّنْدِ قادحُهُ فالحَرْبُ تُضْرَمُ والآجالُ تُحْتَطَبُ
15 والخَيْلُ مِن تَحْتِ قَتْلاها تَقِرُّ لها قَوائِمٌ خانَهُنَّ الرَّكْضُ والخَبَب
16 والنَّقْعُ فَوْقَ صِقالِ البِيضِ مُنْعَقِدٌ كما استَقَلَّ دُخانٌ تَحْتَه لَهَبُ
17 والسَّيْفُ هامَ على هامٍ بمَعْرَكَةٍ لا البَيْضُ ذُو ذِمَّةٍ فيها ولا اليَلَب
18 والنَّبْلُ كالوَبْلِ هَطَّالٌ وليس له سِوَى القِسِيِّ وأَيْدٍ فَوْقَها سُحُبُ
19 وللظُّبَى ظَفَرٌ حُلْوٌ مَذاقَتُه كأَنَّما الضَّرْبُ فيما بَيْنَهُم ضَرَب
20 وللأَسِنَّة عَمَّا في صُدُورِهِمُ مَصادِرٌ أَقْلُوبٌ تِلْكَ أَمْ قُلُبُ
21 خانُوا فخانَتْ رِماحُ الطَّعْنِ أَيْدِيهِمْ فاستَسْلَمُوا وهي لا نَبْعٌ ولا غَرَب
22 كَذاكَ مَنْ لم يُوَقِّ الله مُهْجَتَه لاقَى العِدَى والقَنا في كَفِّه قَصَب

كانت سُيُوفُهُمُ أَوْحَى حُتُوفِهِمُ   يا رُبَّ حائِنَةٍ مَنْجاتُها العَطَبُ 23
حَتَّى الطَّوارِقُ كانت مِن طَوارِقِهِمُ   ثارَتْ عليهم بها مِن تَحْتِها النُّوَبُ 24
أَجْسادُهُمْ في ثِيابٍ من دِمائِهِمُ   مَسْلُوبَةً وكَأَنَّ القَوْمَ ما سُلِبوا 25
أَنْباءُ مَلْحَمَةٍ لَوْ أَنَّها ذُكِرَتْ   فيما مَضى نَسِيَتْ أَيَّامَها العَرَبُ 26
مَنْ كان يَغْزُو بِلادَ الشِّرْكِ مُكْتَسِباً   مِنَ المُلُوك فَنُورُ الدِّين مُحْتَسِب 27
ذُو غُرَّةٍ ما سَمَتْ واللَّيْلُ مُعْتَكِرٌ   إلاّ تَمَزَّقَ عَن شَمْسِ الضُّحَى الحُجُبُ 28
أَفْعالُه كاسْمِه في كُلِّ حادِثَةٍ   ووَجْهُهُ نائِبٌ عن وَصْفِهِ اللَّقَبُ 29
في كُلِّ يَوْمٍ لفِكْرِي مِن وَقائِعِه   شُغْلٌ فكُلُّ مَدِيحِي فيه مُقْتَضَب 30
مَنْ باتَتِ الأُسْدُ أَسْرى في سَلاسِلِه   هل يَأْسِرُ الغُلْبُ إلا مَنْ له الغَلَب 31
فمَلَّكُوا سَلَبَ الإبْرِنْز قاتِلَه   وهل له غَيْرَ أَنْطاكِيَّةٍ سَلَب 32
مَنْ للشَّقِيِّ بما لاقَتْ فَوارِسُه   وإنْ يُسايِرْها مِن تَحْتِه قَتَبُ 33
عَجِبْتُ للصَّعْدَة السَّمْراءِ مُثْمِرَةً   برَأْسِه إنَّ إثْمارَ القَنا عَجَبُ 34
سَما عليها سُمُوَّ الماءِ أَزْهَقَه   أُنْبُوبَةٌ في صَعُودٍ أَصْلُها صَبَبُ 35
ما فارَقَتْ عَذَباتُ التَّاجِ مَفْرِقَهُ   إلا وهامَتُهُ تاجٌ ولا عَذَبُ 36
إذا القَناةُ ابتَغَتْ في رَأْسِه نَفَقاً   بَدا لِثَعْلَبِها مِنْ نَحْرِهِ سَرَبُ 37
كُنَّا نَعُدُّ حِمَى أَطْرافِنا ظَفَراً   فملَّكَتْكَ الظُّبَى ما ليس يُحْتَسَبُ 38
عَمَّتْ فُتُوحُكَ بالعَدْوَى مَعاقِلَها   كَأَنَّ تَسْلِيمَ هذا عِند ذا جَرَبُ 39
لَمْ يَبْقَ مِنْهم سِوَى نَبْضٍ بلا رَمَقٍ   كما الْتَوَى بَعْدَ رأسِ الحَيَّةِ الذَّنَب 40
فانْهَضْ إلى المَسْجِدِ الأقصى بذي لَجَبٍ   يُولِيكَ أَقْصَى المُنَى فالقُدْسُ مُرْتَقِبُ 41
وائْذَنْ لمَوْجِكَ في تَطْهِيرِ ساحِلِه   فإنَّما أنتَ بَحْرٌ لُجُّه لَجَبُ 42
يا مَنْ أعادَ ثُغُورَ الشام ضاحِكَةً   مِنَ الظُّبَى عن ثُغُورٍ زانَها الشَّنَبُ 43
ما زِلْتَ تُلْحِقُ عاصِيها بطائِعِها   حتَّى أَقَمْتَ وأَنْطاكِيَّة حَلَبُ 44
حَلَلْتَ مِنْ عَقْلِها أَيْدِي مَعاقِلِها   فاسْتَجْفَلَتْ وإلى مِيثاقِكَ الهَرَب 45
وأَيْقَنَتْ أَنَّها تَتْلُو مَراكِزَها   وكَيْفَ يَثْبُتُ بَيْتٌ ما لَه طُنُب 46

47 أَجْرَيْتَ مِن ثُغَرِ الأَعْناقِ أَنْفُسَها   جَرْيَ الجُفُونِ امْتَراها بارِحٌ حَصِبُ

48 وما رَكَزْتَ القَنا إلاّ ومِنْك على   جِسْرِ الحَدِيد هِزَبْرٌ غِيلُه أَشِب

49 فاسْعَدْ بما نِلْتَه مِن كُلِّ صالِحَةٍ   يَأْوِي إلى جَنَّة المَأْوَى لها حَسَب[20]

50 إلاّ تَكُنْ أَحَدَ الأَبْدال[21] في فَلَكِ الـ   ـتَّقْوَى فلا يُتَمارَى أنَّكَ القُطْبُ

51 فلَوْ تُناسِبُ أَمْلاكَ السَّماءِ بها   لكانَ بَيْنَكما مِن عِفَّة نَسَبُ

52 هذا وهل كان في الإسلام مَكْرُمَةٌ   إلاّ شَهِدْتَ وعُبَّادُ الهوَى غيَبُ

---

20 حَسَبٌ (하삽): 〈만두르, حسب〉 선행을 행함(الفعال الصالح), (가문의) 조상이 행한 선행(에 따른 명예와 긍지).

21 (بِدْل، بَدَل ج أبدال) (비들, 바달 ㊍ 아브달): 〈만두르, بدل〉 '아브달'은 이슬람 성인(聖人)들로, 알라가 그들을 통해 지상의 일을 바로잡는다. 그들 중 40명은 시리아 지역에, 30명은 전 지역에 있다. 그들 중 한 사람이 죽으면 다른 사람이 그 자리를 대신하므로, 그들은 '아브달(대행자代行者)'로 불렸다.

6. 이븐 무니르 알따라불루시, “그들이 더럽혀 놓았던 것을 지키고 정결케 하라”(546/1151-2)[1]

시인 소개

이븐 무니르 알따라불루시[2]

작품 해제

장기조의 이마드 알딘이 對십자군 전쟁을 계획할 무렵, 그는 시리아 지역의 다마스쿠스, 알레포 등을 비롯한 이슬람 도시들의 일부 무슬림 통치자나 토후[아미르]들이 자신들의 영토 보존만을 위해 십자군 세력에 의존, 결탁하는 것을 보고 이것이 무슬림들의 단결을 저해하는 요인으로

1 أبو شامة، المصدر السابق، المجلد 1، ج 1 ، ص 254–255؛ ديوان ابن منير الطرابلسي، ص 228–230؛ عبد الجليل (أ)، ص 89.

2 이 책의 3번 시 참조.

보았다. 특히 다마스쿠스의 부리조[3] 치하에서 토후인 무인 알딘 우누르[4]는 1139년 장기에게 포위되자 십자군 진영의 예루살렘 왕인 풀크의 지원을 받기도 했다. 이후 누르 알딘은 부리조의 통치자 무지르 알딘[5]이 십자군과 결탁하는 것을 보고 546/1151-2년 다마스쿠스를 포위했다. 누르 알딘은 그에게 다마스쿠스의 통치자로 남아 있게 한다는 조건을 제시해 복속을 권했고 그는 이를 수락했다. 그러나 무지르 알딘은 다시 십자군에 동조해 십자군이 다마스쿠스에 들어오게 허락했고, 549/1154년 누르 알딘은 그 도시를 무력으로 점령했다.

누르 알딘이 546/1151-2년 다마스쿠스를 포위했을 때, 이븐 무니르는 적에 협조한 그곳 통치부를 응징하기를 바라는 내용의 시를 지어 누

---

3 부리조(the Burid dynasty): 튀르크족 혈통의 왕조로 1104-54년, 50년 동안 다마스쿠스에서 통치했다. 창건자는 셀주크조 술탄인 투투쉬의 아들 두카크의 아타벡(후견인)이었던 투그타킨이다. 1104년 두카크의 사망 후 투그타킨은 다마스쿠스의 실질적인 통치자가 되어 자신의 왕조인 부리조를 창건했다. 부리조는 1154년 누르 알딘에 의해 다마스쿠스가 함락될 때까지 지속되었다. 부리조 통치자들은 치세 중 안티오크, 트리폴리, 예루살렘의 십자군 국가의 위협에 시달려 부득이하게 십자군 측과 때로는 협상하거나 동맹 조약을 체결하는 등 안전을 도모했다. 당시 부리조는 다마스쿠스 주변의 주요 식량 공급지대를 십자군에게 빼앗기는 것을 피하고, 다마스쿠스와 이집트, 아라비아 간 통로의 안전을 확보하기 위해 십자군 측과 협상하는 길을 택했다. 1130년 장기조의 이마드 알딘과 누르 알딘이 알레포의 통치자가 되고 나서부터 장기조는 부리조에 대한 위협의 강도를 높여 갔고, 부리조의 통치자들은 이에 맞서 십자군 측에 지원을 청했다. 그러나 1148년 2차 십자군이 다마스쿠스를 공격함으로써 부리조는 친(親)십자군 정책을 중지했고 이어 다마스쿠스는 누르 알딘에 의해 함락되었다. H. A. R. Gibb, and others, 'Burids', *The Encyclopedia of Islam* (vol. 1, 1986).

4 무인 알딘 우누르(معين الدين أنر): 다마스쿠스의 부리조 치하에서, 통치자 무지르 알딘의 아타벡으로 있다가, 1149년 사망할 때까지 국정의 실질적인 책임을 맡았다. 위의 책 참조.

5 무지르 알딘(مجير الدين): 다마스쿠스의 부리조의 통치자. 장기조의 누르 알딘에게 복속하고 다마스쿠스로부터 누르 알딘에 의해 1154년 추방되었다. 위의 책 참조.

르 알딘에게 보냈다. 그는 하마(حماة)에서 이 시를 써서 보냈고 자신은 병이 생겨 누르 알딘의 원정에 참가하지 못했다.

작품에서 시인은 누르 알딘에게 다마스쿠스의 부리조에 대한 척결을 요구하면서 그들을 완전히 제거하지 않으면 예루살렘을 비롯한 이슬람 지역의 탈환은 불가능할 것이라고 말한다. 또한 누르 알딘에게 알아크사 사원을 불결함에서 정화시켜 해방시킬 것을 강력하게 요구하면서, 이슬람 지역들이 누르 알딘이 이끄는 강력한 대군의 도움을 요청하고 있음을 알려 준다.

작품 내 주요 서사와 제재를 살펴보면 다음과 같다.

1 이슬람 수호 책임자로서 누르 알딘의 위상

누르 알딘은 그 이름의 의미인 '종교의 빛'에 걸맞게(3행) 십자군에 맞서 이슬람을 수호하기 위한 전쟁을 수행하고 역경을 감수할 준비가 된(2행), 또한 무슬림 식자층이 인정한 이슬람 진영의 실질적 통치자임(1행).

2 십자군에 협조한 다마스쿠스 부리조의 위선과 악행 고발

부리조는 이슬람을 배신하고 '십자가의 든든한 보호막이 되어' 기독교 십자군을 지원함으로써(17행) 위선적인 행동을 하였음(5행). 십자군 곧 '불신자들을 도운' 부리조는 불신자에 다름 아닌 자들(7행, 16행)이며, 적을 도운 그들의 위선적인 기만행위는 기독교도 적군보다 더 비열하기 짝이 없음(10행). 군사적인 면에서 부리조의 배신행위는 십자군에 대한 누르 알딘 휘하 이슬람 군대의 공격을 방해하였고(4행), 종교적으로는 '알아크사 사원을 모욕해 불결하게'(18행) 함으로써 이슬람의 숭고한 위상에 해를 입혔음.

3 부리조에 대한 징벌을 누르 알딘에게 촉구함

누르 알딘은 선한 무슬림들과 더불어 이슬람을 수호하려는 열의를 갖고 있기에(11행), 사악한 배신자 무리를 결코 용서해서는 안 되며 무자비할 정도의 응징을 가해야만 함(8행). 이슬람 초기 시절 예언자의 이슬람 공동체를 배신하고 대적했던 카이바르의 유대인들을 알리 이븐 아비 딸립이 응징했듯이 누르 알딘은 다마스쿠스 지배층을 처단해야만 함(9행). 부리조는 위선적인 행동으로 최후심판일에 불의 심판을 받게 될 운명에 처할 것이며(5-6행), 그들을 제거해야만 불결해진 알아크사 사원, 곧 이슬람이 다시 정결해져서 원래의 숭고함을 회복할 것임(18행).

4 무슬림들의 요청에 응하는 누르 알딘의 대군

왕 중의 왕이라 칭할 만한 누르 알딘의 막강한 대군은 십자군의 공격에 시달리는 무슬림들의 요청에 응하여 적을 제압하여 안정과 행복을 가져다줌.

5 누르 알딘의 용맹과 선정(善政)에 대한 칭송

백전백승하는(29행) 용맹스런 군사 지도자이자 백성에게 선정을 베푸는 인자한 통치자로서 누르 알딘은 무슬림들의 존경을 한몸에 받음(23-25행). 누르 알딘을 칭송하는 시들이 새로이 지어지는 가운데(26-27행), 누르 알딘은 앞선 시대에 칭송시의 대상이었던 무슬림 통치자나 고관들보다 더 훌륭한 통치자임(28행).

우리말 번역

1 알라의 대리자여, 이슬람 지도자들[6]이
그렇게 묘사함에 의견 일치한 인물이여

2 그는 나라 안 따뜻한 궁궐에 머무는 데 만족하지 않고
사막의 차가운 바람을 찾아갔다[7]

3 알라의 종교의 빛이여, 종교의 기둥의 아들이여[8]
카우사르의 아들 카우사르의 아들 카우사르여[9]

4 당신의 군대로 하여금 로마인[10]의 여자들을 차지하지 못하게 했던[11]
잡다한 족속들의 거처[12]를 칼날로써 텅 비게 해주시오

5 그들[13]은 위선(僞善)의 고궁을 지었고, 최후심판일
망자(亡者)들이 모이는 곳에서 자신들을 태울 불을 스스로 지폈다

6 그들은 다마스쿠스에 불을 붙였고,
그 열기는 알싸파와 알마쉬아르 사이에서 감지되었다[14]

---

6 원래는 '설교단의 원로들'. 여기서는 이맘(예배 인도자)이나 이슬람 학자, 지도자를 가리킨다.

7 '누르 알딘은 재물이나 권세를 누리며 안락하게 궁궐에 머물지 않고, 추위 속에 먼 곳으로의 군사 원정을 마다하지 않는다'는 의미이다.

8 '알라의 종교의 빛(نور دين الله)'은 곧 누르 알딘을, '종교의 기둥(عماده)'은 그의 부친인 이마드 알딘을 가리키기도 한다.

9 이슬람에서 '카우사르(كوثر)'는 천국에 흐르는 강의 이름이다. 여기서는 누르 알딘이 명문가 출신임을 의미한다.

10 프랑크인, 곧 십자군을 가리킨다.

11 〈직〉 "프랑크인의 암컷 말들과 교미하지 못하게 한"

12 다마스쿠스를 가리킨다.

13 십자군에 협조한 다마스쿠스 사람들.

14 알싸파(الصفا)는 메카에 있는 언덕이고, 알마쉬아르(المشعر)는 메카 근처에 있는, 이슬람 순례 의식이 거행되는 곳이다. 이 시행에서 '다마스쿠스의 불길이 메카 근처

7 당신은 적과 그들을 도와준 자들을 내쫓았다

불신자들을 도운 자는 불신자나 마찬가지

8 그들을 용서하지 마시오. 정도(正道)[15]는

고귀한 자에 맞서 사악함을 택했던 그런 자를 쪼개어 버렸소

9 불신자에게 주시오

알리가 카이바르의 기만에 분노해서 미르합에게 주었던 것을[16]

10 어머니가 할례를 받지 않은[17] 기독교도인 자가 행한 기만은

기독교로 개종한 자가 행한 기만 같지는 않다[18]

11 이러한 결의는 우리로 하여금, 지난 시대 왕들처럼 수호(守護)의

열의를 불태우게 했고 그 열기는 꺼지지 않았다

12 알무잇즈의 탁견이 불타올랐고, 알아지즈의 깃발이

에서 감지되었음'은 다마스쿠스 사람들이 십자군을 도움으로써 이슬람을 배신했고 그 죄악이 널리 알려졌음을 의미하는 것으로 보인다.

15 '올바른 종교', 곧 이슬람을 가리킨다.

16 알리 이븐 아비 딸립은 7/628-9년 카이바르(خيبر)를 침공해서 카이바르 성채의 영주인 유대인 미르합(مرحب اليهودي الخيبري)을 죽였다. أبو شامة، المصدر السابق، ج 1، ص 254. 카이바르는 아라비아 반도의 메디나에 있는 오아시스 정착지로 유대인들이 거주하던 지역이다. 초기 이슬람 시대에 카이바르의 유대인들은 다른 아랍 부족과 공모하여 예언자 무함마드가 이끄는 이슬람 공동체에 대적하였다가 무슬림 군대의 공격을 받아 패배하였다. 이 시행은 다마스쿠스 사람들의 배신을 카이바르 유대인들의 적대행위에 비유하고 있다.

17 '여성 할례가 시행되지 않는다'는 의미로, 기독교도를 가리킨다.
참고로, 이슬람 내에서 무슬림 남녀의 할례는 권장 사항으로(남자의 경우는 의무에 가까운 관행으로) 인식되고 있다. 조희선, 『이슬람 여성의 이해: 오해와 편견을 넘어서』(세창출판사, 2009), 248-254쪽.

18 '기독교로 개종한 자(متنصّر)'는 십자군을 도운 다마스쿠스 무슬림들을 가리킨다. 그리고 아랍어 تنصّر(타낫싸라)는 '기독교도가 되다'라는 뜻 외에 '돕다'의 의미가 있다. 따라서 '(십자군을) 도와준 자가 행한 기만 같지는 않다'의 번역도 가능하다.

펄럭거렸으며 알무스탄씨르의 각성이 일어났다[19]

13 그곳[다마스쿠스]은 손쉬운 상대이니[20] 실행하시오
실행하지 않는 자는 목표에 이르지 못한다

14 당신은 공명정대로 세상을 가득 채우고,
덕행으로 악행(惡行)의 코빼기를 뽑아 버린 자가 아니던가

15 당신은 지극히 성실하신 아버지의 애정과,
어린 고아를 따뜻하게 맞아 주는 어머니의 자애를 지녔다

16 이슬람의 고지(高地). 그곳에서 보호받는 자는 믿음 있는 자요,
그곳을 단념하는 자는 불신자라

17 그들은 십자가의 든든한 보호막이 되어,
모든 칼의 공격으로부터 막아 주었다[21]

18 그들의 자취는 알아크사 사원을 모욕해 불결하게 하였구나
그들이 더럽혀 놓았던 것을 지키고 정결케 하라

19 '알칼릴'[22]과 '가자 하쉼'의 사람들이
다마스쿠스와 이집트에 있는 당신의 대군(大軍)에 도움을 청하였다

20 당신의 대군이 지르는 함성은

---

19 알무잇즈, 알아지즈, 알무스탄씨르는 각각 이집트 파티마조의 창건자, 5대 칼리프, 8대 칼리프이다. ديوان ابن منير الطرابلسي، ص 229.

20 〈직〉 "그곳[다마스쿠스]이 목들을 당신에게 내밀었으니"

21 〈직〉 "그들은 십자가를 처단하는 데 맞서 큰 천막이었고, / 그 천막 구조물은 모든 칼이 물러가게 하였다" 여기서 '그들'은 십자군에 협조했던 다마스쿠스 사람들을 가리키는 것으로 생각된다. 따라서 '다마스쿠스 사람들이 십자군의 방패막이 역할을 해주었음'을 의미한다.

22 헤브론(Hebron).

'자이훈' 강[23]과 베르베르족 칼의 귀청이 떨어지게 했다[24, 25]

21 군대는 왕들의 왕을, 태풍을 잠재우는 자를, 더 나아가
최고의 행운을 가져다주는 자를 보여 준다

22 또한 군대는, 거짓 없이 적 기병들을 무찌르는 자를,
걱정 끼침 없이 선행을 완수하는 자를 보여 준다

23 당신은 대군과 만인이 우러르는 지도자이며,
갈색의 우거진 밀림 속 사자(獅子)들의 사냥꾼

24 당신은 사람들이 한결같이 칭송하는 왕
눌변인 자는 그렇다 해도 능변가(能辯家)도 당신을 말하기에
부족하지

25 호령하는 왕이시여, 당신이 베푼 선정은 온누리에 퍼졌는데
대체 가난한 자를 찾아볼 수나 있을지요?

26 당신의 치세 동안 처녀작 까씨다[26]들은
비싼 신붓값을 받게 되었다[27]

27 만일 함단의 아들[28]이 살아 있어 그를 위해 칭송시를 지으라면,

---

23 자이훈(جيحون) 강: 중앙아시아에 있는 강. 아무 다르야(Amu Darya) 강, 또는 옥서스-아무 강(Oxus-Amu River)으로 부르기도 한다.

24 귀청이 떨어지게 했다: 〈직〉 "~ 귀를 베어 버렸다"

25 누르 알딘의 군대가, 베르베르족이 사는 서부와 자이훈 강이 있는 동부에 걸쳐 있을 만큼 엄청난 규모의 대군임을 과장해서 표현한 것이다.

26 아랍의 전통 정형 장시.

27 '왕[누르 알딘]을 칭송하는 우수한 새로운 시들이 지어졌다'라는 의미이다. 시인은 새로 지은 우수한 칭송시를, 결혼할 때 신붓값[마흐르]이 높게 매겨진 처녀로 비유했다.

28 여기서 '함단의 아들(ابن حمدان)'은 알레포 함단조의 통치자 사이프 알다울라(سيف الدولة الحمداني علي بن عبد الله بن حمدان 재위 947-67)를 말한다. 그는 아랍인 제후로서, 비잔틴 제국을 상대로 많은 전쟁을 수행하는 한편, 문화 사업을 지원했던 것으로 유명

나야말로 알사리[29] 같은 뛰어난 시인을 능가할 자[30]

28 실로 당신은 이븐 아우스[31]라는 이름을 강조하거나,
알부흐투리[32]에게 특별히 호의를 보였던 고관대작보다 더욱
관대한 자

29 사람들은[33] 이전이나 지금이나 당신의 나라에 굴복한다
당신은 침공하면 전리품을 획득하고 싸우면 승리한다

원문 주해

1	أخَلِيفَةَ الله الذي ضَمِنتْ لَهُ	تَصْدِيقَ واصفِهِ سَراةُ[34] المِنْبَرِ
2	لا المُسْتَطِيل بِمِصْرَ ظِلَّ قُصُورُه	والمُسْتَطال إلَيْه شُقَّةُ[35] صَرْصَرِ[36]
3	يا نُورَ دينِ الله وابنَ عِمادِه	والكَوْثَرَ بنَ الكَوْثَرِ بنَ الكوثَرِ

하다. 그는 학자들과 더불어 알무타납비, 아부 피라스 알함다니 등의 뛰어난 궁정 시인들을 후원했으며, 시인들은 사이프 알다울라를 위해 많은 칭송시를 지었다. Julie Scott Meisami, and Paul Starkey (ed.), *Encyclopedia of Arabic Literature*, 'Hamdanids' (Routledge, London and New York, 1998).

29 알사리 알랍파(السري بن أحمد الكندي المعروف بالرفاء 976 사망): 사이프 알다울라를 칭송했던 시인들 중 한 명.

30 〈직〉 "만일 당신이 그 시들을 위해 함단의 아들을 소생시킬 수 있다면 / 나야말로 알사리를 능가할 자"

31 아부 탐맘 하비브 이븐 아우스 알따이(أبو تمام حبيب بن أوس الطائي 796-843): 압바스 시대의 탁월한 시인. 바그다드의 칼리프 알무으타씸의 궁에서 시인으로 활동했다.

32 알부흐투리(البحتري 821-97): 압바스조의 칼리프 알무타와킬의 궁정 시인.

33 〈직〉 "목들이"

34 (سريّ ج أسرياء، سَراة) (사리 ㉯ 아스리야, 사라): 고귀한[존귀한] 자, 명문가 사람.

35 شقّة (슉까): 〈만두르, شقق〉 장거리 여행, 먼 지역으로의 여행.

36 صرصر (싸르싸르): 〈만두르, صرر〉 ريح صرصر: 몹시 차가운 바람.

4 صَفِّرْ بحَدِّ السَّيْف دارَ أشائِبٍ[37] عَقَلُوا جِيادَكَ عن بَناتِ الأَصْفَرِ

5 هُم شَيَّدُوا صَرْحَ النِّفاقِ وأَوْقَدُوا ناراً تُحَشُّ بِهِم غداً في المَحْشَرِ

6 أَذْكَوْا بجِلِّق[38] حَرَّها وأُسْتُشْعِرَتْ لَفَحاتُها بَيْنَ الصَّفا والمَشْعَر

7 شَرِّدْتَهُم مَنْ خَلْفَهم مُسْتَنْجِداً ما ظاهَرَ الكُفَّارَ مَن لم يَكْفُرِ

8 لا تَعْفُ بَلْ شَقَّ الهُدَى نَفْسَ الذي ادَّ رَعَ الضَّلالَ على أَغَرَّ مُشَهَّرِ

9 قَلِّدْه ما أَهْدَى عَلِيٌّ لمِرْحَبٍ فلَقَدْ تَهكَّمَ في الخِداعِ الخَيْبَرِي

10 ما الغِشُّ مِمَّنْ أُمُّه نَصْرانَةٌ لم تَخْتَتِن كالغِشِّ مِن مُتَنَصِّرِ

11 أَذْكَتْ لنا هَذِي العَزائِمُ لا خَبَتْ ما غارَ مِن سُنَنِ المُلوكِ الغُبَّرِ[39]

12 إِثْقابُ آراءِ المُعِزِّ، وخَفْقُ را ياتِ العَزيزِ ويَقْظَةُ المُسْتَنْصِرِ

13 شَمِّرْ فقَدْ مَدَّتْ إليكَ رِقابَها لا يُدْرِكُ الغاياتِ غَيْرُ مُشَمِّرِ

14 أَوَلَسْتَ مَن مَلأَ البَسِيطَةَ عَدْلُه واجْتَثَّ بالمَعْرُوفِ أَنْفَ المُنْكَرِ

15 حَدَبُ الأَبِ البَرِّ الكَبيرِ، ورَأْفَةُ الـ أُمِّ الحَفِيَّةِ باليَتِيمِ الأَصْغَرِ

16 يا هَضْبَةَ الإسلام مَن يُعْصَمْ بها يُؤمِنُ، ومَن يَتَوَلَّ عنها يَكفُرِ

17 كانُوا على صَلْب الصَّليب سُرادِقاً أنْبَتْ بُنَيَّتُه بكُلِّ مُذَكَّرِ[40]

18 آثارُهمْ نَجَسٌ أَذالَ المَسْجِدَ الـ أَقْصَى فَصُنْ ما دَنَّسُوه وطَهِّرِ

19 جارَ الخَلِيلُ ومَن بِغَزَّة هاشِمٍ بلُهامِكَ[41] المُتَدَمْشِقِ المُتَمَصِّرِ

20 بعَرَمْرَمٍ صَلَمَتْ[42] وَعاوِعُه عُرَى أَسْماعِ جَيْحُونٍ وسَيْفِ البَرْبَرِ

21 يَفْتَرُّ عَن مَلِكِ المُلُوك مُنَحِّلِ الـ أَنْواءِ بل سَعْدِ السُّعُودِ الأَكْبَرِ

---

37 (أشابة ج أشائب) (우샤바 ㉿ 아샤이브): 〈만두르, أشب〉 잡다한 지역 출신의 사람들, 잡다한 족속으로 이루어진 집단.

38 جلّق (질리끄): 〈만두르, جلق〉 시리아 지역 내 한 곳의 명칭. 다마스쿠스.

39 (غابر ج غبّر) (가비르 ㉿ 굽바르): 〈만두르, غبر〉 남은(الباقي), 지나간(الماضي).

40 منكّر (무닷카르): 물기가 있는 단단한 칼.

41 لهام (루하므): 대군(大軍). '모든 것을 삼켜 버리다(التهم)'에서 나온 단어.

42 صلم (쌀라마): 〈만두르, صلم〉 귀나 코를 베다.

22 عَن طاعِنِ الفُرْسانِ غَيْرَ مُكَذِّبٍ   ومُتَمِّمِ الإحْسانِ غَيْرَ مُكَدِّرِ
23 بَدْرُ الجَحافِلِ والمَحافِلِ فارِسُ الـ   آسادِ في غابِ الوَشِيجِ الأَسْمَرِ
24 مَلِكٌ تَساوَى النَّاسُ في أَوْصافِهِ   عُذِرَ المُقِلُّ وبانَ عَجْزُ المُكْثِرِ
25 يا أَيُّها المَلِكُ المُنادِي جُودُه   في سائِرِ الآفاقِ هَلْ مِنْ مُعْسِرِ
26 إنَّ القَصائِدَ أَصْبَحَتْ أَبْكارُها   في ظِلِّ مُلْكِكَ غالِياتِ الأَمْهُرِ
27 إنْ كُنْتَ أَحْيَيْتَ ابنَ حَمْدانٍ لها   فأَنا الذي غَبَّرْتُ في وَجْهِ السَّرِي
28 ولأَنْتَ أَكْرَمُ من أُناسٍ نَوَّهُوا   باسْمِ ابنِ أَوْسٍ واسْتَخَصُّوا البُحْتُرِي
29 ذَلَّتْ لدَوْلَتِكَ الرِّقابُ ولا تَزَلْ   إنْ تَغْزُ تَغْنَمْ أو تُقاتِلْ تَظْفَرِ

딸라이으 이븐 룻직과 우사마 이븐 문끼드 간 화답시

지하드를 위한 분발 촉구

파티마조의 재상인 딸라이으 이븐 룻직과 시리아 지역 출신으로 장기조에서 일했던 우사마 이븐 문끼드는 몸소 십자군을 상대로 전쟁을 수행한 인물로 알려져 있다. 동시대에 이슬람 진영 내의 다른 지역에서 공직을 맡았고 전사이자 시인이었던 두 사람은 친구 사이로, 서로에게 對십자군 전쟁을 격려하는 시를 지어 보냈던 것으로 유명하다. 특히 對십자군 전쟁의 열의가 컸던 딸라이으는 장기조의 통치자 누르 알딘이 對십자군전에 소극적 자세를 보인 경우 누르 알딘을 주군으로 모시고 있던 우사마를 통해 누르 알딘에게 질책과 격려가 담긴 시를 지어 보내기도 했다. 두 사람의 시에서도 십자군에 의해 점령된 예루살렘을 비롯한 이슬람 영토를 되찾고자 하는 열망이 나타나 있다. 두 사람이 주고받은 시들 중 일부를 소개한다.

7. 딸라이으 이븐 룻직, "죄로 인해 알라의 운명이 그곳을 덮쳤는가?"(551-2/1156-8)

8. 딸라이으 이븐 룻직, "예루살렘으로 향하시어 그것으로 알라께 보상을 구하시오" (553/1158-9)

9. 우사마 이븐 문끼드, "군대의 사령관이여"(553/1158-9)

10. 딸라이으 이븐 룻직, "우리는, 말 안장에 몸을 단단히 묶어 고정시킨 채" (553/1158-9)

7. 딸라이으 이븐 룻직,
"죄로 인해 알라의 운명이 그곳을 덮쳤는가?"(551-2/1156-8)[1]

시인 소개

딸라이으 이븐 룻직(الملك الصالح طلائع بن رزيك الأرمني 1102-61). 이라크 지역 빈민 출신인 딸라이으는 파티마조 치하 이집트 내 지방 관리를 거쳐 파티마조의 통치부가 있는 카이로로 진출했다. 그는 549/1154-5년 파티마조의 알파이즈(الفائز)가 칼리프직에 등극하면서 국정의 핵심부인 와지르(재상)직을 맡았다. 555/1160-1년 알파이즈가 죽고 알아디드(العاضد)가 칼리프가 된 후에도 딸라이으는 계속 와지르직을 맡았으며, 알아디드의 딸과 결혼하는 등 그의 세력은 커졌다. 알아디드의 친척들은 이를 우려했고 마침내 알아디드의 한 숙모가 꾸민 계획에 의해 딸라이으는 암살 당했다. 딸라이으는 뛰어난 시인이자 용맹스런 인물로 알려졌다. 그는 팔레스타인 지역의 십자군을 상대로 많은 전쟁을 벌인 것으로 유명하며, '아부 알가라트(أبو الغارات 공격의 선봉장)'라는 별명을 얻었다.[2]

---

1 أبو شامة، المصدر السابق، ج 1 ، ص 309–310؛ ديوان الوزير المصري طلائع بن رزيك، ص 58–63؛ عبد الجليل (أ)، ص 94–96.
『두 정원의 서』의 자료를 중심으로 시의 부분을 번역했다.

2 김능우, 『아랍시의 세계』(명지출판사, 2004), 257-258쪽;

작품 해제

551/1156-7년과 552/1157-8년 시리아 지역에서 발생한 대지진으로 인해 많은 주민들이 사망한 일이 있었다. 딸라이으 이븐 룻직은 우사마 이븐 문끼드(أسامة بن منقذ)[3]에게 주민들의 죽음을 애도하는 다음 시를 지어 보냈다. 이 시에서 딸라이으는 천재지변으로 인한 참사를 알라가 정한 운명으로 여기며, 그 원인을 시리아 지역 무슬림들의 죄과, 즉 십자군의 공격으로부터 예루살렘 및 이슬람 지역을 지키지 못한 결과로 파악한다. 이처럼 시인은 재난의 원인을 무슬림들의 지하드 의무 수행의 태만과 십자군의 성지 모독에서 찾으려 하는 한편, 무슬림들에게 재난 속에서 인내하고 지하드 실천을 통해 이슬람 성지를 회복하기 위해 분발하라고 강한 어조로 말한다.

작품 내 주요 서사와 제재를 살펴보면 다음과 같다.

1 시리아 지역 주민들에 닥친 지진의 재난으로 인한 파괴와 불행

비극을 가져오는 운명의 힘이 작용해(3행), 시리아 주민들은 십자군 전쟁으로 고난을 당하는 와중에 삶의 거처를 파괴하는 지진이 일어나 이중으로 재난을 겪어 그곳에 머물고 싶어하지 않음(4-7행).

---

3 이 책의 9번 시 참조. الزركلي، المرجع السابق، المجلد 3، ص 228؛ عبد الجليل (أ)، ص 94.

2 지진 사태에 대한 종교적인 성찰 필요

지진은 십자군의 공격과 점령으로부터 무슬림들이 이슬람 지역, 특히 예루살렘을 지키지 못한 데 대한 알라의 징벌로 여기며 반성해야 함. 이슬람 성지인 예루살렘의 '한복판에 돼지고기와 술이 놓여졌고 십자가와 종소리가' 울려 퍼짐으로써(15행), 그곳은 불결해져 죄악이 가득해졌음(11행). 적의 침략으로 이슬람 성지를 타락시킨 '죄로 인해 알라의 운명이' 시리아 지역에 지진의 시련을 안겨 준 것으로 여겨짐(11행).

3 재난의 운명 극복과 지하드 촉구

자연재해는 인간에게 불가항력의 시련이지만(21-22행) 무슬림들은 인내심을 갖고 자신들에게 일어난 그 재해의 원인에 대해 종교적으로 숙고하고 반성하여(20행) 다시 對십자군 지하드에 나서야 할 것임(23행).

우리말 번역

1 나의 부친께 걸어 맹세컨대, 당신의 모습은 내 눈앞에서
사라지지 않고, 멀리 있으면서도 가까이 있구나

2 샴[4]의 벗들이여, 너희의 모습은 없지만
너희를 그리워하는 내 마음은 없어지지 않는다

3 세월은 우리와 너희가 가까이할 기회를 빼앗아 갔구나

---

4 시리아 지역.

빼앗은 것은 되돌려줘야 하는 것이건만

4 샴 지역은 그곳 주민을 싫어하였다

분별 있는 자라면 그곳에 머물지 않을 만도 하지

5 전쟁이 잠시 물러나더니

지진의 재난이 그 뒤를 따랐구나

6 어느 날 저녁, 그곳의 대지는 춤을 추었고

대기(大氣)에서 천둥은 노래했으며 호인(好人)은 흥이 났다[5]

7 그곳의 건물 벽들은 구겨졌고 북풍과 남풍이

피리 소리를 내며 불어와 그 벽들을 쓰러뜨렸다

8 잠든 자는 꿈속의 소망에서 깨어나지 않았는데

폭풍 속에 바람은 불어대는구나

9 나는 번개가 기뻐하며 그곳의 불행을 고소해하는 것을 본다

대기 속 구름은 얼굴을 찡그리건만

10 그들은 말했다. 구름이 그곳에서 녹아내리고

또한 바위들도 녹아내린다고[6]

11 죄로 인해 알라의 운명이 그곳을 덮쳤는가?

대지도 사람처럼 죄를 짓는구나

12 나 같은 평범한 사람의 예상은 화살과 같아서

게중엔 목표물에 맞는 것도 있고 빗나가는 것도 있다

13 이는, 예루살렘 터와 그곳에서

---

5 지진으로 인한 혼란 사태를 노래와 춤으로 떠들썩한 분위기에 비유한다.

6 시리아 지역에 비가 내림을 의미한다. 또한 다음의 해석도 가능하다고 생각된다. "그들은 말했다. 그곳에선 (재난의 근심으로) 구름이 수척해지고, / 또한 바위들도 수척해진다고"

이슬람이 차지했던 위상은 한몫을 해왔기 때문
14 예루살렘은 알라의 사도가 오기 전
신탁(神託)이 내리는 곳이자 순례지, 성소였다
15 이제는 그곳 한복판에 돼지고기와 술이 놓여졌고,
십자가가 종소리와 견주게 되었구나
16 예수 그리스도가 그것을 본다면 실로 기뻐하지 않을 것
저들은 예루살렘이 예수에 속한다고 주장했건만
17 인류의 주님을 섬기는 일을 가장 멀리하는 자들은
십자가에 매달린 신(神)을 받드는 자들
18 황폐해진 거주지를 보는 내 마음의 애달픔이여
그곳엔 아무도 없기에
19 한 길손이 그곳에 들려 보니 어린 시절 고향의 모습은 간데없네
언젠가 사람들은 이방인이 되나니[7]
20 당신네 사람들에게, 그리고 영광스런 종교에 닥친 불행을 숙고해 보고
인내하라. 재난은 갖가지로 일어나는 것이니
21 재앙이 당신들을 겨냥한다면
당신들 외 다른 사람들은 괜찮고 당신들에게만 재앙이 일어나지
22 창(槍) 또한 그러해서, 격렬한 전투 날 창날은 부러져 나가고
창대 마디들은 남게 되기도 한다
23 말과 행동으로 적을 상대로 지하드를 행함은
모든 무슬림에게 당연한 의무

---

7 〈직〉 "당신들에게는 그곳에 들르는 자가 있으니 그 모습은 그로 하여금 어린 시절 고향을 잊게 했다 / 언젠가 사람들은 이방인이 되나니"

원문 주해

1 بأَبِي شَخْصُكَ الذي لا يَغِيبُ ... عَن عِياني وهو البَعِيدُ القَرِيبُ

2 يا أَخِلاَّيَ بالشَّآمِ لَئِنْ غِبْـ ... ـتُمْ فشَوْقِي إِلَيْكُمُ لا يَغِيبُ

3 غَصَبَتْنا الأَيَّامُ قُرْبَكُمُ مِنَّـ ... ـا ولا بُدَّ أنْ تُرَدَّ الغُصُوبُ

4 كَرِهَ الشَّآمُ أَهْلَه فهو مَحْقُو ... قٌ بأَنْ لا يُقِيمَ فيه لَبِيبُ[8]

5 إِنْ تَجَلَّتْ عنه الحُرُوبُ قَلِيلاً ... خَلفَتْها زَلازِلٌ وخُطُوبُ

6 رَقَصَتْ أَرْضُه عَشِيَّةَ غَنَّى الرَّ ... عْدُ في الجَوِّ والكَرِيمُ طَرُوبُ

7 وتَثَنَّتْ حِيطَانُه فأَمالَتْـ ... ـها شَمالٌ بِزَمْرِها وجَنُوبُ

8 لا هُبُوبٌ لنائمٍ مِن أَمانِيـ ... ـه وللعاصِفاتِ فيها هُبُوب[9]

9 وأَرَى البَرْقَ شامِتاً[10] ضاحِكَ السِّـ ... ـنِّ وللجَوِّ بالغُيُومِ قُطُوبُ

10 ذَكَرُوا أنَّه تَذُوبُ[11] به السُّحْـ ... ـبُ فما للصُّخُورِ أَيْضاً تَذُوبُ

11 أَبِذَنْبٍ أَصابَها قَدَرُ اللَّـ ... ـهِ فللأَرْضِ كالأَنامِ ذُنُوبُ

12 إِنَّ ظَنِّي والظَّنُّ مِثْلُ سِهامِ الـ ... ـرَّمْيِ منها المُخْطِي ومنها المُصِيبُ

13 أَنَّ هذا لأَنْ غَدَتْ ساحَةُ القُدْ ... سِ وما للإِسْلامِ فيها نَصِيبُ

14 مَنْزِلُ الوَحْيِ قَبْلَ بَعْثِ رَسُولِ اللَّـ ... ـهِ فهو المَحْجُوجُ والمَحْجُوبُ

15 نَزَلَتْ وَسْطَهُ الخَنازِيرُ والخَمْـ ... ـرُ وبارَى النَّاقُوسَ فيه الصَّلِيبُ

16 لَوْ رَآه المَسِيحُ لم يَرْضَ فِعْلاً ... زَعَمُوا أنَّه له مَنْسوبُ

17 أَبْعَدُ النَّاسِ عن عِبادَةِ رَبِّ النَّـ ... ـاسَ قَوْمٌ إِلَهُهُمْ مَصْلُوبُ

---

8 لبيب (라비브): 지각 있는, 분별 있는, 영리한(عاقل، ذكي).

9 هبوب (후부브): 이 행에서 هبوب는 두 번 쓰였는데, 처음 것은 '(잠에서) 깨어남'을, 두 번째 것은 '강풍'을 뜻한다. 아랍어 수사법인 지나스(جناس 동음이의어)를 이용한 예이다.

10 شمت بـ (샤미타): ~의 불행을 기뻐하다[고소해하다].

11 ذاب (다바): 녹다; (근심으로 인해) 파리[수척]해지다.

18 لَهْفَ نَفْسِي على دِيارٍ مِنَ السُّكَّـ ـانِ أَقْوَتْ فلَيْسَ فيها عَرِيبُ[12]

19 ولَكُمْ حِلَّها[13] فَأنْسَتهُ أَوْطا نَ صِباهُ والأَهْلَ يَوْماً غَرِيبُ

20 فاحْتَسِبْ ما أَصابَ قَوْمَكَ مَجْدَ الدِّ ينِ واصْبِرْ فالحادِثاتُ ضُرُوبُ

21 إنْ تَخَصَّصْكُمُ نَوائِبُ ما زا لَتْ لَكُمْ دُونَ مَنْ سِواكُمْ تَنُوبُ

22 فكَذاكَ القَناةُ يُكْسَرُ يَوْمَ الرَّ وْعِ منها صَدْرٌ وتَبْقَى الكُعُوبُ

23 وجِهادُ العَدُوِّ بالفِعْلِ والقَوْ لِ على كُلِّ مُسْلِمٍ مَكْتُوبُ

12 عريب (아리브): 〈만두르, عرب〉 한 사람, 한 명(أحد). ((부정문에만 사용됨))

13 حِلّ (힐르): (어느 장소에) 머무는[들르는] 사람(النازل بالمكان).

8. 딸라이으 이븐 룻직, "예루살렘으로 향하시어 그것으로 알라께 보상을 구하시오"(553/1158-9)[1]

시인 소개

딸라이으 이븐 룻직[2]

작품 해제

553/1158-9년 딸라이으 이븐 룻직은 우사마 이븐 문끼드에게 손수 지은 다음 시를 보냈다. 파티마조의 와지르로서 십자군에 강력하게 맞서는 딸라이으는 이 시에서 우사마를 통해, 와병 중인 그의 주군 누르 알딘에게 병석을 떨치고 일어나 지체 없이 십자군에게 빼앗긴 예루살렘의 탈환을 위한 지하드 수행에 임해 줄 것을 요청한다. 또한 딸라이으는 파티마조

1 أبو شامة، المصدر السابق، ج 1 ، ص 332–333؛ ديوان طلائع بن رزيك، ص 128–130؛ ديوان أسامة بن منقذ، ص 190، ص 267–268؛ عبد الجليل (أ)، ص 97.

2 이 책의 7번 시 참조.

의 함선이 십자군의 선박 여러 척을 공격해 격퇴했음을 알리면서, 누르 알딘도 서둘러 십자군 공격에 나서 달라고 촉구한다.[3]

작품 내 주요 서사와 제재를 살펴보면 다음과 같다.

1 누르 알딘에게 질책성 안부 인사를 전함

시인은 우사마를 통해 와병 중인 누르 알딘에게 안부 인사를 전하는 한편, 누르 알딘이 지하드에 나서지 않음을 질책함(3행). 누르 알딘은 '피로한 상태'에서 '지쳐 있는' 모습이고(4-5행), 시인에게 '아무런 서신도, 기별도' 하지 않은 채(6행) 對십자군 전쟁에 의욕이 없어 보임.

2 파티마조의 승전 소식

예상하지 않은 파티마조의 승전 소식을 우사마와 누르 알딘에게 알려 줌. 파티마조는 적은 수의 함선으로 프랑크인들의 배 여러 척을 격퇴하여 많은 적군을 죽이고 생포하였는바(10-16행), 이러한 승리는 알라의 은총임이 명백함(8행, 17행).

---

3 "(553/1158-9년) 라비으 첫 달 초에 이집트 방면으로부터 이집트 군대가 가자와 아스깔란[아스칼론]으로 나갔다는 소식이 도착했다. 그 군대는 그곳 지역을 공격했다. 그러자 그 두 곳에 있던 (저주받을) 프랑크인들이 이슬람 군대에게로 왔다. 지고하신 알라께서는 무슬림들로 하여금 프랑크인들을 죽이고 포로로 잡게 하셨고, 적들 중 달아난 자는 소수에 불과했다. 이슬람 군대는 전리품을 얻고 승리하여 무사히 돌아왔다." 그 소식은 이렇게도 전해졌다. "이슬람 공격 선두 부대는 해상에서 여러 척의 다신교도들의 배를 잡았다. 그 배들에는 프랑크인들이 타고 있었다. 선두 부대는 많은 수의 프랑크인들을 죽이고 포로로 잡았다. 부대는 프랑크인들의 재물과 장비와 헤아릴 수 없을 만큼 많은 물품을 획득하고 승리하여 전리품을 갖고 돌아왔다." أبو شامة، المصدر السابق، ج 1 ، ص 326.

3 누르 알딘에게 지하드를 독려함

시인은 누르 알딘이 對십자군전에서 무슬림들의 희망과 기대가 모아진 지도자인 만큼(18행), 더 이상 지체하지 말고 예루살렘 탈환을 위한 지하드에 나서 줄 것을 촉구함(19-20행).

우리말 번역

1 서둘러 시리아로 진격하는 자[우사마]여
그의 낙타들과 군마들은 경주를 벌이듯 빠르게 달렸다
2 (우사마여) 거주지가 높은 지대에 있지 않고,
마즈드 알딘[4]의 집이 있는 도시를 나무라시오[5]
3 그[누르 알딘]에 관한 소식을 알아보시고,
질책이 깃든 우리의 안부 인사를 그에게 전해 주시오
4 그에게 말해 주시오. "진실로, 당신은 오늘날 귀한 친구요,
그런데 당신은 지쳐 있는 친구요"라고
5 그리고 "저는 당신의 피로한 상태가 조만간 변할 것으로
여기지는 않습니다"라고 전해 주시오
6 그에게 무슨 일이 있는지 제가 확인하려는데

4 마즈드 알딘(مجد الدين)은 우사마 이븐 문끼드의 별호(別號)이다.
ديوان طلائع بن رزيك، ص 128.

5 이븐 룻직은, 우사마가 주군인 누르 알딘에게 십자군에 맞서 싸우도록 적극적으로 조언하지 않은 데 대해 나무라고 있다. 십자군을 상대로 많은 전투를 벌여서 '아부 알가라트(공격의 선봉장)'라는 별명을 얻은 이븐 룻직은 누르 알딘이 전쟁을 주저하고 있음을 못마땅하게 여겼던 것으로 보인다.

그에게서는 아무런 서신도, 기별도, 말씀도 없소

7 하지만 우리[이븐 룻직과 우사마]는 서로 계속 서신을
보내고 있소
당신의 한결같은 성실함이 우리 사이의 거리를 줄여 주었소

8 우리는 서신에서 알라께서 우리에게 내려 주신 정복을 언급했소
알라의 은혜는 지극하시니

9 내가 당신에게 파견한 사신(使臣)이 가져다준
여러 서신에서 그러한 정복을 언급한 후에 내게 소식이 왔소

10 그것은 우리의 함선이 프랑크인들을 제압했다는 소식으로,
기대하지 못하고 있던 성과였소

11 싸우러 나간 우리의 함선은 몇 척에 불과했지만
알라의 도움과 진실된 마음에 힘입어 적은 것은 많아지기 마련[6]

12 나머지 함선은 아직도 시리아 지역에
다다르지도 못했소

13 우리 함선은 아크레와 안따르수스[7]에서 떠난,
헤아릴 수 없을 만큼 많은 적군의 선박을 잡았소

14 적 부대에는 템플 기사단 무리가 있었고,
프랑크군은 그들을 내세워 무슬림들을 공격했소

15 기사단 무리 중에서 대장은 쇠사슬로 묶여 우리에게 잡혀 왔는데
그의 목에도 족쇄가 채워졌소

---

6 '파티마조 군대의 함선 수는 적었지만 알라의 도움에 힘입어 마음속으로는 그 수가 많게 생각되었음'을 의미한다.

7 안따르수스(أنطرسوس): 시리아 해안 지역의 도시. ديوان طلائع بن رزيك، ص 129.

16 적군의 무리는 버티다가 칼로 죽임을 당했는데
그들 중에는 익사한 자들과 패잔병들이 있소
17 이 승리는 신의 은총이요
신의 수많은 은혜를 열거하려면 시간이 오래 걸리지
18 저의 말을 '정의의 군주'[누르 알딘]에게 전하시오
그는 희망을 주는 자, 기대를 한몸에 받는 자
19 그에게 말해 주오. "당신은 불신자들에게 빚을 갚는 데 너무도 지체했구려
더딘 자는 공격당한다는 점에 주의하시오"라고
20 예루살렘으로 향하시어 그것으로 알라께 보상을 구하시오
당신은 진격함으로써 갈증을 해소시켜 줄 것이오
21 당신의 진군이 지체된다면 우리에게는 알라께서 계신 것만으로도 충분하오
신자들을 보호하시는 놀라우신 주님이시니

원문 주해

1 أَيُّها السَّائِرُ المُجِدُّ إلى الشَّا — مِ تَبارَى رِكابُه والخُيُولُ
2 خُذْ على بَلْدَةٍ بها دارُ مَجْدِ الدِّ — ينِ لا رِيع رَبْعُها المَأْهُولُ
3 وتَعَرَّفْ أَخْبارَه واقْرِهِ منَّـ — ـا سَلاماً فيه العِتابُ يَجُولُ
4 قُلْ له أَنْتَ نِعْمَ ذُخْرُ الصَّدِيقِ الـ — ـيومَ لكِنَّكَ الصَّدِيقُ المَلُولُ
5 ما ظَنَّنا بأَنَّ حالَكَ في القُرْ — بِ ولا البُعْدِ بالمُلالِ يَحُولُ
6 لا كِتابٌ ولا جَوابٌ ولا قَوْ — لٌ به لليَقِين مِنَّا حُصُول

7 غَيْرَ أنَّا نُواصِلُ الكُتْبَ إذ قَصَّـ ـرَ منكَ البَرُّ الكَرِيمُ الوَصُولُ
8 ذاكِرِينَ الفَتْحَ الذي فَتَحَ اللّـ ـهُ علَيْنا فالفَضْلُ منه جَمِيلُ
9 جاءَنا بَعْدَ ما ذَكَرْناه في كُتْـ ـبٍ أتاكُمْ بِهِنَّ منَّا رَسُولُ
10 إنَّ بَعْضَ الأُسْطُولِ نالَ مِن الإفْـ ـرَنجِ ما لا يَنالُه التَّأمِيلُ
11 سارَ في قِلَّةٍ وما زالَ باللّـ ـه وصِدْقِ النِّيَّاتِ يَنْمي القَلِيل
12 وبَقايا الأُسْطُولِ لَيْسَ له بَعْـ ـدُ إلى جانبِ الشَّآمِ وُصُولُ
13 فحَوى مِن عَكَّا وأَنْطَرْسوسٍ عِدَّةً لم يُحِطْ بها التَّحْصِيلُ
14 جَمْعَ دِيوِيَّةٍ[8] بِهم كانت الإفْـ ـرَنجُ تَسْطُو على الوَرى وتَصُولُ
15 قِيدَ في وَسْطِهم مُقَدَّمُهم مُهْـ ـدَى إلينا وجِيدُه مَغْلول
16 بعدَ مَثْوَى جَماعةٍ هَلَكُوا بالسَّـ ـيف منها الغَرِيقُ والمَفْلولُ
17 هَذِهِ نِعْمَةُ الإلَهِ وتَعْدِيـ ـدُ أَيادِي الإلَهِ شَيْءٌ يَطُولُ
18 أَبْلِغَنْ قَوْلَنا إلى المَلِكِ العادِ لِ فهو المَرْجُوُّ والمَأْمُولُ
19 قُلْ له تُماطِلُ الدَّيْنَ في الكُفَّـ ـار فاحْذَرْ أنْ يُغْصَبَ[9] المَمْطُولُ
20 سِرْ إلى القُدْس واحْتَسِبْ ذاك في اللّـ فبِالسَّيْرِ منك يُشْفَى الغَلِيلُ
21 وإذا ما أَبْطا مَسِيرُكَ فاللّـ ـهُ إذاً حَسْبُنا ونِعْمَ الوَكِيلُ[10]

---

8 ديويَّة (디위야): 십자군 템플 기사단(الداوية)을 의미한다.

أبو شامة، المصدر السابق، ج 1 ، ص 333.

9 압둘 잘릴 교수의 책에는 يُغصَبَ (공격당하다)으로, 나머지 세 개 문헌에는 يغضبَ (분노하다)으로 나와 있다. 전자를 따를 경우에는 “더딘 자는 공격을 당한다”로, 후자를 따를 경우에는 “(한없이) 기다리는 자는 분노한다”로 번역된다.

10 وكيل (와킬): 〈만두르, وكل〉 알라의 속성 중 하나. ‘신자들의 생계를 보장해 주시는 분’이라는 뜻이다.

9. 우사마 이븐 문끼드,
"군대의 사령관이여"(553/1158-9)[1]

시인 소개

우사마 이븐 문끼드(أبو أسامة بن مرشد بن علي بن مقلد بن نصر بن منقذ الشيزري، مؤيّد الدولة المظفّر 1095-1188). 우사마는 시리아 지역 하마(حماة)에서 가까운 샤이자르(شيزر) 성의 통치 가문인 문끼드가 출생으로, 용맹하기로 알려진 부친의 가르침 아래 용감한 청년으로 성장했고 시를 비롯해 글쓰기에 뛰어났다.

샤이자르 성은 십자군 전쟁 기간 동안 군사적으로 중요한 곳이었다. 우사마는 15세에 자신의 가문과 십자군 간에 벌어진 전투에 참가하기도 했다. 한때 그는 샤이자르 성의 통치자인 삼촌으로부터 총애와 신임을 받기도 했다. 그러나 삼촌이 용맹성과 지도력을 갖춘 우사마가 자신의 아들들을 제치고 장차 성의 통치자가 될 것을 우려해 경계하자, 우사마는 이를 알아채고는 성을 떠나 모술 지역의 통치자인 이마드 알딘 장기에게 갔다. 이후 우사마는 모술에서 9년간 이마드 알딘의 지휘하에 십자군을 상대로 전쟁에 참가했다.

---

1 أبو شامة، المصدر السابق، ج 1 ، ص 333.

우사마는 532/1137-8년 십자군이 샤이자르 성을 공격하자 귀환하여 이마드 알딘과 함께 용감하게 싸워 성을 지켜냈다. 우사마는 샤이자르에 머물고 싶었으나 삼촌과의 미묘한 갈등으로 인해 다시 그곳을 떠났다. 우사마는 다마스쿠스로 가서 그곳의 통치자인 부리조의 무인 알딘 우누르(معين الدين أنر)에 의탁했고, 무인 알딘은 중요한 많은 업무에서 우사마의 도움을 받았다. 우사마는 당시 무인 알딘이 추구한 對프랑크 데탕트 정책을 위해 외교사절로 예루살렘이나 프랑크 지역들을 방문해 머물렀다. 이 기간 동안 우사마는 십자군 측과 많은 교류를 함으로써 프랑크인들의 관습과 특성을 파악할 수 있었으며, 이는 자신의 회고록『성찰(省察)의 서(書)(كتاب الاعتبار)』의 집필 자료가 되었다. 그러나 그는 다마스쿠스에서 6년 이상 머물지 못했는데 이는 그를 모함하는 자들로 인해 무인 알딘의 반감을 샀기 때문이었다.

우사마는 다마스쿠스를 떠나 파티마조가 다스리는 이집트에 갔으며 그곳 통치자들로부터 환대를 받았다. 우사마는 이집트에서 체류한 10년간 시리아 지역의 십자군을 상대로 수차례 군사 원정을 수행했다. 또한 다마스쿠스에서 우사마는 당시 십자군에 맞섰던 이슬람 진영의 최고 지도자이며 그곳 통치자인 누르 알딘의 지휘하에서 수차례에 걸쳐 對십자군전에 참가하기도 했다. 우사마와 살라딘은 누르 알딘의 휘하에서 함께 일했던 인연이 있어 친밀한 관계를 유지했다.[2]

---

2 김능우,『아랍시의 세계』(명지출판사, 2004), 258-259쪽; H. A. R. Gibb, and others, 'Munqidh', *The Encyclopedia of Islam* (vol. 7, 1986);.291 الزركلي، المرجع السابق، المجلد 1، ص

작품 해제

553/1158-9년 우사마 이븐 문끼드는 딸라이으 이븐 룻직의 상기 서신(8번 시)에 대한 화답으로 다음 시를 지어 보냈다. 우사마는 이 시에서 파티마조의 와지르인 딸라이으의 통치자로서 위상, 문인으로서 탁월한 역량을 칭송하는 가운데, 특히 경건한 이슬람 신자로 십자군을 상대로 지하드에 헌신하는 딸라이으의 노력을 높이 산다. 우사마는 어떠한 어려움이 있더라도 알라의 도움에 의지하여 십자군을 상대로 함께 전열을 불태우자며 딸라이으와 뜻을 같이한다. 시의 6번째 행에서는 앞서 딸라이으가 보낸 시의 마지막 구절인 "신자들을 보호하시는 놀라우신 주님이시니"를 그대로 인용함으로써 딸라이으의 시에 화답하고 그의 의도에 조응하고 있음을 보인다.

우리말 번역

1 군대의 사령관이여,
행동과 언사에서 가장 공정한 통치자시여
2 당신은 이 시대의 사람들에게 선행을 베풀었고,
그들은 모르던 바를 알게 되었다
3 당신은 공격으로 프랑크인들을 두 부류로 나누어 놓았는바,
그 하나는 괴로워하는 자이고 다른 하나는 죽임을 당한 자
4 알라의 종이 대리 통치에 나서고 전쟁을 부추기는 데 몰두했는바,
그는 언변도 뛰어난 탁월한 자

5 그는 침공하려는 결의를 갖는 데에
대지와 산들이 뜻을 함께하려는 것을 보았다
6 운명이 장애물이 된다면 우리에게는 알라께서 계신 것만으로도 충분하오
신자들을 보호하시는 놀라우신 주님이시니

원문 주해

1 يا أَمِيرَ الجُيُوشِ يا أَعْدَلَ الحُكّـ ـامِ في فِعْلِهِ وفِيما يَقُولُ
2 أَنْتَ حَلَّيْتَ بالمَكارِمِ أَهْلَ الـ ـعَصْرِ حَتَّى تَعَرَّفَ المَجْهُولُ
3 وقَسَمْتَ الفرنجَ بالغَزْوِ شَطْرَيْـ ـنِ فهذا عانٍ وهذا قَتِيلُ
4 بالَغَ العَبْدُ في النِّيابَة والتَّحْـ ـرِيض وهو المُفَوَّهُ المَقْبُولُ
5 فرَأَى مِن عَزِيمَة الغَزْوِ ما كا دَتْ له الأَرْضُ والجِبالُ تَمِيلُ
6 وإذا عاقَتِ المَقادِيرُ فاللّـ ـهُ إذاً حَسْبَنا ونِعْمَ الوَكِيلُ

10. 딸라이으 이븐 룻직, “우리는, 말 안장에 몸을 단단히 묶어 고정시킨 채” (553/1158-9)[1]

시인 소개

딸라이으 이븐 룻직[2]

작품 해제

553/1158-9년 딸라이으 이븐 룻직은 우사마 이븐 문끼드의 시(9번 시)를 받고 나서 다음의 화답 시를 지어 보냈다. 십자군에 대한 응징의 결의가 충만했던 딸라이으는 이 시에서 누르 알딘에게 십자군 측에 한 치의 양보도 하지 말고 공격의 고삐를 늦추지 말아 달라며 강력한 요구를 한다. 설령 십자군이 휴전협정을 원해도, 지난날 그들이 약속을 지키지

1 أبو شامة، المصدر السابق، ج 1، ص 333-334؛ ديوان الوزير المصري طلائع بن رزيك، ص 64-70؛ ديوان طلائع بن رزيك، ص 84-87.

2 이 책의 7번 시 참조.

않았던 전례(前例)를 기억해 협정에 동의하지 말고 강력한 군사 공격을 추진할 것을 촉구한다.

작품 내 주요 서사와 제재를 살펴보면 다음과 같다.

1 딸라이의 전의(戰意)

십자군을 공격해 격퇴하고자 하는 딸라이으의 강한 의지 표명. 십자군과 휴전협정을 맺더라도 그들을 공격할 것임. 참혹한 전쟁에서 딸라이으의 이슬람 군대는 제아무리 강한 적군이더라도 격퇴할 것임(2-8행).

2 조언과 당부

십자군과의 전쟁에서 누르 알딘에게 조언함. 약속을 저버리기 일쑤인 십자군과 휴전협정을 맺지 말라고 누르 알딘에 간언하고, 지하드 실천에 앞장서 줄 것을 당부함(9-13행).

우리말 번역

1　보름달 같은 수라야는 귀걸이를 하고 있고,
　가슴팍에는 쌍자궁으로 된 목걸이가 있네[3]
2　우리는 프랑크인들에 대한 칼의 공격을 비축해 두었는데

---

3 첫 행에서 시인은 (일반적으로 시 서두에서 '옛 집터 묘사'나 '헤어진 여자 애인에 대한 그리움' 등의 소재를 갖는) 전형적인 아랍 까씨다(정형시)의 형식에 따라 사랑하는 여인에 대해 말하고 있다. 수라야는 여성의 이름이다.

그건 칼이야말로 진드기 같은 그들을 공격하는 데 가장
적합하기 때문
3 그들은 휴전협정을 위해 서신을 교환했지만,
그들이 받는 우리 측 답장은 글이 아니라 알캇뜨 지역산
창(槍)이 지어내는 죽음
4 답장에 적힌 글의 줄은 칼로 적지를 끊임없이 공격하는 군마의
대열이 되고
모음 부호와 점은 창이 된다
5 전쟁에서 영혼들은 자신들이 육안으로 보는 참상 속에 죽어 가고,
사람들은 놀라움에 아우성을 친다
6 전쟁이 풍성하고 검은 먼지의 머리카락을 늘어뜨리면
창날은 머리빗이 된다
7 창들 속에는, 재빨리 더하고 나머지를 계산하는 데
열중하는 계산원의 손끝이 들어 있는 것 같다[4]
8 말 안장에 몸을 단단히 묶어 고정시킨 채
공격해 대는 적군을 우리는 창으로 격퇴했다
9 누르 알딘에게 말씀드려 주시오. "칼로 배가 찔린 자를 위한
치료술은 상처 부위를 불로 지지는 것과 칼로 가르는 것"이라고
10 "병이 깊어서 정신이 오락가락하면
그 병을 뿌리 뽑는 길은 온전한 정신을 지닌 자가 치료하는 것"
이라고

4 무슬림 병사들이 재빠른 손놀림으로 창을 휘둘러 적군을 찌르는 모습을 나타낸다.

11 “프랑크인들을 봐준다거나 그들과 휴전협정을 맺거나 하는 일은
절대 하지 마시오.
그러는 것을 다른 사람들이 무시하든 말든 말이요”
12 “잘 생각해 보시오. 오래전 당신은 얼마나 자주 그들에게 협정
조건을 내걸었는지를,
그리고 그들이 얼마나 자주 조건을 위반했는가를”
13 “실행하시오. 우리는 당신의 모든 요청에 도움을 드렸고,
움직임이 더디지 않을 군대를 갖추었으니”라고

원문 주해

1 هِيَ البَدْرُ لكِنَّ الثُّرَيَا لَها قُرْطُ ومِن أَنْجُمِ الجَوْزاءِ في نَحْرِها سِمْطُ
2 ذَخَرْنا سُطاها للفرنج لأَنَّها بهم دُونَ أهْلِ الأَرْضِ[5] أَجْدَرُ أنْ تَسْطو
3 وقد كاتَبُوا في الصُّلْح لكِنْ جَوابُهُمْ بحَضْرَتِنا ما تُنْبِتُ الخَطُّ[6] لا الخَطُّ
4 سُطُورُ خُيولٍ لا تُغِبُّ[7] دِيارَهُمْ لها بالمَواضِي والقَنا الشَّكْلُ والنَّقْطُ
5 وحَرْبٌ لها الأَرْواحُ زاهِقَةٌ لِما تُعايِنُ، والأَصْواتُ مِن دَهَشٍ لَغْطُ
6 إذَا أَرْسَلَتْ فَرْعاً مِن النَّقْعِ فاحِماً أَثِيثاً فأَسْنانُ الرِّماحِ لَها مُشْطُ

5 أهل الأرض (아흘 알아르드): 〈만두르, أرض〉 직역하면 ‘대지에 사는 자들’로 이는 곧 진드기(قردان)처럼 미천한 것을 의미한다. 상대방 사람들을 경멸하고 비하할 때 쓰는 표현이다.

6 الخطّ (알캇뜨): 바레인의 한 지역. 여기서는 이 지역산 창(槍)을 의미한다.

أبو شامة، المصدر السابق، ج 1، ص 333.

7 أغبّ (아갑바): 〈만두르, غبب〉 ~에게 하루 건너씩 찾아오다, 하루 왔다가 다음 날 떠나가다, 연일 오지 않다.

كَأَنَّ القَنا فيها أَنامِلُ حاسِبٍ　　أَجَدَّ بها في السُّرْعَة الجَمْعُ واللَّقْطُ 7

رَدَدْنا به ابْنَ الفُنْشِ[8] عنَّا وإنَّما　　يُثَبِّتُه في سَرْجِه الشَّدُّ والرَّبْطُ 8

فَقُولُوا لنُورِ الدِّين ليس لَجائِفِ الـ　　جِراحاتِ إلاَّ الكَيُّ في الطِّبِّ والبَطُّ 9

وحَسْمُ أُصُولِ الدَّاءِ أَوْلَى بِعاقِلٍ　　لَبِيبٍ إذَا اسْتَوْلَى على المُدْنَفِ[9] الخِلْطُ 10

فَدَعْ عَنْكَ مَيْلاً لِلفَرَنْج وهُدْنَةً　　بها أَبَداً يُخْطِي سِواهُمْ ولم يُخْطُوا 11

تَأَمَّلْ فكَمْ شَرْطٍ شَرَطْتَ عَليهم　　قَدِيماً وكَمْ غَدْرٍ به نُقِضَ الشَّرْطُ 12

وشَمِّرْ فإنَّا قد أَعَنَّا بكُلِّ ما　　سَأَلْتَ وجَهَّزْنا الجُيُوشَ ولَن يُبْطُوا 13

8 딸라이으의 시집에는 الفنش를 대신해 الفتش가 나와 있다. ديوان طلائع بن رزيك، ص 87. فتش는 '찾다, 구하다'의 의미이므로 ابن الفتش는 '상대방을 공격하는 적병, 상대의 몸을 찌르려는 적병'으로 해석된다.

9 مُدنَف (무드나프): 병세가 악화되어 사망 직전에 이른 (병자).

أبو شامة، المصدر السابق، ج 1، ص 334.

● 쉬르쿠흐와 살라딘에게 예루살렘 탈환 촉구

장기조 누르 알딘의 신하였던 쿠르드족 출신의 두 인물 쉬르쿠흐와 살라딘은 십자군의 공격을 받은 파티마조의 요청에 응하여 군대를 이끌고 이집트에 가서 십자군의 공격을 제지시켰다. 쉬르쿠흐는 파티마조 칼리프에 의해 재상에 임명되었으나 곧 사망했고, 이어 쉬르쿠흐의 조카인 살라딘이 재상이 되었고 곧이어 살라딘은 기존의 파티마조를 종식시키고 새로이 아이윱조를 창건했다. 시인들은 내부 정권 다툼과 십자군의 공격으로 불안하던 이집트 상황을 안정시킨 쉬르쿠흐와 살라딘을 칭송하고 그들이 對십자군에서도 힘을 발휘해 예루살렘을 탈환해 주기를 기대하며 시를 지었다. 그 가운데 몇 편을 소개한다.

11. 이마드 알딘 알아쓰파하니, "조만간 예루살렘 정복을 무난히 이루소서"(564/1168-9)
12. 이마드 알딘 알아쓰파하니, "예루살렘을 소홀히 하지 마시오"(564/1168-9)
13. 오마라 알야마니, "당신은 쇠로 된 바다를 이끌고"(564/1168-9)
14. 오마라 알야마니, "하늘의 별처럼 숭고한 대의를 위해 전쟁에 임하라"(564/1168-9)
15. 오마라 알야마니, "그곳은 오랫동안 당신을 그리워하고 있소"(566/1170-1)
16. 타끼 알딘, "예루살렘 땅이 당신에게 청혼하러 왔소"(583/1187-8)

11. 이마드 알딘 알아쓰파하니,
“조만간 예루살렘 정복을 무난히 이루소서”(564/1168-9)[1]

시인 소개

이마드 알딘 알아쓰파하니(محمد بن محمد صفي الدين، أبو عبد الله، عماد الدين الكاتب الأصفهاني 1125-1201). 아스파한[이스파한]에서 태어나 소년 시절 바그다드로 가서 문학 수업을 받았다. 역사가이자 문학가인 이마드 알딘 알아쓰파하니는 바그다드의 와지르인 아운 알딘(عون الدين بن هبيرة)과 교분을 가졌으나 와지르의 죽음으로 자신의 입지가 약해지자 다마스쿠스의 통치자인 누르 알딘 밑에서 서기이자 서신 부서장으로 일했다. 누르 알딘의 후원하에 그의 지위는 공공해져 자신의 이름을 딴 학교 알이마디야(العمادية)에서 교수할 정도에 이르렀다.

누르 알딘 사후 이마드 알딘 알아쓰파하니는 살라딘에게 가서 궁정 서기로 근무했고 와지르직에 오르기도 했다. 그는 살라딘의 對십자군 전쟁을 그린 산문들과 시편들을 지었으며, 여러 책에서 몸소 겪었던 당시 사건들에 관해 기록했다. 그의 대표 저서 『예루살렘 정복에 관한 사

---

1 ابن واصل مفرج الكروب في أخبار بني أيوب، ج1، ص 167-165؛ أبو شامة، المصدر السابق، المجلد 1، ج 2، ص 46-45.

즈으체 기록(الفتح القسي في الفتح القدسي)』은 미려한 어휘의 사즈으체(운율이 있는 아랍의 전통 산문체) 문헌으로, 이 책에서 그는 7년 동안(583-9/1187-93년경) 살라딘의 예루살렘 탈환을 중심으로 십자군을 상대로 한 전쟁 활동을 기록하였다. 이 책에서 살라딘의 인물됨에 감탄하면서도 필요시에는 그를 비판하였다.[2]

작품 해제

564/1168-9년 쿠르드족 출신으로 누르 알딘의 가신이었던 아사드 알딘 쉬르쿠흐(أسد الدين شيركوه 1169 사망)는 십자군의 위협으로부터 이집트의 파티마조를 구하고 난 뒤, 그곳의 칼리프인 알아디드(العاضد 재위 1160-71)에 의해 와지르직에 임명되었다. 쉬르쿠흐에게는 알말리크 알만쑤르(الملك المنصور 승리의 왕), 아미르 알주유쉬(أمير الجيوش 군 최고사령관)라는 별칭이 붙었다. 이마드 알딘 알아쓰파하니는 쉬르쿠흐를 칭송하는 다음 시를 지어 다마스쿠스에서 카이로로 보냈다. 쉬르쿠흐는 이집트의 실질적인 통치자가 되어 십자군을 격퇴해 줄 것으로 예상되었던 인물이었음을 이 시를 통해 알 수 있다. 쉬르쿠흐가 와지르직을 단 두 달 닷새밖에 수행하지 못한 채 사망함으로써 對십자군 전쟁 과업은 그의 조카인 살라딘(صلاح الدين الأيوبي)에게로 넘어갔고, 이후 살라딘이 이슬람 역사에

2 김능우, 『아랍시의 세계』(명지출판사, 2004), 259-260쪽;
الزركلي، المرجع السابق، المجلد 7، ص 26-27؛ حسين أحمد أمين، الحروب الصليبية في كتابات المؤرخين العرب المعاصرين لها، ص 17.

서 영웅으로 기록되었음은 묘한 운명의 힘을 느끼게 한다.

작품 내 주요 서사와 제재를 살펴보면 다음과 같다.

1 이집트를 구한 쉬르쿠흐의 공적 찬양

쉬르쿠흐가 이집트의 와지르가 되어 실질적인 통치를 맡게 되었음(4-6행). 쉬르쿠흐는 십자군의 공격에 시달리던 이집트를 구하는 데 결정적인 역할을 수행했고(23-24행), 이로써 이슬람과 그 공동체를 지켜냈음(11-12행, 21행).

2 對십자군 전쟁을 수행하는 쉬르쿠흐

그는 샤와르[3]의 요청에 응한 불신자들인 십자군을 공격해 큰 피해를 안겨 주었음(8-10행, 13-20행). 이집트를 통치하게 된 쉬르쿠흐에게 향후, 십자군이 점령한 예루살렘을 탈환해 줄 것을 기대함(5행).

3 이집트에서 순니파 이슬람의 회복을 기대

시아파 이슬람을 따르며, 바그다드의 압바스조 칼리프와는 별도의 칼리프직을 주장했던 파티마조 치하의 이집트에서 쉬르쿠흐가 순니파 이슬람을 회복시키고 압바스조 칼리프직의 정통성을 유지해 줄 것을 당부함(25-26행).

3 샤와르와 그에 관련된 사건은 이하의 이 책의 67쪽과 174쪽(각주 8번) 참조.

우리말 번역

1 당신은 유희에서가 아니라 진지하게 목표를 이루었다
당신은 피곤의 나무에서 얼마나 많은 휴식의 과일을 따냈던가!
2 쉬르쿠흐 이븐 샤디여, 당신을 애타게 부르고
당신의 훌륭한 가문을 아는 자[4]의 요청이 있습니다
3 뭇 왕들이 열심히 달려 보았지만, 당신이 천천히 걸어서
달성한 드높은 명예를 얻어내지 못했다
4 당신은 이집트 왕이라는 직위에 지겨워하는데,
그 직위는 뭇 왕들이 차지하기엔 역부족이고, 모든 직위를
압도하는 것
5 당신은 이집트를 정복했다. 당신께 바라건대 그곳에서 조만간
예루살렘 정복을 무난히 이루소서
6 먹잇감이 보이자 아사드 알딘[5]은
이집트 나라를 점령했다. 먹잇감을 향해 달려가 공격하라
7 당신은 용맹함에서 독보적인 존재이고,
엄청난 대군을 이끌려는 결심에서 자신의 종교처럼 확고부동한 존재
8 적대적인 다신교의 목구멍에 당신의 공격은 이물(異物)이 되었고,
그 심장에는 근심이, 정신에는 슬픔이 생겨났다
9 그곳에서 숨김없이 드러난 가혹한 죽음을 상대했던

---

4 '당신을 애타게 부르고 ~ 아는 자'는 곧 시인을 가리킨다.
5 그의 이름 '아사드 알딘'은 직역하면 '종교의 사자(獅子)'이다.

흰색 칼은 황인종[6]을 찾아갔다
10 유럽인들은 사자를 뒤에 둔 어린 양(羊)의 신세
그런데도 저들이 무사한 것은 정말로 의아스런 일
11 우리는 자비로우신 알라께 손을 들어
당신에 의해 이슬람[7]이 있게 된 데에 감사드린다
12 이슬람 백성들은 고아 같은 자신들의 신세를 당신께 하소연했고,
당신은 그들을 위해 아버지로서의 역할을 맡았다
13 프랑크인들의 각 집마다 상(喪)을 당해 곡하는 여자가 있고,
그들은 곡을 하며 밤을 지샜다
14 당신은 샤와르[8]의 악(惡)으로부터 알라의 종들을 구했다
당신은 알라를 믿는 자들을 위해 얼마나 많은 목표를 이루었던가!
15 그자[샤와르]는 프랑크인들로 하여금 이슬람 지역을 탐하게 했고,
마침내 저들은 가서 그곳을 차지하려 들었다
16 그런 것은 최후심판의 집회 날, 알라께 드린 최상의 복종과
경배에 따라
알라 앞에서 정산(精算)될 것
17 다신교[십자군]가 "이자[샤와르]가 내게 도움을 청했다"라고
외쳤을 때,

---

6 유럽인, 곧 프랑크인들을 가리킨다.

7 이슬람 순니파를 가리킨다.

8 샤와르 아부 슈자으(شاور بن مجير بن نزار السعدي، أبو شجاع 1169 사망). 칼리프 알아디드 재위 시절 이집트 상류 지대 총독을 지냈다. 반란을 일으켜 이집트 와지르직을 차지했으나 프랑크족을 지원한 것으로 비난을 받았다. 쉬르쿠흐와 알아디드가 합의하여 그를 죽이기로 하고 살라딘이 살해 임무를 맡아 수행했다.

الزركلي، المرجع السابق، المجلد 3، ص 154.

알말리크 알만쑤르[9]는 그자를 굴복시키며 승리했다

18 당신은 알라의 종교를 위해 복수하며 분노했고,

자애로운 알라께서는 그 분노에 기뻐하셨다

19 불이 장작에 놓이듯, 당신의 위엄은

불신앙과 그것을 따르는 자들에게 닥쳐왔다

20 당신이 불신자들에게 진군하자 저들은 패했고,

당신은 알라의 사도처럼 두려움의 도움을 받았다[10]

21 움마[11]를 회생시킨 자여,

길에서 일탈하고 어리석은 모든 이를 바른길로 이끄는 인도자시여

22 당신이 알라의 상급(賞給)을 기대하며 알라를 위해 노력했을 때,

당신은 모든 기대한 바를 마땅히 얻었다

23 당신은 이집트의 분노를 은총으로 되돌려 주었고,

이집트는 "알라께서는 재난 속에 얼마나 많은 은총을 베푸시는지!"

라고 말했다

24 떳떳하게 당신은 이집트를 탄압한 자의 머리에 창날 끝을 대었는데,

그렇게 해도 당신은 범죄를 저지른 것이 아니었다

25 압바스조에 칼리프직을 돌려주시오

---

9 쉬르쿠흐를 가리킨다.

10 "당신은 알라의 사도처럼 두려움의 도움을 받았다(نصرتَ نصر رسول الله بالرعب)"는 하디스(예언자 언행록)에 나온 구절 "나는 두려움의 도움을 받았다. 적(敵)은, 한 달간 가야 하는 먼 거리에 있어도 나를 두려워하나니(نصرتُ بالرعب، يُرعب مني العدو مسير شهر)"를 인용해 변형시킨 것이다. 이 구절은 알라께서 무슬림들의 적에게 두려움을 심어 주어 무슬림들을 지켜 주며, 그렇게 함으로써 알라께서 사도 무함마드를 도와준다는 의미이다.

أبو شامة، المصدر السابق، ج 2، ص 46؛ الإمام زين الدين، مختصر صحيح البخاري، "كتاب التيمّم"، ص 151.

11 이슬람 공동체.

그리고 칼리프임을 자칭하는 자로 하여금 최악의 운명을 만나게 하시오

26 독사의 꼬리만을 자른 채 풀어주지 마시오
내 결의는 "머리와 꼬리를 모두 절단하는 것"이오[12]

원문 주해

1 بالجِدِّ أَدْرَكْتَ ما أَدْرَكْتَ لا اللَّعِبِ كم راحةٍ جُنِيَتْ مِن دَوْحَةِ التَّعْبِ
2 يا شِيركُوهُ بن شاذي المَلْكُ دَعْوَةُ مَن نادى فعَرَّف خَيْرَ ابن بخَيْرِ أَبِ
3 جَرَى المُلوكُ، وما جازُوا بركضِهِمُ من المَدى في العُلَى ما حُزْتَ بالخَبَبِ
4 تَمَلٌّ من مُلْكِ مِصْرَ رُتْبَةً قَصُرَتْ عنها المُلوكُ فطالت سائرَ الرُّتَب
5 فَتحتَ مِصرَ وأرجو أن تَصِيرَ بها مُيَسِّراً فَتْحَ بَيتِ القُدْسِ عن كَثَبِ
6 قد أَمْكَنَتْ أسدَ الدينِ الفَرِيسَةُ مِن فَتْح البِلاد، فبادِرْ نَحوَها وَثِبِ
7 أنت الذي هو فَرْدٌ مِن بَسالته، والدِّينُ مِن عَزْمِهِ في جَحْفَلٍ لَجِبِ
8 في حَلْقِ ذي الشِّرْك من عَدْوَى سُطاكَ شَجًا، والقلبُ في شَجَنٍ، والنَّفْسُ في شَجَب
9 زارتْ بَنِي الأَصْفَرِ البِيضُ التي لَقِيتْ حُمْرَ[13] المَنايا بها مَرفُوعَةَ الحُجُب
10 وإنَّها نَقَدٌ مِن خَلْفِها أَسَدٌ أَرَى سلامَتَها من أَعْجَبِ العَجَبِ
11 لقد رَفَعْنا إلى الرَّحْمَن أَيْدِينَا في شُكْرِنا ما به الإسْلامُ عَنْك حُبِي

12 '파티마조의 하부 조직과 수뇌부를 가리지 말고 모두 처단해 파티마조를 철저히 붕괴시킬 것을 요구한다'는 의미이다.

13 아랍인들은 '붉은 죽음(الموت الأحمر)' 또는 '검은 죽음(الموت الأسود)'이라고 말한다. '붉은 죽음'은 전쟁에서의 죽음으로 인한 피와 연관되며, 붉은색은 '참혹함(الشديد)'의 의미를 더한다.〈만두르, حمر〉

يَشْكو إليكَ بَنُو الإسلامِ يُتْمَهُمُ   فقُمْتَ فيهم مَقامَ الوالِدِ الحَدِبِ 12
في كُلِّ دارٍ مِنَ الإفْرَنْجِ نادِبَةٌ   بما دَهاهم فقد باتُوا على نَدَبِ 13
مِن شَرِّ شاوَر أَنْقَذْتَ العِبادَ، فكَمْ   وكَمْ قَضَيْتَ لحِزْبِ الله مِن أَرَبِ 14
هُوَ الذي أَطْمَعَ الإفرَنْجَ في بَلَدِ الـ   ـإسلامِ حَتَّى سَعَوْا للقَصْدِ والطَّلَبِ 15
وإنَّ ذلِكَ عِنْدَ الله مُحْتَسَبٌ   في الحَشْرِ مِن أَفْضَلِ الطاعاتِ والقُرَبِ 16
أَذَلَّه المَلِكُ المَنْصُورُ مُنْتَصِراً،   لَمَّا دَعا الشِّرْكُ: هَذا قد تَعَزَّزَ بِي 17
وما غَضِبْتَ لدِينِ الله مُنْتَقِماً   إلا لِنَيْلِ رِضا الرَّحْمَنِ بالغَضَبِ 18
وأنتَ مَنْ وَقَعَتْ في الكُفْرِ هَيْبَتُهُ   وفي ذَوِيهِ وُقُوعَ النارِ في الحَطَبِ 19
وحِينَ سِرْتَ إلى الكُفَّار فانْهَزَمُوا   نُصِرْتَ نَصْرَ رَسُول الله بالرُّعُبِ 20
يا مُحْيِي الأُمَّة الهادِي بدَعْوَتِهِ   للرُّشْدِ كُلَّ غوِيٍّ مِنهم وغَبِي 21
لَمَّا سَعَيْتَ لوَجْهِ الله مُرْتَقِباً   ثَوابَهُ، نِلْتَ عَفْواً كُلَّ مُرْتَقَبِ 22
أَعَدْتَ نِقْمَةَ مِصْرَ نِعْمَةً، فغَدَتْ   تَقُول كَمْ نُكَتٍ لله في النَّكَبِ[14] 23
أَرْكَبْتَ رَأْسَ سِنانٍ رأسَ ظالِمِها   عَدْلاً، وكنتَ لوِزْرٍ غَيْرَ مُرْتَكِبِ 24
رُدَّ الخِلافةَ عَبَّاسِيَّةً، ودَعِ الـ   ـدَّعِيَّ فيها يُصادِفْ شَرَّ مُنْقَلَبِ 25
لا تَقْطَعَنْ ذَنَبَ الأَفْعَى وتُرْسِلَها،   فالحَزْمُ عِندي: قَطْعُ الرأْسِ والذَّنَبِ 26

14 이 행의 후반부는 『두 정원의 서』에서 인용하였다. 『아이윱조의 연대기에 관한 궁금증 해소(مفرج الكروب في أخبار بني أيوب)』에는 تقول لكم نكث لله في النَّوْب로 나온다. 후자의 각주에는 تقول كم مِنَنٍ لله في النَّوْب을 제안하고 있으며, 필자는 이 제안에 따라 번역했다.

12. 이마드 알딘 알아쓰파하니,
"예루살렘을 소홀히 하지 마시오"(564/1168-9)[1]

시인 소개

이마드 알딘 알아쓰파하니[2]

작품 해제

이마드 알딘 알아쓰파하니는 564/1168-9년 지은 시에서 아사드 알딘 쉬르쿠흐의 죽음을 맞아 살라딘을 위로한다. 그는 여기서 살라딘과 그의 삼촌인 쉬르쿠흐가 십자군에 맞서 지하드를 이끌었던 공적을 높이 평가하는 한편, 살라딘에게 지하드를 계속할 것과 예루살렘 해방의 결의를 다질 것을 촉구한다.

작품 내 주요 서사와 제재를 살펴보면 다음과 같다.

---

1 أبو شامة، المصدر السابق، ج 2، ص 89؛ عبد الجليل (أ)، ص 107.

2 이 책의 11번 시 참조.

1 이슬람의 영웅 살라딘과 그를 있게 한 쉬르쿠흐

살라딘은 경건함과 결단력을 한몸에 지닌 이슬람 진영의 지도자임(1-3행). 살라딘이 이집트의 지도자가 되기까지 삼촌 쉬르쿠흐의 역할이 컸음. 통치자로서 탁월한 능력과 깊은 신앙심을 지닌 쉬르쿠흐는 십자군을 격퇴하였음(4-8행).

2 살라딘의 계승과 공적

보름달이 사라지고 아침 태양이 떠오르듯, 쉬르쿠흐의 타계로 안타깝지만 다행히 살라딘이 그를 계승하여 나라를 통치함(9-10행). 살라딘은 이집트를 위협하는 십자군을 격퇴함으로써 백성들에게 안정을 가져다주었음(11-16행). 앞으로도 계속해서 십자군으로부터 이슬람을 지켜 줄 것과 예루살렘을 적으로부터 탈환해 줄 것을 살라딘에게 요청함(17-19행).

우리말 번역

1 선행과 인자함의 유수프[3]여. 호의와 베풂의 인덕,
금지와 명령의 권위를 지닌 최상의 인물이시여

2 당신은 이슬람을 위해, 빛나는 얼굴처럼 명확한 판단을 했고,

---

3 살라딘의 본명이다. 살라딘(صلاح الدين '옳바른 신앙')은 그의 별명이고, 정식 이름은 '유수프 이븐 아흐마드 이븐 가지 알아이유비 알후스니(يوسف بن أحمد (الناصر) بن غازي (العادل) الأيوبي الحصني)'이다.

الزركلي، المرجع السابق، المجلد 8، "يوسف الأيوبي".

드러난 앞니처럼 결심을 드러내 보였다[4]

3 그는 창조주께서 주신 최고의 미덕과 사람들의 감사를 한몸에
얻은 덕에
유일신 종교의 영역을 지켜냈다

4 그의 부친은 숭고함 외의 것을 거부했고,
그의 삼촌의 은덕으로 사람들은 전야(田野)와 정착지에서
번성했다

5 쉬르쿠흐는 자신의 힘으로 뭇 왕들을 능가했다
그들은 숭고함에서 그에 버금갈 수 없었는바, 그는 자부심을 지녔다

6 황색 인종[5] 프랑크인들은 그의 빛나는 칼과
갈색 창에 의해 붉은빛의 죽음을 맞이했다

7 승리의 날이 하얗게 빛나고 승리의 정원이 초록빛으로
풍성해지자마자 먼지로 인해 검은색으로 탁해졌다

8 그는 알라에 대한 경외에서 승리를 보았다
알라를 경외함으로써 강해지는 자는 누구나 승리하게 마련

9 그는 권태로운 눈으로 세상을 보고 나서
처음 있던 곳에서 다른 곳으로 서둘러 갔다[6]

10 살라딘이 대리자로 나서 통치를 맡았다
아침 태양이 보름달의 뒤를 잇는 것은 어떻게 생각되는가

---

4 〈직〉 "바른길[이슬람]을 위해 판단에서 성공의 얼굴이 빛났고 / 결심의 앞니가 드러났던 자"

5 유럽인을 가리킨다.

6 '타계하다'의 의미이다.

11 이집트가 유수프[7] 시대를 열망하자
알라께서는 그곳에 유수프[8]와 그의 시대를 되돌려 주셨다
12 관대한 유수프는 이집트에서 자신의 두 손바닥으로부터
바닷물을 흐르게 했으므로, 사람들은 그 물을 '관대한 손'[9]
이라고 불렀다
13 당신은 당신의 근엄함으로써 다신교도 군대를 패배시켰고,
저들은 겁먹고 두려워하며 안절부절못했다
14 당신은 이집트 주변에 있는 저들의 무리를 산산조각내어
흩어지게 했고,
적을 분쇄하여 이집트 주민들에게 삶을 회복시켜 주었다[10]
15 이집트에서 당신은 백성들로 하여금 당신의 공명정대함을 믿게
해주었고,
이집트를 유혹하던 악마의 탄불을 꺼주었다
16 당신은 피를 흘리게 함으로써 많은 피를 지켰고,
당신이 보여 준 행적으로 칭송과 감사의 말을 얻었다
17 약속을 어긴 자들의 피로써 당신이 연못을 만들어 놓을 때까지
이슬람은 목마름을 해소하지 못할 것
18 프랑크인들을 죽이고 사로잡으면서
그들에게 징벌의 채찍을 가하시오

---

7 유수프 또는 요셉. 구약 성서 창세기와 코란의 요셉장에 나오는 인물. 히브리인으로 청년 시절 이집트에 노예로 팔려 갔으나, 후에 탁월한 지혜에 힘입어 이집트의 총리가 되었다.

8 살라딘.

9 〈직〉 "열 손가락" 이 표현은 관대함이 넘친다는 의미이다.

10 〈직〉 "적의 뼈를 부러뜨림은 이집트 주민들의 뼈를 다시 바르게 잡도록 해주었다"

19 예루살렘을 소홀히 하지 마시오
처녀를 범하듯이 그곳을 공격해 정복하겠다는 결심을 하시오
20 은혜를 베푸시어 사람들이 항상 당신을 칭송하게 하시오
통치란 다름 아니라 사람들이 항상 당신을 칭송케 하는 것
21 재산이 많은 자가 가난해지기도 하고,
칭찬받을 일에 몰두하는 자라면 부자가 되기도 하지

원문 주해

1	أيا يُوسُفَ الإحْسانِ والحَسَنِ خَيْرَ مَنْ	حَوَى الفَضْلَ والإفْضالَ والنَّهْيَ والأَمْرا
2	وَمَنْ للهُدَى وَجْهُ النَّجاحِ برَأْيِهِ	تَجَلَّى وثَغْرُ الثَّغْرِ مِنْ عَزْمِه افْتَرَّا
3	حَمَى حَوْزَةَ الدِّينِ الحَنِيفِ بحَوْزِهِ	مِن الخالِقِ الحُسْنَى ومِن خَلْقِهِ الشُّكْرا
4	أَبوه أَبَى إلاّ العَلاءَ وعَمُّهُ	بمَعْرُوفِهِ عَمَّ الوَرَى البَدْوَ والحَضْرَا
5	وطالَ المُلُوكَ شِيركُوه بِطَوْلِهِ	وما شارَكُوه في العُلا فَحَوَى الفَخْرا
6	بَنُو الأَصْفَرِ الإفْرَنجِ لاقَوْا بِبِيضِهِ	وسُمْرِ عَوالِيهِ مَنايَاهُمُ حَمْرَا
7	وما ابْيَضَّ يَوْمُ النَّصْرِ واخْضَرَّ رَوْضُهُ	مِن الخِصْبِ حَتَّى اسْوَدَّ بالنَّقْعِ واغْبَرَّا
8	رَأَى النَّصْرَ في تَقْوَى الإله وكُلٌّ مَنْ	تَقَوَّى بِتَقْوَى الله لا يَعْدَمُ النَّصْرَا
9	ولَمَّا رَأَى الدُّنْيا بعَيْنِ مَلالَةٍ	أَغَذَّ مِنَ الأُولَى مَسِيراً إلى الأُخْرَى
10	وقامَ صَلاحُ الدِّينِ بالمُلْكِ كافِلاً	وكَيْفَ تَرَى شَمْسَ الضُّحَى تَخْلُفُ البَدْرا
11	ولَمَّا صَبَتْ مِصْرٌ إلى عَصْرِ يُوسُفٍ	أَعادَ إليها اللهُ يُوسُفَ والعَصْرا
12	فأَجْرَى بها مِن راحَتَيْهِ بجُودِهِ	بِحاراً فسَمَّاها الوَرَى أُنْمُلاً عَشْرَا
13	هَزَمْتُمْ جُنُودَ المُشْرِكِينَ برُعْبِكُمْ	فلَمْ يَلْبَثُوا خَوْفاً ولم يَمْكُثُوا ذُعْرا
14	فَرَّقْتُمْ مِنْ حَوْلِ مِصْرَ جُمُوعَهُمْ	بكَسْرٍ وعادَ الكَسْرُ مِن أَهْلِها جَبْرا

15 وآمَنْتُمْ فيها الرَّعايا بِعَدْلِكُمْ وأَطْفَأْتُمْ مِن شَرٍّ شاوَرَها الجَمْرا

16 بِسَفْكِ دَمٍ حُطْتُمْ دِماءً كَثِيرَةً وحُزْتُمْ بما أَبْدَيْتُمُ الحَمْدَ والشُّكْرا

17 وما يَرْتَوِي الإسْلامُ حَتَّى تُغادِرُوا لَكُمْ مِن دِماءِ الغادِرِينَ بها غُدْرا[11]

18 فَصُبُّوا على الإفْرَنجِ سَوْطَ عَذابِها بأَنْ تَقْسِمُوا ما بَيْنَها القَتْلَ والأَسْرا

19 ولا تُهْمِلُوا البَيْتَ المُقَدَّسَ واعْزِمُوا على فَتْحِهِ غازِينَ وافْتَرِعُوا البِكْرا

20 تُدِيمُونَ بالمَعْرُوفِ طَيِّبَ ذِكْرِكمْ وما المُلْكُ إلاّ أنْ تُدِيمُوا لَكُمْ ذِكْرَا

21 وإنَّ الذي أَثْرَى مِن المالِ مُقْتِرٌ وإنْ يُفْنِهِ في كَسْبِ مَحْمَدَةٍ أَثْرَى

---

11 이 행에서는 어근 غدر(가다라)에서 파생된 세 개의 단어가 사용되고 있다. 그것은 تغادروا('투가디루': 당신은 ~을 남겨 둔다), الغادرين('알가디리나': 배신자들), غدر('구드르': 물웅덩이들, 연못들)이다. غدير('가디르': 물웅덩이)의 복수형은 غدر(구두르)이지만, 〈만두르, غدر〉에 따르면 غدر(구드르)도 가능하다.

〈만두르, غدر〉의 다음 해설은 이 행의 해석에 도움이 된다.

الغدير: القطعة من الماء يغادرها السيل أي يتركها.("알가디르(연못): 큰물이 남겨 놓은 물웅덩이")

이에 따라 이 시행은, '큰물이 나면서 물웅덩이를 남겨 놓듯이 당신은 적을 몰살하여 많은 피를 흘리게 한다'로 해석된다.

13. 오마라 알야마니,
“당신은 쇠로 된 바다를 이끌고”(564/1168-9)[1]

시인 소개

오마라 알야마니(عمارة بن علي بن زيدان الحكمي المذحجي اليمني، أبو محمد، نجم الدين) 1174 사망). 역사가이자 시인이며 법학자로, 예멘 지역의 투하마(تهامة)에서 태어났다. 531/1136-7년 자비드(زبيد)로 가서 그곳의 몇몇 학교에서 학문을 익혔고 교수가 되었다. 550/1155-6년 메카의 아미르(영주)인 알까심 이븐 히 샴(القاسم بن هشام)의 서신을 갖고 이집트의 파티마조 칼리프 알파이즈(الفائز)에게로 갔다. 당시 파티마조의 와지르는 딸라이으 이븐 룻직이었다. 파티마조로부터 융숭한 대접을 받은 오마라는 그곳에 머물며 칼리프와 와지르 같은 왕조 사람들을 칭송했다. 그들과 계속 가까이 지내는 동안 정변이 일어나 살라딘이 이집트 지역의 통치자가 되었다. 오마라는 파티마조의 패망을 애도했으며, 일곱 명의 지휘관과 함께 살라딘 암살을 계획했다가 발각, 체포되어 함께 십자가형에 처해졌다. 그의 저서로 『예멘 지역의 역사(أرض اليمن وتاريخها)』, 『이집트 와지르들의 일화에 담긴 당대의 재담(النكت العصرية، في أخبار الوزراء المصرية)』이 있고 시집이 남

1 أبو شامة، المصدر السابق، ج 2، ص 53-54؛ عبد الجليل (أ)، ص 110-111.

아 있다.[2]

작품 해제

564/1168-9년 살라딘은 삼촌 쉬르쿠흐의 사망 직후 와지르직에 임명되었다. 이로써 그는 이집트의 실질적인 국정을 담당하게 되었다. 오마라 알야마니는 다음의 칭송시에서 와지르로서 살라딘이 떠맡은 중책에 대해 말한다. 그중에는 국가 부강, 십자군 격퇴가 우선 과제로 드러난다. 시인은 십자군에 맞서는 살라딘에게 예루살렘의 왕인 아말릭 1세(Amalric I of Jerusalem, 재위 1163-74)를 멸할 것을 촉구한다. 쇠처럼 강한 살라딘의 군대가 적을 격퇴하고 적의 군주는 살라딘의 공격에 노심초사하는 모습을 그린다. 한때 살라딘을 칭송하는 이러한 시를 지었던 오마라 알야마니가 살라딘을 시해하려는 계획에 참여하는 바람에 처형당했다고 하니 과연 이 시가 오마라의 진심에서 우러난 것이었는지 궁금증을 자아낸다.

작품 내 주요 서사와 제재를 살펴보면 다음과 같다.

1 파티마조를 구해 준 은인으로서 와지르직을 맡게 된 살라딘의 공적 찬양

파티마국의 실질적인 통치자인 와지르로서 살라딘은 파티마국에 부강과 안정을 가져다주었음(3-5행, 10행, 28행). 일찍이 메디나

2 الزركلي، المرجع السابق، المجلد 5، ص 37،"عمارة اليمني"؛ عبد الجليل (أ)، ص 110.

사람들이 예언자 무함마드를 지원했듯이, 살라딘은 대군을 이끌고 와 십자군의 위협으로부터 파티마조를 구해 주었음(6-8행).

2 십자군을 격퇴하려는 강한 의지를 지닌 살라딘

전쟁에서 십자군을 물리치고 무슬림들의 최대 숙원인 예루살렘 탈환을 실행하려는 살라딘(12-17행, 30행). 예루살렘의 왕 아말릭은 살라딘에 대한 두려움에 사로잡혀 있고(15행), 살라딘은 십자군을 상대로 지속적으로 새로운 전투를 벌임(16행).

3 이슬람 수호자로서의 살라딘

기독교 십자군의 공격으로부터 이집트를 포함한 이슬람 전 영토를 지켜내고, 이슬람을 해하려는 기독교를 멸하려는 살라딘(9행, 11행, 26-27행, 30행). 하나님은 살라딘을 통해 이슬람을 지켜 주시며(26행), 살라딘이 있는 이집트는 지구 상에서 이슬람 존속을 위한 최후의 보루임(27행).

4 역사에서 아이윱 가문의 이름을 빛낸 살라딘

자신이 속한 아이윱 가문의 명예를 존중하고 드높이는 살라딘은 혁혁한 공을 이루어 가문을 영광되게 한 보물 같은 존재임(18-21행). 전쟁에서 군사 지도자로서 탁월하며, 또한 재난의 위기를 극복하고 국가의 통합과 조화를 실현하는 통치자로서 역량을 지닌(22-23행) 살라딘 덕택에 안정된 삶을 찾은 무슬림 백성들은 아이윱 가문에 영원히 감사할 것임(24-25행).

우리말 번역

1 당신에게는 세월의 끝까지 남을 고귀함과,
독수리의 높은 둥지까지 오르는 숭고함이 있도다
2 드높은 열망이 제왕(諸王)들로 하여금 기억될 만한
명예를 추구하게 한다면 그렇게 하도록 하자
3 당신은 와지르직의 과업을 떠맡음으로써
비틀거리던 국운을 바로잡아 주었다
4 당신은 그 지역에서 걱정을 없애 주었고,
부강(富强)의 빛으로 가난의 어둠을 거두어 주었다
5 당신은 프랑크인들로부터 칼리프의 백성들을 지켜 주었고,
두려움에서 벗어나 안전하게 해주었다
6 안싸르[3]의 폭이 한 뼘보다 좁은 가운데
예언자의 아들[4]이 당신의 지원을 요청했을 때
7 당신은 아우스 부족이나 카즈라즈 부족처럼 그를 지원해 주었다
'안싸르'라는 말은 '나쓰르'[5]에서 파생되는 것
8 지원해 준 대군의 후미는 다마스쿠스에 있고,

---

3 '안싸르(الأنصار al-Ansār, 조력자들)'는 예언자 무함마드를 지지했던 메디나의 사람들에 대한 명칭으로, 그를 따르는 메카의 사람들을 가리키는 '무하지룬(المهاجرون al-Muhājirūn, 이주민들)'과 대별된다. 안싸르는 메디나의 아우스(الأوس al-Aws)와 카즈라즈(الخزرج al-Khazraj), 두 부족에 속한 아랍인들이 이슬람을 믿게 된 이후 그들을 일컫는 명칭이 되었다. H. A. R. Gibb, and others, 'AL-ANSAR', *The Encyclopedia of Islam* (vol. 1, 1986).

4 '예언자의 아들'은 이슬람교의 예언자 무함마드의 딸 파티마의 후손들로 알려진 이슬람 시아파 계열의 파티마조의 칼리프를 가리키는 것으로 보인다.

5 '나쓰르(نصر)'는 '도움, 지원'을 의미한다.

그 선두는 이집트 나일 강 양안에 있다
9 당신은 모습을 나타냈고, 빛나는 도움의 별들을 보여 주었다
이전에 이슬람교는 새벽이 없는 밤이었다
10 아이윱의 아들[6]이여, 한 나라가 당신에게 돌아왔다
당신이 매일 어디를 가더라도 당신과 교신할 나라가
11 알라께서는 당신 안에 사자(獅子)처럼 강한 결의를 지켜 주셨고,
당신은 그 결의로써 이슬람을 포박의 올무에서 풀어 주었다
12 당신은 프랑크인들의 모든 산길을 차단했고,
군마에게 "아말릭에게로 진격하라"고 명했다
13 저들이 육지에 다리를 놓는다면
당신은 쇠로 된 바다를 이끌고 다리를 건널 것
14 바위와 바위가 서로 부딪치는 가운데,
당신은 적과 교전을 벌였던 그 길을 차지했다.
15 그[아말릭]를 붙잡아 매는 이집트에 대한 두려움이 그를
근심케 했다
마치 끝나가는 밤기운이 새벽에 붙어 있듯이
16 당신은 처녀를 범하듯 칼로써 얼마나 많은 새로운 전투를 벌여,
당신 외 사람들에게 변명의 여지를 남겨 두지 않았던가!
17 용맹스런 당신의 손은 뼈를 부러뜨리듯 적을 분쇄하지만,
관대하기도 한 당신의 손은 부러진 뼈를 이어 맞추듯 와해된 것을
바로잡기도 한다

---

6 살라딘.

18 당신의 부친[7]은 당신이 얻은 영예의 보배가 되어 주셨고,
당신은 부친에게 최고로 귀중한 보물이 되었다

19 당신을 세상에 알려지게 해준 자[부친]가 있어,
그가 기고만장하더라도 폭넓게 양해를 해주어야 할 것

20 어떻게 당신은 부친이라는 부시돌의 불이 되었고,
또한 휘영청 밝은 보름달의 빛이 되었던가

21 당신은 회합에서 부친을 예우하여 드높이고,
부친에 대한 존경심을 전한다

22 당신은 전쟁과 평화 시에 부친을 계승하고,
물과 숯불처럼 서로 맞지 않는 것들을 조화시킨다

23 당신은 용기와 관대함과 군 직위를 갖고, 재난 속에서나
높은 지위에 있을 때, 변방에서 얼마나 많이 부친을 기쁘게 하는
일을 했던가!

24 만일 알라께서 무생물들을 말하게 하셨더라도
그네들은 감격하여 당신에게 입은 은혜에 마땅히 해야 할
감사의 말도 못할 것

25 무슬림들은 당신의 은혜로운 손길과
아이윱 가문에 영원토록 이루 다 감사하지 못할 것

26 자애로운 알라께서는 당신을 통해 야스립[8]의 토대[9]를 안전하게
지켜 주셨고,

---

7 이하의 행에서 '부친'은 살라딘이 속한 아이윱 가문을 가리킨다.

8 메디나의 옛 명칭.

9 〈직〉 "뼈들"

숭고한 카으바 신전의 기둥들을 안전하게 해주셨다
27 만일 이집트가 불신앙으로 되돌아간다면
이슬람교는 땅에서도 바다에서도 종언을 고했을 것
28 그러나 당신은 와지르직을 맡아 세상의 근간을 강화했다
'와지르'라는 어휘는 '강화한다'에서 파생된 말
29 당신은 이전에 거둔 승리에 대해 축하를 받았던바,
그것은 곧 뒤를 이어 많은 승리가 있을 것임을 알리는 희소식
30 이제 다신교에 대해 남은 일은
흰색 칼과 갈색 창에게 맡겨져 마무리될 것
31 왕권이 완성될 때 나는 축하 인사를 드리러,
그리고 내가 예언하고 점쳐 준 데 대한 보수를 청하며 당신을
찾아갈 것
32 만일 당신에 대한 칭송이, 알라의 보상과 상급을
기대할 수 있는 방편이라는 나의 믿음이 아니라면
33 나는 내 생각을 지워 없앤 후에 시를 읊지 않을 것[10]
나는 시를 쓰지 않은 지 여러 해가 되었건만
34 세월로 하여금 내가 잘 지내게 해달라고 말씀해 주시기를
왜냐면 세월은 당신이 금하고 명하는 대로 움직이기 때문
35 제가 받을 상은 당신을 쉽게 뵐 수 있게 허락해 주시는 것
그리고 저의 달변과 기쁜 소식으로 당신을 뵐 수 있게 해주시는 것

---

10 이 부분은, 조건문인 앞의 시행과 연결되어, '오직 당신만을 위한 칭송시를 쓰겠으며 이것이 곧 알라를 기쁘게 하여 내가 상급을 받는 길이다'라는 의미를 담고 있다.

원문 주해

1	لَكَ الحَسَبُ الباقي على عَقِبِ الدَّهْرِ	بل الشَّرَفُ الراقي إلى قِمَّةِ النَّسْرِ
2	كذا فَلْيَكُنْ سَعْيُ الملوكِ إذا سَعَتْ	بها الهِمَمُ العُلْيا إلى شَرَفِ الذِّكْرِ
3	نَهَضْتُمْ بأعْباءِ الوزارةِ نَهْضَةً	أَقَلْتُمْ بها الأَقْدامَ مِن زَلَّةِ العَثْرِ
4	كَشَفْتُمْ عَنِ الإقليمِ غُمَّتَهُ كما	كَشَفْتُمْ بأنوارِ الغِنى ظُلْمَةَ الفَقْرِ
5	حَمَيْتُمْ من الإفْرَنجِ سِرْبَ خِلافةٍ	جَرَيْتُمْ لها مَجْرى الأَمانِ مِن الذُّعْرِ
6	ولَمَّا استَغاثَ ابنُ النبيِّ بنَصْرِكُمْ	ودائرةُ الأنصارِ أَضْيَقُ مِن شِبْرِ
7	جَلَبْتُمْ إليه النَّصْرَ أَوْسًا وخَزْرَجاً	وما اشتُقَّتِ الأَنصارُ إلاّ مِنَ النَّصْرِ
8	كَتائِبُ في جَيْرُونَ[11] منها أَواخِرٌ	وأَوَّلُها بالنِّيلِ من شاطِئَيْ مِصْر
9	طَلَعْتُمْ فأَطْلَعْتُمْ كَواكِبَ نَصْرَةٍ	أَضاءَتْ وكان الدِّينُ لَيْلاً بلا فَجْرِ
10	وآبَتْ إِلَيْكُم يا ابنَ أَيُّوبَ دَوْلَةٌ	تُراسِلُكُمْ في كُلِّ يومٍ مَعَ السَّفْرِ
11	حَمَى اللهُ فيكم عَزْمَةً أَسَدِيَّةً	فَكَكْتُمْ بها الإسلامَ مِنْ رِبْقَةِ الأَسْرِ
12	أَخَذْتُمْ على الإفرنج كُلَّ ثَنِيَّةٍ[12]	وقُلْتُمْ لأَيْدِي الخَيْلِ مُرِّي على مُرِّي[13]
13	لَئِنْ نَصَبُوا في البَرِّ جِسْراً فإنَّكُم	عَبَرْتُمْ بِبَحْرٍ مِن حَدِيدٍ على الجِسْرِ
14	طَرِيقٌ تَقارَعْتُمْ عليها مع العِدَى	فَفُزْتُمْ بها والصَّخْرُ يُقْرَعُ بالصَّخْر

11 جَيْرُون (자이루느): 아랍 역사에서 다마스쿠스의 다른 이름. 전하는 이야기에 따르면 이 명칭은 스페인 북부의 마을 지로나(Gerona, 헤로나)에서 유래한 것이라고 한다. 이 지역 출신 사람들이 십자군 원정에 참여했다가 다마스쿠스의 자연환경이 자신들이 살던 지로나와 비슷해서 그렇게 불렀다. http://ar.wikipedia.org/wiki "جيرون", (ويكيبيديا الموسوعة الحرة)

12 ثَنِيَّة (사니야): 산길.

13 이 행에서는 مرّي (무르리)라는 단어가 두 번 사용되고 있다. 처음 것은 '지나가다'의 뜻이고, 두 번째 것은 인명으로 예루살렘의 왕 아말릭 1세(Amalric 1, 또는 아모리Amaury 또는 아메리Aimery, 재위 1163-74)를 가리킨다.

15 وأَزْعَجَه مِن مِصْرَ خَوْفٌ يَلُزُّهُ   كما لُزَّ مَهْزُومٌ[14] من اللَّيلِ بالفَجْرِ
16 وكَمْ وَقْعَةٍ عَذْرَاءَ لَمّا اقْتَضَضْتَها   بسَيفِك لم تَتْرُكْ لغَيرِكَ من عُذْرِ
17 وأَيدِيكُمُ بالبَأْسِ كاسِرَةُ العِدَى   ولكنَّها بالجُودِ جابرةُ الكَسْرِ
18 أَبوكَ الذي أَضْحَى ذَخِيرةَ مَجْدِكُمْ   وأنتَ له خيرُ النَّفائسِ والذُّخْرِ
19 ومَن كنتَ مَعْرُوفًا له فاستفزَّه   بمِثْلك تِيهٌ فهو في أَوْسَعِ العُذْرِ
20 فكَيف أبٌ أَصْبَحْتَ نارَ زِنادِه   وإلاّ كَنُورِ البَدْرِ من سَنَهِ[15] البَدْرِ
21 تُوَقِّرُه وَسْطَ النَّدِيِّ كَرامَةً   وتَحمِلُ عنه ما يَؤُودُ من الوِقْرِ
22 وتَخْلُفُه حَرْباً وسِلْماً خِلافةً   تُؤَلِّفُ أَضْداداً من الماءِ والجَمْرِ
23 وَكَم قُمْتَ في بَأْسٍ وجُودٍ ورُتْبَةٍ   بما سَرَّه في الخَطْبِ والدَّسْتِ والثَّغْرِ
24 ولَوْ أَنْطَقَ اللهُ الجَماداتِ لم تَقُمْ   لنِعْمَتِكُمْ بالمُسْتَحِقِّ من الشُّكْرِ
25 يَدٌ لا يَقومُ المُسلمونَ بشُكْرِها   لَكُمْ آلَ أَيُّوبٍ إلى آخِرِ الدَّهْرِ
26 بِكُمْ أَمَّنَ الرَّحْمَنُ أَعْظَمَ يَثْرِبِ   وأَمَّنَ أَركانَ البَنِيَّةِ[16] والحِجْرِ[17]
27 ولَوْ رَجَعَتْ مِصْرٌ إلى الكُفْرِ لانْطَوَى   بِساطُ الهُدَى من ساحَةِ البَرِّ والبَحْرِ
28 ولكنْ شَدَدْتُمْ أَزْرَه بوزارةٍ   غَدا لَفْظُها يُشْتَقُّ من شِدَّةِ الأَزْرِ
29 فهُنِّيتُمُ فَتْحًا تَقَدَّمَ جُلُّه   وبَشَّرَ أَنَّ الكُلَّ يَتلُو على الإِثْرِ
30 وما بَقِيَتْ في الشِّرْكِ إلاّ بَقِيَةٌ   تَتِمَّتُها في ذِمَّةِ البِيضِ والسُّمْرِ
31 وعِندَ تَمامِ المُلْكِ آتِي مُهَنِّئاً   ومُلْتَمِساً أَجْرَ الكَهانَةِ والزَّجْرِ[18]

---

14 مهزوم من الليل (마흐주므 민 알라일르): 〈만두르, هزم〉 '여명 무렵의 어둠, 동트기 전의 밤 시간'을 의미한다.

15 سنا (빛, 광채)를 의도한 것으로 보인다.

16 بنيّة (바니야): 여기서는 메카의 카으바 신전을 의미한다.

أبو شامة، المصدر السابق، ج 2، ص 54.

17 حجر (히즈르): 〈만두르, حجر〉 카으바 신전의 북쪽 면 안에 있는 것(حجر الكعبة).

18 زجر (자즈르): 새[鳥]를 보고 점치는 것. 새가 우측 부분을 보이면 길조로, 좌측 부분을 보이면 불길한 징조로 간주한다. أبو شامة، المصدر السابق، ج 2، ص 54.

32 ولَوْلا اعْتِقادي أنَّ مَدْحَك قُرْبَةٌ　　أُرَجِّي بها نَيْلَ المَثُوبَةِ والأَجْرِ
33 لَما قلتُ شِعْرًا بعد إعْفاءِ خاطِري　　ولي سَنَواتٌ مُنذُ تُبْتُ عن الشِّعْرْ
34 فأَوْصِ بي الأَيّامَ خَيراً فإنَّها　　مُصَرَّفةٌ بالنَّهْي منك وبالأَمْرِ
35 وجائزَتي تَسهيلُ إذْني عليكُم　　ومَلْقاكُمُ لي بالطَّلاقةِ والبِشْرِ

14. 오마라 알야마니,
"하늘의 별처럼 숭고한 대의를 위해 전쟁에 임하라"
(564/1168-9)[1]

시인 소개

오마라 알야마니[2]

작품 해제

564/1168-9년 지은 오마라 알야마니의 다음 시에서도 예루살렘 회복을 위해 살라딘에게 거는 기대 심리가 잘 드러나 있다. 시인은 이집트의 실질적인 통치자가 된 살라딘의 경건성과 정의로움, 지하드 실천을 위한 강한 의지를 강조하면서 향후 살라딘에게 예루살렘 탈환을 목표로 매진해 줄 것을 당부한다.

---

1 أبو شامة، المصدر السابق، ج 2، ص 54–55؛ عبد الجليل (أ)، ص 112.
2 이 책의 13번 시 참조.

우리말 번역

1 살라딘 통치의 토대[3]는 무너지지 않았다
경건과 정의의 통치

2 공명정대한 행적(行跡)은 우리가 지녔던
추한 밤과 같은 얼굴을 아름답게 해주었다

3 그에 관한 얘기는 미담이 되어
세상의 여러 지역을 오가며 회자되었다

4 이븐 아이윱[4]에게 전하라
예리한 무기를 든 자보다 말만 하는 자가 얼마나 부질없는가를

5 하늘의 별처럼 숭고한 대의를 위해 전쟁에 임하라
이집트 통치는 합의에 따른 것이 아니다[5]

6 결심이 연약한 자에게 말하라
진지함으로 돌아가고 농담은 버리라고

7 닫혀 있던 예루살렘은 유수프의
손에 의한 정복을 허용했도다

---

3 토대: 〈직〉 "천막 줄"

4 살라딘.

5 '살라딘의 이집트 통치는 사람들의 합의로 정해진 바가 아니라, 숭고한 지하드 수행을 위한 하늘[알라]의 뜻에 따른 것'이라는 의미이다.

원문 주해

1 مُلْكُ صَلاح الدين لا قُوِّضَتْ　　أَطنابُهُ، مُلْكُ التُّقَى والصَّلاحْ

2 سِيرةُ عَدْلٍ حَسَّنَتْ عندنا　　ما كان من وَجهِ اللَّيالي القِباحْ

3 سافَرَ في الدنيا وأَقطارِها　　ذِكْرٌ غَدا عنه جَميلاً وراحْ

4 قُلْ لابنِ أَيُّوبٍ وكَمْ ناصحٍ　　أَنْفَعُ ممن هو شاكِي السِّلاحْ[6]

5 حارِبْ على مِثْلِ نُجوم السَّما　　فمُلْكُ مِصْرٍ ما عليه اصْطِلاحْ

6 قُولا لمَن في عَزْمِه فَتْرَةٌ　　ارجِعْ إلى الجِدِّ وخَلِّ المُزاح

7 فالقُدْسُ قد أَذَّنَ إغلاقُهُ　　على يَدَيْ يُوسُفَ بالانفِتاحْ

---

6 شاكي السلاح (샤키 알실라흐): 예리한 무기를 가진.

15. 오마라 알야마니,
"그곳은 오랫동안 당신을 그리워하고 있소"(566/1170-1)[1]

시인 소개

오마라 알야마니[2]

작품 해제

566/1170-1년 지은 다음 시에서 오마라 알야마니는 예루살렘이 살라딘을 그리워한다는 비유를 통해 그가 예루살렘 탈환의 숙원을 성취해 줄 것을 소망한다. 사랑에 빠져 연인을 애타게 그리워하는 여인의 심리를 예루살렘 탈환의 열망, 곧 살라딘이 예루살렘 회복을 위해 출정해 주기를 바라는 무슬림들의 강렬한 소망과 적절히 연결시킨다. 그리워하던 연인 간의 만남은 사랑의 향기를 발하듯이 살라딘과 예루살렘의 만남은 무슬림들에게 다시금 정의와 평화의 시대를 되찾아 줄 것임을 확신한다.

---

1 أبو شامة، المصدر السابق، ج 2، ص 122–123؛ عبد الجليل (أ)، ص 114.

2 이 책의 13번 시 참조.

작품 내 주요 서사와 제재를 살펴보면 다음과 같다.

1 이집트 아이윱조의 對십자군 전쟁

살라딘의 아이윱조 군대는 십자군이 차지했던 지역인 가자, 아스깔란[3]을 탈환했고, 적의 요새들을 공격해 파멸을 안겨 주었으며 알칼릴 지역에 대한 공격도 준비하고 있음(2-9행).

2 예루살렘 탈환의 열망

예루살렘은 애타게 살라딘을 그리워하는 여인과 같음(10행). 살라딘이 그녀와 만나 사랑을 이룸으로써, 즉 예루살렘을 점령하면 이슬람은 기쁨을 얻게 될 것(11행). 살라딘이 여러 지역을 정복하고 예루살렘을 탈환한 뒤, 이어 시리아 지역까지 십자군으로부터 탈환해 줄 것을 기대함(12-13행).

우리말 번역

1 마음은 그리움에 사무치고 감정은 타오르며
불면증(不眠症)으로[4] 마음은 밤잠을 못 이룬다

2 아마도 아이윱조 사람들은 내가 겪는 시련을 안다면
측은한 마음으로 동정할 것

3 그들은 스스럼없이 가자에 있는 다신교도들의 구역 한복판을

---

3 아스칼론(Ascalon). 팔레스타인 서남부의 항구.

4 〈직〉 "눈꺼풀은 잠 못 이루고"

공격했고,

다신교는 부끄러워하며 시선을 떨구었다

4. 그들은 대지(大地)의 그릇을 넘치도록 채우는 대군을 이끌고

아스깔란의 이슬람 예배소를 방문했다

5 사람들이 목격한 바에 따르면, 당신이 오기 전에는

두들겨 만든 쇠창날 없이 창(槍)대만 길게 널려 있었다[5]

6 적군이 차분하고도 공들여 강화(强化)한 요새들이 아니고서는

당신으로부터 그들을 지켜 주는 것은 없었다

7 당신은 적에게 전쟁의 격렬함을 가져다주었다

저들의 성벽과 참호는 이전에 그런 격노(激怒)를 만나지 못했다

8 당신은 적군 지역의 모든 사람에게 파멸을 안겨 주었다

그 모습은 상상만 해도 두려울 정도[6]

9 당신은 지하드에 대한 포상에 알칼릴[7] 지역 방문을 추가했으니

기뻐하시오

당신은 성공적으로 적을 공략하는 자

10 당신은 예루살렘에게 사랑의 감정이 일어나게 하였고,

그로 인해 그곳은 오랫동안 당신을 그리워하고 있소

11 당신과의 만남에서는 고급스런 향기가 생겨나고,

그 피어나는 향내는 이슬람[8]의 마음에 기쁨을 준다

---

5 이 시행은 '살라딘 이전에 무슬림들은 십자군에 맞서기 위한 어느 정도의 무기를 갖고 있었지만, 즉 군사적 준비는 되어 있었지만 막상 가장 중요한 것, 즉 전쟁을 이끌 진정한 지도자가 부재했음'을 의미한다.

6 〈직〉 "환영이 그 (죽은) 자를 지나가며 두려워한다"

7 헤브론(Hebron).

8 〈직〉 "신앙의 정도(正道)". 아랍어로 هدى(후다)는 바른길, 올바른 종교, 곧 이슬람

12 당신의 이러한 공격은 조만간 예루살렘 정복으로 가는 계단으로,
당신은 선구자요 새 길을 닦는 자
13 알라의 행하심에 힘입어 당신이 그 집의 문을 열게 되면[9]
그 후로 시리아 지역에 닫혀 있는 문은 없게 될 것

원문 주해

1 فُؤادٌ يَجُمُّ الشَّوْقَ والوَجْدُ يَحْرِقُ[10] أَراقَ كَرَى الأَجْفانِ وهو مُؤرِّقُ

ومنها:

2 لَعلَّ بَني أَيُّوب إنْ عَلِمُوا بما تَظَلَّمْتُ منه أنْ يَرِقُّوا ويُشْفِقُوا
3 غَزَوْا عُقْرَ دارِ المُشْرِكِين بغَزَّةٍ جِهاراً، وطَرْفُ الشِّرْكِ خَزْيانُ مُطرِقُ
4 وزاروا مُصَلَّى عَسْقَلان بأَرْعَنٍ[11] يَفِيضُ إناءُ البِرِّ منه ويَفْهَقُ[12]
5 وكانت على ما شاهَدَ الناسُ قَبْلَكُم طَرائِقَ مِن شَوْكِ القَنا ليس تُطْرَقُ
6 وما عَصَمَتْهُمْ منك إلا مَعاقِلٌ تَأَنَّوْا على تَحْصِينِها وتَأَنَّقوا
7 جَلَبْتَ لهم مِن سَوْرَةِ الحَرْب ما التَقَى بَوادِرَهُ سُورٌ عليهم وخَنْدَقُ
8 وأَخْرَبْتَ مِن أَعْمالِهم كُلَّ عامِرٍ يَمُرُّ به طَيْفُ الخَيال فَيَفْرَق
9 أَضَفْتَ إلى أَجْر الجِهاد زِيارةَ الـ خَلِيل فأَبْشِرْ أنت غازٍ مُوَفَّق

의 길을 말한다.

9 “그 집의 문을 열게 되면”: ‘예루살렘을 정복하게 되면’

10 『두 정원의 서』에서는 فؤادٌ بنار الشوق والوجد مُحرَقُ

11 أرعن (아르아느): 대군(大軍).

12 فَهِقَ (يفهَق) (파히까 ㊌ 야프하끄): 〈만두르, فهق〉 가득 차다, 충일하다(امتلأ).

10 وَهَيَّجْتَ للبَيْتِ المُقَدَّس لَوْعَةً   يَطُولُ بها منه إليك التَّشَوُّقُ

11 تَنْشَقُ من مَلْقاك أَعْظَمُ[13] نَفْحَةٍ   تَطِيبُ على قَلْبِ الهُدَى حِينَ تُنْشَق

12 وغزْوُك هذا سُلَّمٌ نَحْوَ فَتْحِه   قَرِيباً، وإلا رائدٌ ومُطَرِّق

13 هو البَيْتُ إنْ تَفتحْه والله فاعِلٌ   فما بَعْدَه بابٌ من الشَّامِ مُغْلَقُ

---

13 『두 정원의 서』에서는 أعظم (더 위대한) 대신에 أعطر (더 많은 향기가 나는).

16. 타끼 알딘,
“예루살렘 땅이 당신에게 청혼하러 왔소”(583/1187-8)[1]

시인 소개

타끼 알딘(الملك المظفر تقي الدين عمر بن شاهنشاه بن أيوب بن شادي 534-87/ 1139-92년경). 살라딘의 조카로, 이집트의 알파윰(الفيوم)에서 태어났다. 전쟁에서 용감무쌍했으며, 십자군을 상대로 전투에 참여했던 유명한 일화들이 있다. 579/1183-4년 삼촌 살라딘이 이집트에 부재중일 때 그를 대신해 통치했다. 살라딘은 타끼 알딘에게 하마(حماة)를 중심으로, 디야르 바크르(ديار بكر)에 이르는 그 주변의 여러 지역을 봉토로 주었다. 타끼 알딘은 빈민들과 학자들을 크게 배려해 많은 학교를 세웠다. 그중에는 이집트 지역의 마나질 알잇즈 학교, 샤피이 학교, 말리키 학교, 다마스쿠스의 알타끄위야 학교, 에데사의 학교가 있으며, 자신이 설립한 학교들을 위해 자신의 재산을 종교 기금으로 기부했다. 그가 남긴 시집도 있다.[2]

---

1 ابن واصل، المصدر السابق، ج 2، ص 236-237؛ عبد الجليل (أ)، ص 138-139.

2 عبد الجليل (أ)، ص 138.

작품 해제

아이윱조 통치 가문 사람들도 시인들과 더불어 예루살렘 탈환을 촉구하는 대열에 동참하였다. 583/1187-8년 직전 살라딘의 조카인 타끼 알딘은 살라딘을 칭송하는 시를 통해 그에게 예루살렘 회복을 위한 지하드 수행을 강력하게 권한다. 여기에서 예루살렘은 혼기에 이른 아름다운 양갓집 규수로 비유되는데, 그 처녀는 살라딘처럼 뛰어난 역량을 갖춘 남자만을 기다린다. 처녀는 그동안 자신에게 구혼한 많은 남자가 있었지만 자신의 신랑감으로는 부족한 자들로 여겨 그들의 청혼을 거부해 왔다. 십자군으로부터 예루살렘 탈환의 사명을 감당할 자는 살라딘 외에는 없음을 암시하는 대목이다.

우리말 번역

1 그리움에 사무친 이의 영혼일랑 그녀를 향한 애정과 함께
그냥 두시오
나를 비난하는 자여, 그대는 충고를 할 자가 아니니
(…)
2 예루살렘 땅이 당신에게 청혼하러 왔소
그녀의 충분한 배필이여, 그녀의 처녀성은 확실하오
3 종들과 하녀들의 시중을 받으며 베일을 쓰지 않고
규방에 머무르는 신부가 당신에게 시집왔소

4 살라딘이여, 지체 마시고 처녀인 그녀를 아침 일찍 취하시오
대지의 왕들이 그녀를 애타게 주시하고 있으니
5 그녀의 아름다움에 반한 얼마나 많은 청혼자들이
그녀에게 부족하다는 이유로 그녀를 얻지 못한 채 거절당했던가!

원문 주해

1 دَعْ مُهْجَةَ المُشْتاق مَع أهوالها[3]   يا لائِمي، ما أنتَ مِن نُصَحائِها

ومنها:

2 جاءتْكَ أَرْضُ القُدْس تَخْطُب[4] ناكِحاً   يا كُفْأها ما العُذْرُ عن عَذْرائِها
3 زُفَّتْ إليك عَروسُ خِدْرٍ تُجْتَلى   ما بينَ أَعْبُدِها[5] وبين إمائِها
4 إيهٍ صلاحَ الدين خُذْها غادةً   بِكْراً مُلوكُ الأرض من رُقَبائِها
5 كَمْ خاطبٍ لجَمالها قَدْ رَدَّهُ   عَن نَيْلها أنْ ليس من أكْفائِها

---

3 『아이윱조의 연대기에 관한 궁금증 해소(مفرج الكروب في أخبار بني أيوب)』에는 أهوالها (그것에 대한 두려움) 대신에 أهوائها (그녀를 향한 애정)로 나와 있다.

4 『아이윱조의 연대기에 관한 궁금증 해소』에는 تخطب (청혼하다) 대신에 تطلب (요구하다, 원하다)로 나와 있다.

5 أعبُد (아으부드): 〈만두르, عبد〉 عبد (압드: 노예, 종)의 복수형. ((일반 사전에는 عبد의 복수형으로 عَبيد (아비드)만 나와 있음))

III.

살라딘의 對십자군 전쟁, 예루살렘 탈환(1187)을 중심으로 한 업적

아이윱조를 창건한 살라딘은 이집트 내정을 안정시킨 데 이어 십자군에 강력하게 대응하기 위한 군사전략 시행에 착수했다. 그는 이 목표를 위한 선결 조건은 이슬람 진영의 통일이라고 보고 다마스쿠스, 알레포 등 저마다 무슬림 영주들이 난립해 있는 시리아 여러 지역의 통합을 추진해 성취했다. 이후 십자군에 대해 강력한 공격 작전을 행한 살라딘은 1187년 힛띤 전투에서 대승을 거두며 십자군의 전의를 상실케 한데 이어 시리아 해안 일대를 탈환하고 결국에는 무슬림들의 숙원 과제인 예루살렘 탈환을 달성했다. 아랍 시인들은 불가능하리라 여겨졌던 이슬람 군대의 예루살렘 탈환에 놀라움과 기쁨을 나타내며 이슬람 진영의 진정한 영웅으로서 살라딘을 칭송하였다. 그 시들의 일부를 소개한다.

17. 이븐 사나 알물크, "이슬람이 소망하던 바를 성취시켜 준 이여!"(583/1187-8)[1]

시인 소개

이븐 사나 알물크(عز الدين أبو القاسم هبة الله بن الرشيد أبي الفضل بن المعتمد سناء الملك 608/1211-2 사망). 후두드(حدود)에서 태어났으며 하디스와 문법을 수학했다. 한동안 이집트 아이윱조의 문서부에서 일했고, 606/1209-10년 알말리크 알카밀(الملك الكامل بن الملك العادل)에 의해 군 업무부 책임자로 임명되었다. 당대 탁월한 문인으로 살라딘과 알아딜, 알카밀, 까디(판관) 알파딜을 칭송하는 시를 지었다. 시집과 알자히드(الجاحظ)의 『동물의 서(كتاب الحيوان)』를 요약한 『동물의 영혼(روح الحيوان)』을 비롯한 몇 권의 편저가 있고, 자신과 까디 알파딜 사이에 오간 서신들을 모은 책이 있다.[2]

1 ابن واصل، المصدر السابق، ج 2، ص 234–236؛ عبد الجليل (أ)، ص 142–146.

2 عبد الجليل (أ)، ص 142.

작품 해제

583/1187년 작품인 다음 시는 살라딘이 이집트에서 시리아 지역으로 출정하여 다마스쿠스를 점령하고, 이어 십자군의 따바리야(티베리아스 Tiberias)를 정복(1187년 7월 2일)하고 나서 힛띤 전투(1187년 7월 4일)에서 살라딘이 십자군에게 승리를 거둔 뒤에 쓰인 것이다. 살라딘을 칭송하는 이 시에서 이븐 사나 알물크는 힛띤 전투에서 살라딘이 프랑크인들을 패배시키고 시리아 지역을 점령한 것을 축하한다. 이븐 사나 알물크는 이 시를 까디 알파딜에게 보내어 술탄 살라딘에게 보이도록 부탁했다. 이븐 사나 알물크는 또한 까디 알파딜을 칭송하는 시도 한 편 써서 함께 보냈다. 알파딜은 따바리야에 있을 때 두 편의 시를 받아 본 뒤 그것에 대한 찬사를 담은 답장을 이븐 사나 알물크에게 보냈다. 답장에서 알파딜은 술탄에게 보낸 이븐 사나 알물크의 시를 예루살렘 점령 때 술탄 앞에서 공개하겠다고 말했다.[3]

힛띤 전투의 승리 이전에 이슬람 진영이 탁월한 지도자의 역량하에 능동적으로 십자군을 상대로 실질적인 승리를 거둔 것은 이마드 알딘 장기의 에데사 정복 외에 찾아볼 수 없었기에, 모처럼 거둔 힛띤 승리는 시인과 무슬림들에게 크나큰 감동으로 전해졌다. 다음 시에서 시인은 살라딘이 시리아 지역에서 거둔 승리에 대해 무슬림들이 느끼는 환희와 더불어, 너무 기쁜 나머지 믿을 수 없다는 듯 당혹감을 동시에 첫 행 "나는 알 길 없네"라는 한마디 말로 함축시킨다.

작품 내 주요 서사와 제재를 살펴보면 다음과 같다.

---

3 المرجع نفسه، ص 142–143.

1 이슬람의 소망을 이루어 준 살라딘의 승리

살라딘이 시리아 지역에서 십자군의 요새를 점령하고 이 지역에서 이슬람을 해방, 소생시킴으로써 그는 알라로부터 칭찬받아 마땅함(1-8행). 살라딘의 군대는 알라의 도움으로 적을 격퇴하고, 살라딘은 이슬람을 위해 전쟁의 고난을 기쁘게 받아들임(11-16행).

2 시리아 지역 전투, 특히 힛띤 전투의 전개 상황과 결과를 묘사

많은 수의 십자군은 술책을 동원하고 철저히 무장한 채 전투에 임했지만, 그들은 사기가 저하되고 겁에 질린 채 이슬람 군대에 의해 죽임을 당하고 도주함(20-33행). 십자군 지도자들이 포로가 되었고 그중 한 십자군 왕이 처형됨(36-43행).

3 여러 지역을 점령한 살라딘의 공적 찬양과 그의 지도력에 대한 무슬림들의 확고한 믿음

살라딘이 십자군의 많은 도시를 점령하며 거둔 승리는 묘사하기 어려울 만큼 숭고하고 유일무이한 업적임(44-48행). 이러한 승리는 무슬림들이 살라딘의 지도력을 믿고 그에게 복종한 결과임(49행).

우리말 번역

1 나는 알 길 없네. 당신이 어느 승리로 축하받아야 하는가를
이슬람이 소망하던 바를 성취시켜 준 이여!

2 승리는 저마다 자신이 최고라고 말하지만,

그 승리야말로 최대의 기쁨을 주었기에 최고의 승리

3 당신이 시리아 지역을 점령했기에 우리가 당신을 축하하는지,

아니면 당신이 에덴(Eden)을 점령했기에 우리가 당신을 축하하는지?

4 당신은 궁성을 하나하나씩 차지하면서 낙원(樂園)들을 점령했고,

요새를 하나하나씩 차지하면서 시리아 지역을 정복했다

5 이슬람교는 사람들에게 감사했고,

당신은 이슬람교에 감사했다

6 당신은 죽어 있던 종교를 소생시켰고,

노예 신세였던 종교를 해방시켰다

7 알라께서는 당신이 옥좌 위에서, 천사들의 집에서

행한 바에 감사하셨고 칭찬하셨도다

8 당신은 여러 층의 하늘보다 높은 찬사를 받고,

창끝보다 높은 곳에 위상을 세운다

9 그는 가브리엘 천사를 그리워했고, 그의 집이 곧 가브리엘의 집이기에

그는 간절한 그리움에 사무쳐 천사의 집에 왔다

10 그곳에 거주하던 자들은 쫓겨나고,

자기 집에 돌아온 집주인이야말로 그곳에 살 자격이 있다

11 사람들은 가브리엘 천사가 상대방 적을 하나하나

격퇴하는 장면을 보았노라고 증언했다

12 당신들은 칼로 베임을 당하는데 내려치는 칼을 보지 못했고,

당신들은 창에 찔리는데 찌르는 창을 보지 못했다

13 그 왕의 군대는 각자 홀로 또는 둘이 함께

그에게로 모여든 알라의 천사들

14 소중한 승리가 시리아 지역에 얼마나 더디었던가!

당신이 일어섰을 때 승리는 더디지 않았다

15 당신이 알라의 얼굴을 사랑했을 때 당신은 전쟁으로 고생했다

사랑하는 이는 고난을 겪게 마련

16 진실로, 위대한 승리를 거둔 자는 고통을 겪는다

그것이야말로 그가 겪은 고난

17 당신은 어두운 역경 속에서 보름달처럼 섬광을 발하며 일어섰다

어렴풋한 빛을 내며 떠오르는 보름달처럼

18 유수프[4]여, 당신은 전투에 나서기만 하면

유수프[5]처럼 탁월함을 보였다

19 당신은 당신의 칼날로 승리의 열매를 따낸다

칼의 날이 예리해져 나뭇가지가 된 듯[6]

20 적들이 당신에게 다가왔으나

알라께서는 그들이 기대했던 바를 당신과 우리에게서 물리쳐 주셨다

21 그들은 산(山) 같은 대군을 몰고 왔지만

당신 군마들의 공격은 그것을 양털로 만들었다[7]

22 그들은 온갖 술책을 짜낸 뒤 전사들과 함께 당신에게 왔다

적 기병 한 명을 베는 것은 적 일개 부대를 무찌른 격

23 당신은 적의 군대만을 상대로 싸운 게 아니었다

당신은 여러 나라와 도시들을 상대하듯 적군과 싸웠다

---

4 살라딘의 본명.

5 코란에 나오는 예언자 요셉. (코란, 12장 요셉의 장) 참조.

6 '많은 적을 살상하느라 칼날이 나뭇가지처럼 더욱 예리하고 얇아졌다'는 의미이다.

7 이 시행은 코란, 101장(재난의 장 سورة القارعة) 5절 "산들은 솔질한 양털처럼 되는 날(وتكون الجبال كالعهن المنفوش)"의 구문을 이용한 것이다.

24 쇠를 옷으로, 왕관으로,
어깨 걸치개로, 소매로 삼은 모든 이는
25 부자라고 자처하는 사람들이지만,
당신은 승리로는 최고 부자이자 최고 자산가였다[8]
26 무기가 그들을 배신했고 창은 탄력이 없었으며
인도산(産) 칼은 소리를 내지 못했다
27 적의 군마들은 도망쳤다. 속도를 제어하기 힘들다고
얼마나 많은 칭찬을 했던 군마였던가!
28 적이 용기를 잃고 다시 겁을 먹자,
불신앙(不信仰)의 재잘거림은 침묵으로 변했다
29 그들 중 가장 용감한 자는
삼심육계 줄행랑을 갑옷이나 방패로 삼는 자[9]
30 그들은 무기력하게 도주하는 것을 견딜 수 없어 했는데,
다쳐서 불구의 몸으로 도주하는 것은 감당할 수 있는가?
31 당신은 사자(獅子)와 콧소리 내는 가젤을
옭매는 올무로 그들을 사냥했다
32 그들에게서 피가 바다처럼 흘렀고,
피 위에서 섬들이 배처럼 떠다녔다
33 그들을 재료로 야수들의 잔칫상이 차려졌고,
잔치에서는 마샤리프산(産) 칼이 춤추고 노래했다

---

8 24행과 25행은 함께 연결지어 해석된다. 즉, '무장한 군대를 이끄는 군주들은 저마다 뛰어나다고 자랑하지만 당신이야말로 많은 승리를 성취하는 가장 탁월한 군주'로 해석된다.

9 〈직〉 "그들 중 가장 용감한 자는 도주를 갑옷으로 삼고 줄행랑을 방패로 삼는 자"

34 그들이 받드는 왕은 당신에게 포로가 되어 고초를 겪으니,
그에게 불을 놓아 가두어 버리시오
35 그들은 자신들의 주(主)[10]를 십자가형에 처했고 그분은 그들에게
도움이 되지 않았다
그분의 십자가형 후에 도움이 된다고 여긴 자 누구던가?[11]
36 모든 왕들이 포로로 잡혀 왔다
세월은 소멸하나 자신들의 왕권은 소멸하지 않는다고 여겼던
그들이었건만
37 그들 중 위대한 왕이 포로가 되어
두겹진 검은 옷을 걸친 채 우쭐대며 걸어 다닌다
38 그 왕은 비몽사몽 중에 사람을 산(山)으로 착각하며,
태양이 떠 있는데 어둡다고 헛소리한다
39 그는 당신과의 만남을 얼마나 고대했던가!
그런데 당신을 만나자 그는 만남을 고대하지 않았기를 바랐다
40 그는 착각했다. 당신은 알라에 대한 믿음에서 가장 진실된 자였고,
그는 허무맹랑한 생각을 잘하는 자였다
41 그가 깊은 신음 소리를 낼 때마다
알라의 자비하심으로 족쇄와 수갑이 그를 동정했다
42 그 저주받을 군주는 처형되었다
오늘 행운을 놓치지 않기를 바랐던 그였건만

---

10 예수.

11 예수 그리스도의 죽음이 기독교도들을 구원해 주리라는 믿음은 허황된 것이라는 의미이다.

43 당신은 그를 화형시켜 이전에 했던 맹세를 지킨 바,
이에 대한 큰 보상(報償)을 받았다
44 도시의 처녀[신부]들이 (승리를 기뻐하며 야자수처럼) 흔들거리며
걷고,
그곳에서는 재화(財貨)의 결실이 거두어진다[12]
45 당신 안에선 시리아 지역만이 특별히 축하를 받지 않고,
모든 지역과 모든 영토가 축하를 받는다
46 당신은 동서로 나라들을 점령했고,
평지나 고산준령을 가리지 않고 대지를 차지했다
47 당신은 가장 숭고한 업적으로 독보적이며,
가장 찬란한 위업으로 유일무이했다
48 당신의 고매함을 말로 묘사하다가는 힘을 다 소진하게 되지
어떤 의미로, 어떤 어휘로 말해야 할지?
49 우리는 신께서 "그에게 복종하라"고 말씀하시는 것을 들었고,
우리 주의 말씀을 듣고 복종했다

12 이 시행은 이슬람 군대가 거둔 승리의 기쁨을 표현하고 있다. 또한 『아이윱조의 연대기에 관한 궁금증 해소』의 시행에 따르면 "도시의 처녀[신부]들이 야자수처럼 흔들거리며 걷고, / 그곳에서는 희망의 결실이 거두어진다"로 번역된다.

원문 주해

1 لَسْتُ أَدْرِي بأَيِّ فَتْحٍ تُهَنَّا   يا مُنيلَ الإسلامِ ما قد تَمَنَّى

2 كُلُّ فَتح يَقول إنِّى أَوْلَى   وَهْوَ أَوْلَى لأنَّه كان أَهْنا

3 أَنُهَنِّيكَ إِذْ تَمَلَّكْتَ شاماً   أم نُهَنِّيك إذْ تملَّكتَ عَدْنا

4 قد مَلَكْتَ الجِنانَ قَصْراً فقَصْراً   إذ فَتَحْتَ الشآمَ حِصْناً فَحِصْنا

5 إنَّ دِينَ الإسلام مَنَّ على الخَلْ   ق وأنتَ الذي على الدِّين مَنَّا

6 أنت أَحْيَيْتَهُ وقد كان مَيْتاً   ثم أَعْتَقْتَهُ وقد كان قِنَّا

7 شَكَرَ اللهُ ما صَنعتَ على العَرْ   ش وفي عَرْصَة المَلائك أثْنَى

8 لك مَدْحٌ فَوْقَ السَّمَوات يُنْشا   ومَحَلٌّ فوق الأسِنَّة يُبْنَى

9 شاقَ جِبْرِيلَ بَيْتُه بيتُ جِبْرِيـ   لَ فَوافَى إليه شَوْقاً وحَنّا

10 يُخْرَجُ الساكنونَ منه ورَبُّ البيـ   ت في بَيْته أَحَقُّ بسُكْنَى

11 شَهِدَ الناسُ أَنَّهم شاهَدوا جِبْـ   رِيلَ رَدَّ الأَقرانَ قِرْناً فَقِرنا

12 فَلَكُمْ ضَرْبةٍ ولم تَرَ ضَرْباً   ولَكُمْ طَعْنَةٍ ولم تَرَ طَعْنا

13 مَلِكٌ جُنْدُه مَلائِكَةُ اللّـ   ـه فُرادَى جاءت إليه ومَثْنَى

14 كَمْ تَأَنَّى النَّصْرُ العَزيز عن الشا   م ولَمّا نَهَضْتَ لم يَتَأَنّا

15 قد تَعَنَّيْتَ حِينَ أَحْببتَ وَجْهَ الـ   لّه بالحَرْب والمُحِبُّ مُعَنَّى

16 ولَعَمْرِي مَن حازَ فَتْحاً جَليلاً   وتَعَنَّى فإنَّه ما تَعَنَّى

17 قُمْتَ في ظُلْمَة الكَريهَة كالبَدْ   ر سَناً والبَدرُ يَطْلَعُ وَهْنا

18 لَم تَقِفْ قَطُّ في المَعارِك إلاّ   كنتَ يا يُوسُفُ كيُوسُفَ حُسْنا

19 تَجْتَني النَّصْرَ مِن ظُباكَ[13] كأنَّ الـ   عَضْبَ[14] قد صَحَّفُوه أو صارَ غُصْنا

---

13 (ظُبة ج ظُبى) (두바 ㊌ 두바): 〈만두르, ظبا〉 (칼의) 날(طرف السيف، حدّ السيف).

14 عضب (아드브): 〈만두르, عضب〉 예리한, (날이) 잘 드는 (칼).

20 قَصَدَتْ نَحْوَكَ الأَعادِي فرَدَّ الـ لّـهُ ما أَمَّلُوه عَنك وعنَّا

21 حَمَلُوا كالجِبال عِظْماً ولكنْ جَعَلَتْها حَمْلاتُ خَيلِك عِهْنا[15]

22 جَمَعُوا كَيْدَهُمْ وجاءُوك أَرْكا ناً فَمَن قَدَّ فارِساً هَدَّ رُكْنا

23 لَمْ تُلاقِ الجُيُوشَ مِنهم ولكنـّ ـك لاقَيْتَهُم بِلاداً ومُدْنا

24 كُلُّ مَن يَجْعَل الحَدِيدَ له ثَوْ باً وتاجاً وطَيْلَسَاناً ورُدْنا

25 يَدَّعُون الغِنَى من الناسِ لكنْ أنتَ بالنَّصْر كُنتَ أغْنَى وأقْنَى

26 خانَهم ذلك السِّلاحُ فلا الرُّمْـ ـحُ تَثَنَّى ولا المُهَنَّدُ طَنَّا

27 وتَولَّتْ تلك الخُيُولُ فكَمْ يُثْـ ـنى عليها بأنَّها ليس تُثْنى

28 واسْتَحالتْ شَقاشِقُ الكُفْرِ صَمْتاً حِينَ عادت تلك الشَّجاعةُ جُبْنا

29 أَشْجَعُ القَوم فيهمُ جاعِلُ الدِّرْ عَ هُرُوباً أو الفِرارَ مِجَنَّا

30 لم يُطِيقُوا الهُرُوبَ ضَعْفاً وعَجْزاً هل يُطِيقوا الهُروبَ عَقْرى[16] وزَمْنَى[17]

31 وتَصيَّدْتَهم بحَلْقَةِ صَيْدٍ تَجْمَعُ اللَّيْثَ والغَزالَ الأغُنَّا[18]

32 وجَرَتْ مِنهم الدِّماءُ بِحاراً فَجَرَتْ فَوقَها الجَزائرُ سُفْنا

33 صُنِعَتْ منهم وَليمَةُ وَحْشٍ رَقَّصَ المَشْرَفِيُّ[19] فيها وغَنَّى

34 ظلَّ مَعْبودُهم لديك أَسِيراً مُسْتضاماً فاجعَلْ له النارَ سِجْنا

35 صَلَبُوا ربَّهم فلم يُغْنِ عنهم مَنْ رَأَى بَعْدَ صَلْبِه قَطُّ أَغْنى

36 وحَوَى الأَسْرُ كُلَّ مَلْكٍ يَظُنُّ الدَّ هْرَ يُفْنَى ومُلْكُه ليس يَفْنَى

---

15 عِهن (이흐느): 양털, 양모.

16 عقرى (아끄라): 다친, 부상을 입은(جرحى).

17 (زَمِن، زَمِين ج زمنى) (자미느 ㊏ 잠나): 불구자, 병신(ذو عاهة).

18 أغَنّ (아간느): 〈만두르, غنن〉 الأغَنّ من الغزلان (콧소리 내는 가젤). 『아이윱조의 연대기에 관한 궁금증 해소』에서는 الأغَنّا (알아군다. '콧소리를 내는')로 나와 있다.

19 سيف مشرفيّ (사이프 마쉬라피): 〈만두르, شرف〉 알마샤리프(المشارف 예맨 지역의 마을)산(産) 칼.

37 والمَلِيكُ العظيمُ فيهمْ أَسِيرٌ   يَتَثَنّى في أَدْهَمَ يَتثنّى[20]

38 يَحْسِبُ النَّومَ يَقْظَةً ويَظُنُّ الشـ   خصَ طَوْداً ويُبْصِرُ الشمسَ دُجْنا

39 كَمْ تَمنَّى اللِّقاءَ حَتَّى رَآهُ   فتَمَنَّى لَوْ أنَّه ما تَمَنَّى

40 ظَنَّ ظَنًّا وكُنْتَ أَصْدقَ في اللّـ   ـه يَقِيناً وكان أَكْذَبَ ظَنّا

41 رَقَّ مِن رَحْمَةٍ له القَيْدُ والغُلْـ   ـلُ عليه فكُلَّما أَنَّ أَنّا

42 واللَّعِينُ الإبْرنسُ أَصبَح مَذْبُو   حاً تَمَنَّى لَمْ يَعْدِمِ اليومَ يُمْنا

43 أنتَ ذَكَّيْتَه فوَفَّيْتَ نَذْراً   كنتَ قَدَّمتَه فجُوزيتَ حُسْنا

44 وتَهادَتْ عَرائِسُ المُدْنِ تُجْلى   وثِمارُ الأَموال مِنْهُنَّ تُجْنَى[21]

45 لا تُخَصُّ الشآمُ فيك التَّهاني   كُلُّ صُقْعٍ وكُلُّ قُطْرٍ مُهَنَّى

46 قد مَلَكتَ البلادَ شَرقاً وغَرباً   وحَوَيْتَ الآفاقَ سَهْلاً وحَزْنا

47 وتَفَرَّدْتَ بالذي هو أَسْمى   وتَوَحَّدتَ بالذي هو أَسْنَى

48 واغْتَدى الوَصْفُ في عُلاكَ حَسِيراً   أيُّ لفظٍ يُقال أو أيُّ مَعْنى

49 وَسَمِعنا الإله قال أَطِيعُو   هُ سَمِعْنا لربِّنا وأَطَعْنا

20 여기서는 동사 تثنى (타산나)가 두 번 사용되었지만 그 의미가 다르다. 첫 번째는 '뽐내며[우쭐대며] 걷다', 두 번째는 '두겹지다, 겹치다'를 뜻한다.

21 이 시행은 『아이윱조의 연대기에 관한 궁금증 해소』에 다음과 같이 나와 있다.

وتَهادَتْ عَرائِسُ المُدْنِ نَحْلاً   وثِمارُ الآمال مِنهُنَّ تُجْنَا

18. 파크르 알딘 알쿳탑 알주와이니,
“살라딘은 그들의 요청에 응했다”(583/1187-8)[1]

시인 소개

파크르 알딘 알쿳탑 알주와이니(أبو علي الحسن بن يوسف بن إبراهيم، فخر الدين الكتّاب، الجويني 586/1190-1 또는 584/1188-9 사망). 바그다드 지역에 살았다. 야꾸트(ياقوت)는 그가 바그다드 태생인지 혹은 그곳으로 이주해 가서 살게 된 건지 알 수 없다고 언급했다. 파크르 알딘은 많은 글을 썼고 다수의 책을 필사했으며, 그의 이름을 딴 서체가 있었을 만큼 필체가 뛰어났다. 다수의 작가가 그에게서 사사했고 그를 스승으로 두었음을 자랑스러워했다. 시리아 지역에서 그는 이마드 알딘 장기와 누르 알딘의 술벗이었고, 이후 딸라이으 이븐 룻직이 이집트를 통치하던 시절 이집트로 이주해 그곳에 머물렀다. 예언자 무함마드 가문에 대한 칭송시와 살라딘에 대한 칭송시를 지었다.[2]

---

1 أبو شامة، المصدر السابق، المجلد 2، ج 3، ص 238-239 ؛ عبد الجليل (أ)، ص 177-179.

2 عبد الجليل (أ)، ص 177.

작품 해제

583/1187-8년 작품인 이 시와 관련해 이마드 알딘 알아쓰파하니가 말했다. "파크르 알딘 알쿳탑 알주와이니는 바그다드 출신으로 이집트에 거주하고 있다. 그는 자신의 시편들을 내게 보내 (술탄에게) 증정해 달라고 했다. 나는 그가 지은 (아래의) 이 시가 (살라딘의 예루살렘) 정복에 관한 것이라고 생각했다. 이 시는 이슬람 왕들에 대한 언급, 그들이 90년간 이슬람(수호)에 소홀했다가 마침내 우리의 술탄(살라딘)께서 이슬람(수호)에 전념하신 것에 관한 내용을 포함하고 있다. 그는 다음과 같이 읊었다."[3]

이 시는『두 정원의 서』에서 '예루살렘 정복과 관련해 살라딘을 칭송하는 시' 제하의 부분에 포함된 작품이다. 전체적으로 시인은, 1099년 십자군에게 예루살렘을 빼앗긴 후로 내내 이슬람 진영의 왕들은 지하드에 소홀하고 그곳을 탈환하기 위한 노력을 기울이지 않았음을 탓하고, 약 90년의 세월이 지난 후인 1187년에 비로소 살라딘에 의해 예루살렘을 비롯한 여러 이슬람 지역이 탈환되었음을 말한다.

작품 내 주요 서사와 제재를 살펴보면 다음과 같다.

1 역사에 남을 살라딘의 승리

예루살렘 탈환은 이슬람 역사에서 유례없는 위대한 정복(1-3행). 이 정복이 예언자 무함마드의 생존 시기에 일어났다면 코란에 기록될 수 있었을 것(15행).

---

3 أبو شامة، المصدر السابق، ج 3، ص 238.

2 살라딘 이전 이슬람 진영 왕들의 태만

예루살렘이 십자군의 수중에 들어간 이후 지난 90년간 셀주크조 술탄 무함마드 이븐 말리크샤를 비롯해 대부분의 이슬람 진영 왕들은 십자군을 두려워했고 예루살렘 탈환에 무관심했음(5-8행, 10행, 14행). 이슬람 왕들은, 지난날 우마이야조 시대의 군 지도자인 마르완 이븐 알하캄이나 마슬라마 등이 했던 군사 원정과 같은 시도를 십자군을 상대로 수행하지 않았음(13행).

3 알라의 뜻에 따라 살라딘이 나타나 이슬람 영토를 구함

살라딘은 알라의 명에 따라 십자군을 격퇴함으로써 이슬람 영토를 정화함(4행, 9-12행). 알라에 의해 선택된 지도자인 살라딘이 이슬람을 지키고 계속해서 십자군에 맞서 승리를 이어갈 것이며, 그의 업적은 영원히 기억될 것(17-21행).

우리말 번역

1 이 왕에 속한 하늘의 군대는 이슬람의 지원 부대
어느 누가 그들을 의심했던가? 이 정복이 그 증거

2 우리가 이야기하는 것을 사람들은 어느 시대에 보았던가?
앞서 여러 시대가 지나갔건만

3 이 정복들은 예언자들이 행한 정복과 매한가지
값으로 매길 수 없으며 시를 지어 감사할 뿐

4　프랑크족의 왕들은 그[4]의 손에 사냥감이 되었다

그들은 지난날 하루도 약하지 않았고 멸시당하지 않았건만

5　대체 얼마나 많은 탁월한 무슬림 왕들이 죽임을 당했던가?

그들은 어린애나 여자들마냥 프랑크족을 두려워했다

6　트리폴리는 말리크샤에게 큰 소리로 도움을 청했지만

그는 겁먹은 채 움츠렸고 귀머거리가 되었다[5]

7　또한 말리크샤 이후, 패배하고 점령당하는 이슬람을

술 취한 채 바라보고만 있던 왕이 대체 몇이던가?

8　구십 년간 알라의 영토는 고통에 소리쳤고

이슬람의 지원자(支援者)들은 귀먹고 눈도 멀었다

9　돕는 자를 도와주시는 분[6]의 명에 따라

지금 살라딘은 그들의 요청에 응했다

10　알라를 돕는 자[7]를 위해 이 정복들이 축적되었다

다른 왕들의 열의는 자신들의 존재 이후 그런 정복에 이르지 못했다

---

4 살라딘.

5 많은 역사서들이 '말리크샤(ملكشاه)'라는 이름이 들어간 여러 인물을 언급했는데, 이 시행에서는 셀주크조 술탄 무함마드 이븐 말리크샤(السلطان محمد بن ملكشاه بن ألب أرسلان 이라크와 서부 페르시아 지역의 술탄, 재위 1105-18)를 가리키는 것으로 보인다. 501/1107-8년 사건에 관해 역사서에는 다음과 같이 기록되어 있다. "시리아 지역, 트리폴리의 영주인 까디 파크르 알말리크 아부 알리(القاضي فخر الملك أبو علي بن عمار)는 바그다드에 도착했다. 그는 프랑크족에 맞서 그들을 제거하기 위한 원군을 요청하기 위해 술탄 무함마드 이븐 말리크샤에게로 갔다."
عبد الجليل (أ)، ص 178.; H. A. R. Gibb, and others, 'Muhammad b. Malik-Shah', *The Encyclopedia of Islam* (vol. 7, 1986).

6 알라.

7 살라딘.

11 옥좌를 가지신 분[8]께서 그에게 고귀한 승리를 주셨다
사람들은 이분이 다윗이나 솔로몬이라고 말했다
12 반삭(半朔) 만에 다신교를 소멸시키는 자가 생겨나서
여러 지역과 나라는 다신교로부터 정화되었다
13 그 지역들을 지키는 마슬라마와 그의 형제들은 어디에 있는가?
그들의 부친은 어디에 있고, 마르완은 어디에 있는가?[9]
14 그[10] 외에 사람들은 무시하라
지상의 왕들 중 어느 한 사람도 프랑크인들을 이기지 못했으니
15 이 정복이 예언자 시대에 있었다면
이에 관해 코란 구절이 내려졌을 것
16 십자가를 숭배하는, 얼굴이 추한 자들이여,
그 얼굴들에는 불길함과 절망의 빛이 드리웠구나
17 당신[11]은 옥좌의 신이 계신 거처에
당신이 소유한 모든 것을 보관했다. 지상의 왕들은 보고(寶庫)
관리자이니

---

8 알라.

9 '마슬라마'는 우마이야조 시대에 탁월한 장군인 마슬라마 이븐 압둘 말리크(مسلمة بن عبد الملك 738 사망)를 의도한다. 그는 로마 영토를 공격했고, 716-8년에 콘스탄티노플을 향하는 군대를 선두에서 이끌었다. 그는 투르크족과 카자르족을 침공하기도 했다. 시행에서 '그의 형제들'은 알왈리드(الوليد بن عبد الملك), 술라이만(سليمان بن عبد الملك), 야지드(يزيد بن عبد الملك), 히샴(هشام بن عبد الملك)을 가리킨다. '마르완'은 마르완 가문 출신의 우마이야조 칼리프이자, 많은 군사 원정을 했던 탁월한 군 지도자였던 마르완 이븐 알하캄(مروان بن الحكم 재위 684-5)을 가리킨다.

عبد الجليل (أ)، ص 179.; H. A. R. Gibb, and others, 'Maslama b. Abd al-Malik b. Marwan', 'Marwan I b. al-Hakam', *op. cit.* (vol. 6, 1986).

10 살라딘.

11 살라딘.

18 알라께서는 당신에게 이슬람을 맡기시니
당신은 이슬람이 해를 입거나 당황하지 않도록 지켜 낼 것
19 올해는 얼마나 영광스런 한 해였던가!
불신앙은 졸고 있고 이슬람의 승리는 잠에서 깨어 있다
20 신앙의 언사를 모으는 이여,
옥좌의 주인 없이 십자가를 경배하는 자들을 제압하는 이여
21 알라께서 인류의 행적에 대한 기록부를 접으신다면
살라딘의 상급(賞給)에 대한 기록부는 접지 않으실 것[12]

원문 주해

1	مَنْ شَكَّ فيهم فهذا الفَتْحُ بُرْهانُ	جُنْدُ السَّماءِ لهذا المَلْكِ أَعْوانُ
2	وقد مَضَتْ قَبْلُ أزمانٌ وأَزْمانُ	مَتى رأى الناسُ ما نَحْكيه في زَمَنٍ
3	لها سِوَى الشُّكْرِ بالأَفْعال أَثمان	هذي الفُتوحُ فُتوحُ الأَنْبِياءِ وما
4	صَيْداً وما ضَعُفوا يوماً وما هانُوا	أَضْحَتْ مُلوكُ الفرنج الصِّيد في يدِه
5	خَوْفَ الفرنجةِ وِلْدانٌ ونِسْوانُ	كَم مِن فُحولِ مُلوكٍ غُودِروا وهُمُ
6	فخامَ عَنْها وصُمَّتْ منه آذانُ	استصرَخَتْ بمَلِكْشاهِ طَرابُلُسٌ
7	ـلإسلامَ يُطْوَى ويُحوَى وهو سَكْران	هذا وكم ملكٍ من بعده نَظَرَ الـ
8	ـلإسلامُ نُصّارُه صُمٌّ وعُمْيان	تِسْعونَ عاماً بِلادُ الله تَصْرَخُ والـ

12 '일반 무슬림들의 경우 그들의 죽음과 함께 그들의 선행에 대한 알라의 기록도 끝나지만, 살라딘은 위기에 처했던 이슬람과 무슬림들을 구하고, 이슬람 지역을 회복하는 등 이슬람 역사에서 영원히 남을 크나큰 공을 세웠기에 그의 사후에도 그의 선행은 계속 기록된다'는 의미이다.

9 فالآنَ لَبَّى صَلاحُ الدين دَعْوَتَهُمْ ... بأمرِ مَنْ هو للمِعْوانِ مِعْوان

10 للنَّاصر ادُّخِرَتْ هذي الفُتُوحُ وما ... سَمَتْ لها هِمَمُ الأملاك مُذْ كانوا

11 حَباه ذُو العَرْشِ بالنَّصْر العزيز فقا ... ل الناس داودُ هذا أَمْ سُلَيْمان

12 في نِصف شَهر غَدا للشِّرك مُصطَلِماً[13] ... فطُهِّرَتْ منه أقطارٌ وبلدانُ

13 فأَيْنَ مَسْلَمَةٌ عنها وإِخْوَتُهُ ... بل أَيْنَ والِدُهُمْ بل أين مَرْوانُ

14 وَعَدٍّ عمّا سِواه فالفَرنجة لم ... يبذّهم من ملوك الأرض إنسان

15 لو أنّ ذا الفَتْحَ في عَصْر النَّبِيِّ لقد ... تَنَزَّلَتْ فيه آياتٌ وقُرآنُ

16 يا قُبْحَ أَوْجُه عُبَّادِ الصَّليب وقد ... غدا يُبرقِعُها شُؤْم خِذْلانُ

17 خَزَنْتَ عند إلهِ العَرْشِ سائرَ ما ... مَلَكْتَهُ ومُلوكُ الأَرْضِ خُزَّانُ

18 فاللهُ يُبْقِيك للإسلام تَحْرُسُهُ ... من أن يُضامَ ويُلْفَى وهو حَيْرانُ

19 وهذه سَنَةٌ أَكْرِمْ بها سَنَةً ... فالكُفْرُ في سنةٍ والنَّصْرُ يَقْظانُ

20 يا جامعًا كِلْمَةَ الإيمانِ قامِعَ مَنْ ... معبودُهُ دونَ رَبِّ العَرْشِ صُلْبانُ

21 إذا طَوَى اللهُ دِيوانَ العِبادِ فما ... يُطْوَى لأَجْرِ صلاحِ الدين ديوانُ

13 مصطلم (무쓰딸리므): 〈만두르, صلم〉 근절하는[뿌리 뽑는, 소멸시키는] 자.

19. 샤라프 알딘 알자우와니, "내가 내 눈으로 보는 것이 꿈은 아닌지?"(583/1187-8)[1]

시인 소개

알자우와니(شرف الدين أبو علي محمد بن أسعد بن علي بن معمر، الجواني 588/1192-3 또는 그 이후 사망). 계보학자이자 시인이다. 그의 가문이 있던 본향은 이라크 북부의 모술(Mosul الموصل)이지만 그의 부친 또는 조부가 이집트로 이주하였기에 이집트에서 태어나 성장했다. 알자우와니는 이집트 지역에서 알리파[2]의 수장직을 맡기도 했다. 계보학 분야에서 편찬 업무에 종사해 『가문의 근본과 방계 혈족에 관한 풍아(風雅)한 보배와 진귀한 선물(تحفة ظريفة، ومقدمة لطيفة، وهدية منيفة في أصول الأحساب وفصول الأنساب)』 외에 많은 편찬서를 냈으며 칭송시 등을 지었다.[3]

---

1 أبو شامة، المصدر السابق، ج 3، ص 239–240؛ عبد الجليل (أ)، ص 180–181.
2 무함마드의 후예를 추종하는 분파.
3 عبد الجليل (أ)، ص 180.

작품 해제

살라딘이 예루살렘을 점령했을 때 알자우와니는 살라딘을 칭송하는 다음 시를 지었다. 그는 이슬람 진영 내 알력과 분열로 인해 예루살렘 탈환은 실현 불가능한 꿈으로만 생각해 왔다고 말한다. 그는 살라딘의 예루살렘 정복을 알라의 도움을 받은 사도 무함마드의 승전에 비유하는 한편, 살라딘을 이슬람 초기에 이슬람 수호와 전파의 사명을 맡았던 4명의 정통 칼리프, 곧 아부 바크르와 오마르, 오스만과 알리에 비견될 만한 인물로 간주한다. 이를 통해 무슬림들에게 살라딘의 위상은 정통 칼리프에 버금가는 이슬람사 최고의 인물로 각인된다.

작품 내 주요 서사와 제재를 살펴보면 다음과 같다.

1 예루살렘 탈환의 감격

믿어지지 않는, 이슬람 군대에 의한 예루살렘 정복(1행). 이전에는 이슬람 진영이 상대하기 벅찰 만큼 강력했던 십자군의 왕이 패배하여 포로로 잡힌 것은 처음 있는 일임(3행).

2 이슬람의 승리

예루살렘이 다시 이슬람 성지로 돌아와 정화됨(2행, 5행). 살라딘의 승리로 이슬람은 자신감을 회복함(9행).

3 정통 칼리프의 반열에 속하는 살라딘

경건한 자세로 이슬람을 수호하고 불신앙 지역을 정복하는 등 많은 공적을 이룬 점에서 살라딘은 초기 이슬람 시절 4명의 정통 칼리프에 버금가는 지도자임(6-8행).

4 살라딘의 무용담

시인이 막힘 없이 시를 써내려가듯 살라딘의 군대는 칼과 창을 거침없이 휘둘러 십자군을 공격하여(10행), 땅이 온통 적군의 시신과 피로 덮힐 만큼 참혹한 결과를 가져다줌(11-15행).

우리말 번역

1 내가 내 눈으로 보는 것이 꿈은 아닌지?
예루살렘이 탈환되고 프랑크족이 패하였으니
2 쓰레기는 청소되었고
불결함이 제거됨으로써 그곳은 정화되었다
3 그들의 왕은 족쇄를 차게 되었구나
이전에는 그들의 왕이 포로로 잡혀가는 것을 본 적이 없었건만
4 알라에 의한 승리와 사도에게 약속된 정복이 이루어졌으니
알라를 찬미하고 알라의 용서를 구하라
5 시리아 지역은 정복되었고
최후심판일에 인류가 모일 곳인 예루살렘은 정화되었다
6 사도 무함마드를 위해 그곳을 정복한 이분은 누구던가?
그에 관해 들리는 얘기는 무엇이며 그의 명성은 어떠한가?
7 유수프,[4] 당신은 정복으로는 알씻디끄[5]이며,

---

4 살라딘.

5 아부 바크르 알씻디끄: 이슬람 초기 1대 칼리프.

또한 진위 판단으로는 마음이 정결(淨潔)하신 이맘 오마르[6]

8 당신은 샤리아[7]를 수호함에서는 오스만[8]이며,

또한 예언자를 지지함에서는 하이다르[9]

9 한 왕이 있어, 이슬람은 그에 감탄하여 으쓱거리고,

세상은 그로 인해 의기양양하다네

10 그가 칼로 찌르고 내려침은 글을 쓰고 시를 지었다

창은 시를 짓고, 인도산 칼은 글을 쓴다

11 적의 목들은 고분고분해지고, 눈들은 떨구어지며,

이마들은 먼지투성이가 된다

12 그의 공격은 금요 예배

예배 중 그의 칼이 설교를 한다 치면 모든 머리통은 설교대라네

13 보이는 것이라곤 편자를 박은 말굽 아래에 놓인,

적의 머리통들과 철철 흐르는 피뿐

14 군마는 땅을 딛으려 하는데,

땅 위의 머리통들과 갑옷들이 군마의 발걸음을 막아선다

15 군마는 적의 시체 위를 절뚝거리며 걷는다

말은 절름발이가 아니지만 비틀거린다

---

6 오마르 알파루끄: 이슬람 초기 2대 칼리프.

7 샤리아: 이슬람 성법(聖法).

8 오스만 이븐 압판: 이슬람 초기 3대 칼리프.

9 알리 이븐 아비 딸립 하이다르: 이슬람 초기 4대 칼리프.

원문 주해

أتُرى مَناماً ما بِعَيْني أَبْصِرُ　　القُدْسُ يُفْتَحُ والفرنجةُ تُكْسَرُ
وقُمامةٌ قُمَّتْ مِنَ الرِّجْس الذي　　بزَوالِه وزَوالِها يَتَطَهَّرُ
ومَليكُهُمْ في القَيْد مَصْفودٌ ولَمْ　　يُرَ قَبْلَ ذاك لهُمْ مَليكٌ يُؤْسَرُ
قد جاء نَصْرُ اللهِ والفَتْحُ الذي　　وُعِدَ الرَّسولُ فَسَبِّحوا واستغْفِروا
فُتِحَ الشآمُ وطُهِّرَ القُدسُ الذي　　هو في القِيامة للأنامِ المَحْشَرُ
مَن كان هذا فَتَحه لِمُحَمَّدٍ　　ماذا يُقالُ له وماذا يُذكَر
يا يُوسُفُ الصِّدِّيق أنتَ لفَتْحِها　　فارُوقُها عُمَرُ الإمامُ الأَطْهَرُ
ولأنتَ عُثْمانُ الشَّرِيعَةِ بَعْدَهُ　　ولأنت في نَصْر النُّبُوَّة حَيْدَرُ
مَلِكٌ غَدا الإسلام مَن عُجِبَ به　　يَختالُ والدُّنيا به تَتَبَخْتَرُ
نَثْرٌ ونَظْمٌ طَعْنُهُ وضِرابُهُ　　فالرُّمْحُ يَنظِمُ والمُهَنَّدُ يَنثُرُ
حَيْثُ الرِّقابُ خَواضِعٌ حيثُ العُيُو　　نُ خَواشِعٌ حيث الجِباهُ تُعْفَرُ
غاراتُهُ جُمَعٌ فإنْ خَطَبَتْ له　　فيها السُّيُوفُ فكلُّ هامٍ مِنْبَرُ
إذ لا تَرى إلا طُلًى[10] بسَنابِكٍ[11]　　تُحْذَى نِعالاً أو دِماءً تُهْدَرُ
وصَوافِناً[12] تَخْتار أن تَطَأَ الثَّرَى　　فيَصُدُّها عنه طُلًى وسَنَوَّرُ[13]
تَمْشي على جُثَثِ العِدا عَرَجاً ولا　　عَرَجٌ بها لكنَّها تَتَعَثَّرُ

---

10 (طُلاة ج طلًى) (뚤라 (복) 뚤라): 〈만두르, طلي〉 목(عنُق).

11 (سُنبك ج سنابك) (순부크 (복) 사나비크): 발굽(의 끝).

12 (صافِن ج صَوافن) (싸피느 (복) 싸와피느): 〈만두르, صفن〉 세 발로 (그리고 나머지 한 발은 발굽 끝으로) 서는 말.

13 سَنَوَّر (사나우와르): 〈만두르, سنر〉 무기, 갑옷.

20. 이븐 주바이르 알안달루시,
"당신이 이슬람의 성지를 탈환함으로써"(585/1189-90)[1]

시인 소개

이븐 주바이르 알안달루시(أبو الحسين، محمد بن أحمد بن جبير الكناني الأندلسي 539/1144-5 또는 540/1145-6~614/1217-8). 안달루스의 발렌시아(Valence)에서 태어나 샤띠바(شاطبة)에서 거주했다. 시를 포함해 문학에 탁월했고 독송(讀誦)에 능했다. 여행을 무척 좋아해 동부 이슬람 지역으로 세 차례 여행을 했다. 578/1182-3~581/1185-6년 1차 여행을 하고 지은 유명한 책이 『이븐 주바이르의 여행기(رحلة ابن جبير)』이다. 이 여행에서 그는 메카, 바그다드, 다마스쿠스, 하란 등지를 다니며 학자들을 만났다. 2차 여행(585/1189-90~587/1191-2)을 하게 된 가장 큰 원인은 살라딘의 예루살렘 탈환이었으며, 이 여행에서 그는 이슬람의 3대 주요 사원(예루살렘의 알아크사 사원, 메디나의 예언자 사원, 메카의 하람 사원)을 방문했다. 601/1204-5년 그는 부인과 사별한 후 3차 여행을 떠나 메카, 예루살렘에 머물다가 다시 이집트의 알렉산드리아로 옮겨가 사망할 때까지 그곳에서 살았다. 많은 시를 지었으며 특히 살라딘을 칭송하는 시와 예언

---

1 أبو شامة، المصدر السابق، ج 3، ص 8-9، ص240-241؛ عبد الجليل (أ)، ص 193-196.

자 칭송시를 남겼다.[2]

작품 해제

585/1189-90년 작품이다.[3] 이븐 주바이르의 다음 시는 살라딘을 칭송하는 시로, 그의 업적을 두 부분으로 나누어 구체적으로 제시하고 있다. 하나는 십자군을 격퇴한 공적을 찬양하는 부분(1-24행)이고, 다른 하나는 마그립 지역에서 온 메카 순례객에게 강제로 부과한 세금[4]을 폐지한

---

2 الزركلي، المرجع السابق، المجلد 5، ص 319–320، "ابن جبير"؛ أبو شامة، المصدر السابق، ج 3، ص 8؛ عبد الجليل (أ)، ص 192.

3 압둘 잘릴은 이 시를 585/1189-90년의 작품으로 분류하였다. 아부 샤마의 『두 정원의 서』에서 이 시는 583/1187-8년 사건, 즉 '살라딘의 예루살렘 정복' 제하의 글에 포함되어 있다. 필자가 보기에, 585년은 이 시가 쓰인 해이고, 583년은 살라딘이 예루살렘을 정복한 해이므로 둘 다 맞다. 이 시는, 583년 살라딘의 예루살렘 정복 소식을 접한 이븐 주바이르가 585년 2차 여행을 하면서 지은 것으로 보인다.
한편 『두 정원의 서』에서 이 시의 25-56행 부분은 따로 분리되어 574/1178-9년 '술탄 살라딘이, 메카가 순례객에게 세금 징수하는 것을 금지함' 제하의 글에 들어 있다. 이는 세금 징수 금지에 관한 일이 574년에 있었고, 이븐 주바이르가 585년 이 시를 지을 때 (살라딘의 업적을 말하면서) 앞서 있었던 이 징수 금지 사안을 하나의 시에 포함시켜 다루었는데, 아부 샤마는 연대기 형식에 맞추어 이 사안을 574년 사건에서 별도로 다루면서 이 시에서 관련된 부분(25-56행)을 분리했던 데에 기인하는 것으로 보인다.

4 "술탄[살라딘]은 순례객에 대한 성지 메카의 세금 징수를 철폐하였다. 그 대신 메카의 제후에게 매년 곡물을 제공하고, 이집트 지역 내 토지를 종교 기부 재산으로 할당하는 것으로 보상책을 마련하였다. 당시 메카의 관세 제도에 따르면, 마그립에서 온 순례객에 대해서는 그 머릿수에 맞추어 세금이 징수되었다. 순례자가 (도시에) 들어오면 세금을 낼 때까지 구금되고, 요구되는 금액을 지급하면 풀려났다. 그가 돈 한 푼 없는 가난한 사람이면 그는 구금되고 그냥 내버려 두어지지 않았다. (순례 과정에서) 그자는 아라파트 산에 갈 수 없게 되어 그곳에서 멈춰서는

업적에 관한 부분(25-56행)이다. 즉, 시인은 살라딘이 외부의 적인 십자군으로부터 영토를 방어하고 빼앗겼던 예루살렘 등의 이슬람 지역을 탈환한 것을 칭송하는 한편, 이슬람 내부의 문제를 해결해 무슬림들의 권리를 옹호한 공적을 높이 평가한다. 이처럼 시인은 군사 지도자이면서 백성에게 선정을 베푸는 이슬람 진영 수장으로서 살라딘의 위상을 드높인다.

작품 내 주요 서사와 제재를 살펴보면 다음과 같다.

1 십자군을 물리치고 성지 예루살렘을 탈환한 살라딘

배신과 협정 파기를 일삼는 십자군에게 패배와 파멸을 안겨줌(3-9행). 살라딘은 이슬람과 알라, 무슬림들을 위해 성실하게 지하드에 임함(12-18행). 예루살렘을 불신자들의 손에서 구해내 이슬람의 성지로 회복시켰는 바, 이는 알라의 계획하에 이루어진 것임(18-22행).

2 메카 제후가 순례객에 대해 부과하던 세금을 살라딘이 폐지함

살라딘이 이슬람 지역을 안전하게 지킴으로써 순례객을 포함한 동서 지역 간 무슬림들의 왕래가 활발해졌으며(26-28행), 특히 메카 순례자들에게 부과하던 세금 징수를 살라딘이 철폐함(25행)으로써 순례객들은 살라딘에게 크게 감사함(29행). 그 전에 순례객에게 세금 징수을 위해 갖은 횡포를 부렸던 사악하고 표리부동한 메카의 제후를 응징할 자는 살라딘밖에 없음(30-44행). 나[시인]는 술탄에게 진실된 충고를 하는 자임을 자부하면서 이 시를

종교 의식을 수행할 수 없었다.”

أبو شامة، المصدر السابق، ج 3، ص 6-7.

술탄에게 바치고자 함(47-56행).

우리말 번역

1 운행하는 천체의 별들이
당신의 빛나는 지평선을 내려다보았다
2 기쁜 소식을 전하시오. 적들의 목이
당신의 시퍼런 칼날에 놓여졌으니
3 머지않아, 배신과 협정 파기를 일삼는
그들 대장에게 파멸이 닥칠 것
4 구름이 쏟아지는 피로 대지를 적셔 주는 날
사람들은 풍작을 이룰 것
5 숨어 있던 사자가 먹잇감을 죽이듯이
당신은 얼마나 많이 그들을 멸했던가!
6 당신은 강제로 그들의 십자가를 부러뜨렸다
그렇게 부러뜨린 당신은 너무도 훌륭한 자!
7 당신은 그들의 자취를 모조리 바꾸어 버렸구나
세월조차 그 자취를 마음대로 못하건만[5]
8 당신은 그들을 침공하는 데 노력을 기울였다
그들은 불운으로 인해 비참한 지경에 있구나
9 지난날 그들이 그랬던 것처럼 시리아 지역에서

5 "세월조차 ~ 못하건만": 〈직〉 "그 자취들에는, 폭군인 세월[운명]이 없다"

그들의 왕은 뒤로 돌아 도주했다
10 적은 이미 당신의 군대를 두려워하고 있으니 이에 힘입어[6]
당신이 원하실 때마다 싸우고 인내심을 겨루십시오
11 당신의 범람하는 군대 물결에
적들은 모두 익사하고 말 것이오
12 당신은 정도의 종교[7]를 위해 적들에게 복수했다
알라께서는 복수하는 자로 당신을 택하셨다
13 당신은 인류의 신(神)을 돕는 일을 행했기에
사람들은 당신을 '알말리크 알나씨르'[8]로 불렀다
14 당신은 성실하게 인내하며 노력을 기울였다
인내하는 자는 참으로 훌륭한 자!
15 다른 왕들은 침대에서 밤을 보내는데
당신은 사부르산(産) 철갑을 걸치고 늠름하게 걸어간다[9]
16 당신은 왕들의 화려하고 편한 삶보다
지하드의 삶을 위해 진력하는 자를 좋아한다
17 당신은, 밤을 지새우는 당신을 기쁘게
할 무슬림의 권리를 위해 밤을 지새운다[10]

---

6 〈직〉 "당신의 군대는 (적군이 갖는) 두려움의 지원을 받으니" 이 표현은 하디스의 "나는 두려움의 도움을 받았다. 적(敵)은, 한 달간 가야 하는 먼 거리에 있어도 나를 두려워하나니"라는 구절에 착안한 것이다. 이 책의 175쪽, 각주 10번 참조.

7 이슬람교.

8 '알라를 조력(助力)하는 왕'이라는 뜻으로 살라딘을 가리킨다.

9 또는 '당신은 사부르산 철갑 자락을 끌며 걸어간다'.

10 〈직〉 "당신은 당신의 눈꺼풀로 하여금 밤새우게 한다 / 당신의 밤을 지새우는 눈꺼풀을 위해 당신을 기쁘게 할 자의 권리를 위해"

18 당신이 이슬람의 성지를 탈환함으로써
성지는 원래의 정결한 상태를 회복했다
19 당신은 성지로 인정된 예루살렘으로 와서
그곳을 불신자의 손에서 구원해 주었다
20 그곳에서 당신은 정도의 미너렛을 높이 세웠고
그곳의 사라진 자취에 생명을 불어넣었다
21 아주 먼 옛날부터 당신을 위해
알라께서 이러한 정복을 계획하셨다
22 당신이 정복에 능란하게 된 후 알라께서
당신에게 정복 사업을 맡겨 주시길. 당신은 내세에서 상급을
받을 것[11]
23 당신의 사랑은 사람들의 마음에 와 닿았고
인류는 기뻐하며 당신에 대해 언급한다
24 사람들은 훌륭한 왕을 말할 때
유명한 속담에서 당신을 얼마나 많이 언급했던가!
25 당신은 넘치는 은덕을 베풂으로써
히자즈 주민의 세금을 없애 주었다[12]
26 당신은 그곳의 전역을 안전하게 해줌으로써

---

11 『두 정원의 서』에 따르면 이 행은 다음과 같이 해석된다.
"알라께서는 파루끄[칼리프 오마르] 이후 당신에게 정복 사업을 맡기셨다 / 당신은 내세에서 상급을 받을 것." 2대 칼리프 오마르는 초기 이슬람 정복 전쟁에서 많은 지역을 정복했다.

12 25행 이하에서는 메카 순례를 위해 마그립 지역에서 온 무슬림들을 상대로 메카의 제후가 과도한 세금을 부과하던 관행을 살라딘이 철폐한 일을 언급한다.
자세한 내용은 أبو شامة، المصدر السابق، ج 3، ص 6-8 참조.

행인들의 왕래가 용이해졌다
27 당신 손의 구름은 그곳을 오가는 사람들에게
풍족한 비를 내려 주었다
28 동쪽에는 당신을 찬미하는 자가,
서쪽에는 당신께 감사하는 자가 얼마나 많은지!
29 메카에서는 해마다 당신을 위해
널리 드러내어 기도하는 자가 얼마나 많은지!
30 억압자[메카 제후]에 대한 (사람들의) 불만이 얼마나 많았던가
악행은 그것을 쌓은 자에게 그대로 되돌아올 것[13]
31 그는 신전 순례자들을 난폭하게 대하고
압제자처럼 그들에게 횡포를 부린다
32 그는 그들의 수중에 있는 것을 들추어낸다
그들의 비천한 처지는 말할 것도 없고
33 그들은 마치 적군의 포로가 된 듯,
조사받은 후에 멈춰 세워졌다
34 그는 그들에게 허황된 서약을 강요한다
맹세의 결과, 그 파렴치한 자에게 불행이 있기를
35 그들 안에 여성이 있다 해도
그 압제자는 여성을 지켜 주지 않을 것
36 그는 언젠가[14] 자신이 전능하고 강력한 왕[15] 앞에서

13 '순례자들을 억압하여 원성의 대상이 된 메카 제후는 최후심판일에 알라로부터 그 악행에 대한 징벌을 받게 될 것'이라는 의미이다.

14 곧 '최후심판의 날에'.

15 '전능하고 강력한 왕'은 곧 알라[하나님]를 가리킨다.

심판받을 일이 두렵지 않은가?

37 그는 그러한 (위험) 상황에서 무슬림들의 여자들을
질투심에서 지키려 하지 않는구나[16]

38 그는 유용한 충언을 받아들이지는 않고
악행을 막으려 충고하는 자에게 수모를 주는구나[17]

39 승전을 거두는 '알말리크 알나씨르'에게
조언을 하는 자나 충언을 전달할 자는 없는가?

40 억압자는 자카트[18]용 재물도 가져갔다
그 재물은 그에게 아무런 소용이 없건만

41 그자는 속으로는 배신을 궁리하고
겉으로는 충직한 척한다[19]

42 그자에게 본때를 보여 주시오
그자는 말하는 자의 이야기를 곡해하는 자이니

43 당신밖에는 악행을 막을 자가 없고
선행을 권할 자가 없구나

44 만일 당신이 악행의 자취를 지워버리지 않는다면
사람들은 당신을 용납하지 않을 것

45 당신이 그런 것을 제거함으로써

---

16 이슬람 교리에 따르면 무슬림 남자는, 질투심에서 발원하는 용기와 '남자다움'의 정신을 발휘해 무슬림 여성을 위험으로부터 지켜야 할 의무가 있다.

17 『두 정원의 서』에서의 시행을 번역하면 다음과 같다. "그는 악행을 막는 데 도움되는 자의 말을 받아들이지 않고 / 악행을 목격한 자에게 수모를 주는구나!"

18 이슬람에서의 헌금.

19 〈직〉 "그자는 배신을 속에 숨기고 / 충고를 겉으로 드러낸다"

당신의 궁지는 사람들에게 널리 알려지게 될 것[20]
46 당신의 숭고한 자취는 그곳에 남게 되고
그 공적은 소식 전달자에 의해 전해질 것
47 나는 당신을 위해 충고하기로 서약했고
나는 서약을 지켰습니다
48 당신의 사랑은 나로 하여금 시를 읊게 했습니다
나는 시인이 받는 하사금을 원치 않습니다
49 지난날 시를 지어 내가 이득을 본 것은 없습니다
상인이 파는 물건 같은 시는 졸작(拙作)이기 마련!
50 걸작(傑作) 시를 쓰는 것이 청년의 목표가 된다면
유명 시인의 칭호를 얻는 것은 당연하지
51 내가 시를 적게 짓는다 해도 상관없지
사람들이 과작(寡作) 시인에게는 관심을 두지 않기에
52 그렇지만 열애의 감정이 일어나기만 하면
내 생각을 사로잡지
53 그 시는 그런 고귀한 분들을 찾아가
눈부신 명예를 획득했다
54 당신께서 그 시를 받아 주신다면
그것은 찾아온 자의 영광입니다
55 당신께서 시를 들어주시는 것으로 충분하고
당신께서 시를 보아주시는 것으로 충분합니다

20 〈직〉 "당신이 그런 것을 제거함은 / (옷을) 펼치는 자를 위해 당신의 긍지의 옷을 넓게 해줄 것"

56 정원에서 시는 수줍던 꽃이 피어난 직후
당신을 향기 속에 언급한 것을 자랑합니다

원문 주해

1	أَطَلَّتْ على أُفْقِكَ الزاهِرِ	سُعودٌ مِن الفَلَكِ الدائِرِ
2	فَأَبْشِرْ فإنّ رِقابَ العِدا	تُمَدُّ إلى سَيفِكَ الباتِرِ
3	وعَمّا قليلٍ يَحُلُّ الرَّدى	بكُنْدِهِمُ[21] الناكثِ الغادِرِ
4	وخِصْبُ الوَرَى يَوْمَ تَسْقِي الثَّرى	سَحائِبُ من دَمِها الهامِرِ
5	فكَمْ لَكَ مِن فَتْكَةٍ فِيهِمُ	حَكَتْ فَتْكَةَ الأَسَدِ الخادِرِ
6	كَسَرْتَ صَلِيبَهُمْ عَنْوةً	فللّــه دَرُّكَ من كاسِرِ
7	وغَيَّرْتَ آثارَهُم كُلَّها	فليس لها الدَّهْرَ من جابِرِ
8	وأَمْضَيْتَ جِدَّك في غَزْوِهِمْ	فَتَعْسًا لجَدِّهِمُ العاثِرِ
9	فأَدْبَرَ مُلْكُهُمُ بالشَّآم	ووَلَّى كَأَمْسِهِمُ الدابر
10	جُنُودُك بالرُّعْبِ مَنْصُورَةٌ	فَناجِزْ مَتَى شِئْتَ أَوْ صابِرِ
11	فكُلُّهُمُ غارقٌ هالِكٌ	بتيَّارِ عَسْكَرِكَ الزاخِرِ
12	ثَأَرْتَ لِدِينِ الهُدَى في العِدا	فآثَرَكَ اللهُ من ثائِرِ
13	وقُمْتَ بنَصْرِ إلهِ الوَرَى	فسَمَّاكَ بالمَلِكِ الناصِرِ
14	وجاهَدْتَ مُجْتَهِداً صابِراً	فلِلّه دَرُّكَ مِن صابر
15	تَبِيتُ المُلوكُ على فُرْشِها	وتَرْفُلُ في الزَّرَدِ السَّابِرِي[22]

21 كُنْد(쿤드): 스페인어 콘드(Conde). 원형은 라틴어 코메스(Comes). 기독교도 무리에서 성직 칭호, 군대 지휘관 계급. عبد الجليل (أ)، ص 193–194.

22 سابريّ (사비리): 〈만두르, سبر〉 사부르(سابور) 지역의 얇은 천이나 옷. الدروع السابرية(사부

16 وتُؤْثِرُ جاهِدَ عَيْشِ الجِهادِ ... على طِيبِ عَيْشِهِمُ الناضر
17 وتُسْهِرُ جَفْنَكَ[23] في حَقِّ مَنْ ... سَيُرْضِيكَ في جَفْنِكَ السَّاهر
18 فَتَحْتَ المُقَدَّسَ من أَرْضِهِ ... فعادَتْ إلى وَصْفِها الطَّاهِرِ
19 وجِئْتَ إلى قُدْسِه المُرتَضَى ... فخَلَّصْتَه مِن يَدِ الكافر
20 وأَعْلَيْتَ فيه مَنارَ الهُدَى ... وأَحْيَيْتَ من رَسْمِهِ الداثِر
21 لَكُمْ ذَخَرَ اللهُ هَذِي الفُتوحَ ... مِنَ الزَّمَن الأَوَّلِ الغابر
22 وخَصَّكَ مِن بَعْدِ ما رُزْتَه[24] ... بها لاصْطِناعِكَ في الآخِرِ
23 مَحَبَّتُكُمْ أُلقِيَتْ في النُّفُوسِ ... بذِكْرٍ لَكُمْ في الوَرَى طائِر
24 فكَمْ لَهُمُ عِنْد ذِكْرِ المُلُوكِ ... بمَثَلِكَ من مَثَلٍ سائر
25 رَفَعْتَ مَغارِمَ أَهْلِ[25] الحِجاز ... بإنعامِكَ الشامِلِ الهامِر
26 وأَمَّنْتَ أَكْنافَ تِلكَ البِلادِ ... فهانَ السَّبِيلُ على العابِرِ
27 وسُحْبُ أَيادِيك فَيَّاضَةٌ ... على واردٍ وعلى صادِر
28 فكَمْ لَكَ بالشَّرْقِ مِن حامِدٍ ... وكَمْ لك بالغَرْبِ من شاكِرِ
29 وكَمْ بالدُّعاء لَكُمْ كُلَّ عامٍ ... بمَكَّةَ مِن مُعْلِنٍ جاهر
30 وكَمْ بَقِيَتْ حُسْبَةٌ في الظُّلُّوم ... وتِلْكَ الذَّخِيرَةُ للذَّاخِرِ
31 يُعَنِّفُ حُجَّاجَ بَيْتِ الإلهِ ... ويَسْطو بهِمْ سَطْوَةَ الجائر
32 ويَكْشِفُ عَمَّا بأَيدِيهِمُ ... وناهِيكَ مِن مَوْقِفٍ صاغر

르산產 갑옷).

23 『두 정원의 서』에는 وتُسهِر جفنك (당신의 눈꺼풀로 하여금 밤을 지새우게 하고) 대신에 وتَسْهَر ليلك (당신은 밤을 지새우고)로 나옴.

24 (يروز) راز (라자 ㊀ 야루즈): 〈만두르, روز〉 시험하다, 검사하다(اختبر ,امتحن ,جرّب). '뛰어난 건축가처럼 자신의 일에서 수차례 경험을 한 결과 숙달하게 되다(حذق)'의 의미도 있다.
『두 정원의 서』에서는 بعد ما رزته (당신이 정복에 숙달하게 된 후) 대신 بعد فاروقه (파루끄[2대 칼리프 오마르] 이후)로 나온다.

25 『두 정원의 서』에서는 أهل (주민) 대신 مَكْس (세금)로 나온다.

33 وقد أَوْقَفُوا بَعْدَما كُوشِفُوا   كَأَنَّهمُ في يَدِ الآسِرِ
34 ويُلْزِمُهُمْ حَلِفًا باطلاً   وعُقْبَى اليَمِين على الفاجر
35 وإنْ عَرَضَتْ بَينَهُمْ حُرْمَةٌ   فليس لها عنه مِن ساتِرِ
36 أليس يَخافُ غَدًا عَرْضَه   على المَلِكِ القادِرِ القاهر
37 وليسَ على حُرَمِ المُسْلِمِين   بتِلكَ المَشاهِدِ من غائر
38 ولا حاضِرٌ نافِعٌ نُصْحَهُ   فيا ذِلَّةَ الحاضِرِ الزاجر[26]
39 ألا ناصحٌ مُبْلِغٌ نُصْحَهُ   إلى المَلِكِ الناصِرِ الظافر
40 ظَلُوم تَضَمَّنَ مالَ الزَّكاة   لَقَدْ تَعِسَتْ صَفْقَةُ الخاسِر
41 يُسِرُّ الخِيانَةَ في باطِنٍ   ويُبْدِي النَّصِيحَةَ في ظاهِرِ
42 فَأَوْقِعْ به حادِثاً إنَّه   يُقبِّحُ أُحْدُوثَة الذّاكر
43 فما لِلمَناكرِ من زاجرٍ   سِواكَ وبالعُرْفِ من آمِرِ
44 وحاشاكَ إنْ لمْ تُزِلْ رَسْمَها   فما لَكَ في الناس من عاذِرِ
45 ورَفْعُك أَمْثالَها مُوسِعٌ   رِداءَ فَخارِكَ للناشر
46 وآثارُكَ الغُرُّ تَبْقى بها   وتلك المَآثِرُ للآثِرِ
47 نَذَرْتُ النَّصِيحَةَ في حَقِّكُمْ   وحُقَّ الوَفاء على الناذر
48 وحُبُّك أَنْطَقَنِي بالقَرِيض   وما أَبْتَغِي صِلَة الشاعر
49 ولا كان في ما مَضى مَكْسَبِي   وبِئْسَ البِضاعةُ للتاجر
50 إذا الشِّعرُ صارَ شِعارَ الفَتى   فناهِيكَ من لَقَبٍ شاهِرِ
51 وإنْ كان نَظْمي له نادرًا   فقد قِيلَ لا حُكْمَ للنادِرِ
52 ولكنَّها خَطَراتُ الهَوى   تَعِنُّ فتَغْلَبُ للخاطِرِ
53 وأَمَّا وقد زارَ تلك العُلا   فقد فازَ بالشَّرَفِ الباهر

---

26 『두 정원의 서』에서 이 행은 다음과 같다.

ألا حاضرٌ نافع زجْرُه   فيا ذِلَّة الشاهد الحاضر

54 وإنْ كان منك قَبُولٌ له   فتلك الكَرامَةُ للزائر

55 ويَكْفِيه سَمْعُكَ من سامعٍ   ويَكفِيه لَحْظُكَ من ناظر

56 ويُزْهَى على الرَّوْض غِبَّ الحَيا   بما حازَ مِن ذِكْرِكَ العاطِرِ

21. 알라쉬드 이븐 알나블루시,
"예루살렘을 지켜 주시오" (587/1191-2)[1]

시인 소개

알라쉬드 이븐 알나블루시(الرشيد بن النابلسي، عبد الرحمن بن محمد بن بدر بن الحسن بن المفرج بن بكار 619/1222-3 사망). 다마스쿠스에서 성장해 학문을 익히면서 타즈 알딘 알킨디(تاج الدين الكندي) 같은 학자들에게서 지식을 얻었고, 청년 시절에 시인 피트얀 알샤구리(فتيان الشاغوري) 문하에서 시를 공부했다. 이후 바그다드로 가서 학문을 배웠다. 두 권의 시집을 지은 뛰어난 시인이었다.[2]

작품 해제

이 시와 관련해 아부 샤마는 『두 정원의 서』에서 말했다.

"프랑크족은(587/1191-2년) 둘까으다(11월) 3일에 알라믈라[라말

1 أبو شامة، المصدر السابق، المجلد 2، ج 4، ص 169؛ عبد الجليل (أ)، ص 198.
2 أبو شامة، المصدر السابق، ج 4، ص 169؛ عبد الجليل (أ)، ص 173.

라]로 출발했다. 그들은 그 노정에서 예루살렘으로 향했다. 그들과 무슬림들 간에 전투가 계속되었다. 술탄 살라딘은 둘까으다 월 23일에 체류할 목적으로 예루살렘으로 갔다. (…) 그날[둘힛자(12월) 22일], 참호의 암석을 절단하는 일을 위해 50명의 남자가 모술로부터 당도했다. 술탄은 예루살렘 성을 강화하고 탑과 벽을 세우고 참호를 파기 시작했다. 술탄은 이 작업을 위한 인부 모집을 위해 여러 지역에 사신을 보냈다. 예루살렘의 영주들이 그 일에 함께했다. 술탄은 그곳에서 자신의 아들들과 군 지휘관들, 병사들, 그리고 재판관들, 학자들, 총독들, 영주들과 함께 일했고 몸소 돌을 나르기도 했다."[3] 프랑크족이 예루살렘의 술탄에게로 향한 것에 대해 알라쉬드 이븐 알나블루시는 이 시를 지었다.

이 시에서 시인은 십자군이 예루살렘을 공격하려 하자 살라딘에게 그곳을 지켜 줄 것을 요청한다(6-7행). 시인은 살라딘이 십자군을 패배시키고 굴욕을 안겨 주었던 일을 상기시키면서(2-3행), 적군이 무모하리만큼 저돌적으로 공격하더라도 살라딘의 용맹스런 무슬림 군대 앞에서는 무력할 것이라며 적에게 경고한다(4-5행). 한때 불운하여, 예루살렘을 적에게 빼앗긴 적이 있지만, 이제는 살라딘의 존재로 인해 적은 패할 운명임을 강조한다(8행).

---

3 أبو شامة، المصدر السابق، ج 4، ص 168-169.

우리말 번역

1 몹쓸 놈의 프랑크인들 같으니. 그들의 어미에게, 그리고
그들 중 약골이지만 명철한 자로 알려진 자에게 저주가 있기를!
2 그들이 모여 조직되었을 때 당신은 칼로 내리쳐 그들을
흩어지게 했고,
그들이 흩어져 있을 때 당신은 칼로 찔러 꿰어서 그들을 모이게 했다
3 당신은 얼마나 많이 그들에게 굴욕의 잔을 마시게 했던가!
그들이 어리석게 난동을 일으키다가 술에 취했다 해도 놀랄 일은
아니지
4 그들의 무지함은 새로운 일이 아니지. 그들이 당신께 향해 간다면
당신은 숲 속에 사는 붉은 사자들에게로 달려가지
5 그들은 호랑이 무리에게 갔지만 당신의 사자들이 그들의 영웅
앞에서 포효할 때
그들의 뻔뻔함은 아무 소용 없지
6 예루살렘을 지켜 주시오. 두렵지 않게, 해(害)를 입지 않도록
그리고 알라께서 당신에게 두려움이 없게 해주시기를!
7 숭고한 그곳[4]은 당신을 부르며 피신해 왔고,
자신의 영광을 지키려 심히 경계하고 있다
8 세월은 자신의 실수에 대해 용서를 구할 것이고
불한당 무리는 자신들이 씨 뿌린 대로 거두게 될 것

4 예루살렘.

원문 주해

وَيْحَ الفِرَنْجَةَ بَلْ وَيْلَ أُمِّهِمْ أَوَ ما　　فيهم لَبِيبٌ على العِلاَّت يُعْتَبَرُ 1

فكَمْ نَثَرْتَهُمُ ضَرْباً إذا انْتَظَمُوا　　وكمْ نَظَمْتَهُمُ طَعْناً إذا انْتَثَرُوا 2

كمْ قد سَقَيْتَهُمُ ذُلاً فلا عَجَبٌ　　إنْ عَرْبَدُوا سَفَهاً فالقَوْمُ قد سَكِرُوا 3

إنْ يَمَّمُوك فلا بِدْعٌ لِجَهْلِهم　　تَسْعَى إلى الأُسْدِ في غاباتِها الحُمُرُ 4

زاروا نُمُوراً ولا تُغْنِي وَقاحَتُهُمْ　　إذا أُسُودُك في أَبْطالِهِمْ زَأَرُوا 5

فَحامِ عن حَوْطَةَ البَيْتِ المُقَدَّس لا　　خَوْفٌ وحاشاكَ من خَوْفٍ ولا ضَرَرُ 6

هو الشَّرِيفُ وقد ناداك مُعْتَصِماً　　فما على مَجْدِهِ مِن بَعْدِها حَذَر 7

وسَوْفَ تَسْتَغْفِرُ الأَيّامُ هَفْوَتَها　　وتَحْصُدُ الفِئَةُ الأَوْغادُ ما بَذَرُوا 8

22. 이븐 알무자위르,
"당신은 무함마드의 종교를 살려 냈고"(588/1192-3)[1]

시인 소개

이븐 알무자위르(نجم الدين أبو الفتح يوسف بن محمد بن الحسين، الشيرازي، الدمشقي، ابن المجاور 549/1154-5~601/1204-5 또는 600/1203-4). 다마스쿠스에서 태어나 자랐다. 코란 낭송 전문가이며, 다마스쿠스 사원의 학교에서 아이들을 가르쳤다. 특히 고관 자제들의 교육을 맡아, 술탄 살라딘의 아들인 알아지즈(العزيز بن صلاح الدين)를 가르쳤다. 알아지즈는 이집트에서 부친을 대신해 통치하는 동안 이븐 알무자위르를 와지르로 임명했으며, 부친 사망 후 그에게 국가 통치를 위임했다. 이븐 알무자위르는 시인들과 문인들에게 경의를 표했으며 그들과 문학 토론을 갖기도 했다. 시와 서신을 남겼으며 카이로에서 사망했다.[2]

---

1 أبو شامة، المصدر السابق، ج 3، ص 236-237، ج 4، ص 192؛ عبد الجليل (أ)، ص 199-201.
1-34행은 『두 정원의 서』 3권, 236-237쪽(583/1187-8년 사건)에, 35-42행은 4권 192쪽(588/1192-3년 사건)에 나와 있다.

2 أبو شامة، المصدر السابق، ج 3، ص 236، ج 4، ص 192؛ عبد الجليل (أ)، ص 199.

작품 해제

이마드 알딘 알아쓰파하니에 따르면 다음 시는 이집트에서 와지르직을 맡고 있던 이븐 알무자위르가 (살라딘에게) 보내온 시이다. 이마드 알딘 알아쓰파하니는 이 시를 예루살렘에 있는 술탄(살라딘)에게 보였다. 이 시는 영국 왕 리처드, 살라딘의 야파 정복, 588/1192-3년 이슬람 진영과 프랑크족 간에 체결된 휴전에 관해 언급하고 있다.[3]

이 시는 3차 십자군에 참가한 영국 왕 리처드와 살라딘 간에 긴장과 갈등이 있던 시기, 정확하게는 양측 간 휴전협정이 체결된 후 지어진 시이다. 당시 아이윱조의 와지르로서 이집트 통치를 맡고 있던 이븐 알무자위르는 변화하는 전시 상황 속에서 술탄 살라딘에게 이 시를 보내어 술탄을 찬양하고 군대의 노고를 치하하는 한편, 적대적인 영국 왕을 비난하고 경계하면서 휴전협정의 결과에 대한 일말의 우려를 나타낸다.

작품 내 주요 서사와 제재를 살펴보면 다음과 같다.

1 이슬람을 위해 헌신하며 십자군에 맞서 지하드에 매진하는 살라딘

전쟁에 탁월한 군사 지도자이며 경건한 무슬림으로서, 기독교 십자군을 몰아내기 위한 지하드에 혼신의 힘을 기울이는 살라딘(3-13행). 결단력과 침착함을 지녔고, 마음은 온화하지만 적에게는 포악하고 무자비한 폭군과 같음(14-17행).

2 살라딘이 야파를 정복함

야파를 잃은 십자군 진영은 참담한 지경에 처함(18-20행). 살라

3 عبد الجليل (أ)، ص 199.

딘이 야파 외에 그 주변 지역을 모두 정복하기를 바람(21행).

3 살라딘의 위업과 그의 용감한 군대

살라딘은 지하드로 이슬람을 구원했고, 백성을 위해 선정을 베풂(24-28행). 용감하고 출중한 자들로 구성된, 알라에 속한 그의 군대는 이슬람 영토를 방어하는 유일한 군대로 죽음을 두려워하지 않으며 적편 지역을 폐허로 만듦(22행, 29-34행).

4 영국 왕 리처드를 조롱함. 살라딘과 리처드 양측 간 휴전협정

전쟁을 일삼는 영국 왕을 경멸하고, 그에게 무의미한 전쟁을 중지하라고 충고함(35-39행). 양측 간 휴전협정이 이루어졌으나 그것은 살라딘의 전략에 의한 것임(40-42행).

우리말 번역

1 젊고 날씬한 처녀의 외모를 묘사한
시를 듣기에는 시간이 부족하다네

2 이 시대에는 진지함이 분명히 드러나고
유혹이 깃들인 농담은 자취를 감춘다

3 알라의 도움으로 승리하는 자, 지하드의 길로 인도받고 사람들을 인도하는 자
그는 아부 알무답파르 유수프[4]

---

4 살라딘을 가리킨다. 살라딘의 본명은 유수프 이븐 아이윱 이븐 샤디(يوسف بن أيوب بن شاذي)이고, 아부 알무답파르(أبو المظفر 승리하는 자), 살라딘(صلاح الدين 올바른 신앙),

4 그는 주(主)께 의지하는 자, 굳건한 신앙심을 갖고 신의 도움을
받는 자,
신께 도움을 청하는 경건하고 충실한 자
5 그[5]의 지하드에 의해 아흐마드 종파[6]의
기둥을 버티는 힘이 강화됐고 역경을 감당해 냈다
6 뭇 왕들이 왕 전하를 찾아가 알현한다면
그들은 가장 관대하고 고귀한 왕에 의탁하게 마련
7 포로의 신세가 되어 성문에 다다른 그들은
적에 대한 공격이 탁월하면서도 백성에게 동정심 많은 분을
마주한다[7]
8 이슬람교를 위해서,
자식을 보살피며 애정을 쏟는 너그러운 아버지가 되신 군주
9 그분은 프랑크족을 쫓아내고 군사를 회군(回軍)하셨으니,
그의 예로써 사람들의 운명을 뜻한 대로 조종하는 자를 찬양하라
10 그 분은 저들의 삼위일체(三位一體)에 맞서 유일신 신앙을
확립하셨고,
복음서[8]와 코란을 구분 지으셨다

알말리크 알나씨르(الملك الناصر 알라를 조력助力하는 왕)의 별명을 갖고 있다.
الزركلي، المرجع السابق، المجلد 8، ص 220، "صلاح الدين الأيوبي".

5 살라딘.

6 이슬람교.

7 〈직〉 "그들이 포로가 되어 그의 문[성문城門]에 이르게 될 때 / 그들은 (적에 대한) 공격에서 가장 탁월하면서도 (백성에게) 가장 동정심이 많은 분을 마주하게 된다"

8 기독교 성경을 의미한다.

11 그분은 피를 내는 창(槍)들의 이야기를 들려주려
적군을 해치려는 유혹에 사로잡힌다
12 왕으로서 그는 전쟁에 관한 한 바다처럼 넓은 지식을 갖고 있고,
평화 시에는[9] 수피[10] 수행자가 되어 금욕을 행한다
13 그에게 지하드에 관한 상세한 계시가 내려왔고
그리하여 그는 일곱 개의 글자[11]로 된 계시를 읽는다
14 결단력과 침착성. 그 두 가지는 이븐 미르다스의 결단력과
알아흐나프의 침착성을 망각하게 했다
15 왕이시여, 당신의 본성과 칼은
호의와 횡포라는 두 가지 특성을 지녔구려
16 놀라운 금요일!
그날의 시간은 당신의 명백한 승리를 표명했다
17 당신의 칼은 적군의 머리통에 할례를 행함으로써
할례를 받지 않은 모든 이교도의 목숨을 앗아갔다.
18 당신이 그들로부터 야파(Jaffa)를 탈환함으로써 그들의 불행이
드러나자,
그들은 얼마나 슬퍼했고 안타까워했던가
19 재난 속에서 적에 대한 공격을 간절히 청하는 칼로
당신이 그곳[12]을 부를 때 이교도들은 보지 않았던가?

---

9 〈직〉 "평화로운 아침에는"

10 이슬람 신비주의자.

11 '일곱 개의 글자'는 다음 행에 나오는 일곱 개의 아랍어 글자로 이루어진 구절인 عَزْم وحِلْم(결단과 침착성)을 말한다.

12 야파.

20 그곳은 당신의 명을 거역할 수 없어,
아예 지체하지 않고 복종하며 순순히 왔다
21 그곳에 이웃한 도시와 가까운 도시도 함께 불러와,
그렇게 사십여 개에 이르게 하라[13]
22 당신의 바다[14] 외에는 창날과 예리한 칼로
해안 지역을 지켜 줄 자 없구나[15]
23 당신이 놓기 시작한 이 녹색 자수(刺繡)는
당신의 숭고함으로 만든 휘장(揮帳) 천에서 빛났다
24 당신은 무함마드의 종교를 살려 냈고 일으켜 세웠으며,
오랫동안 드러나 있던 종교를 감추어 보호해 주었다
25 당신은 창을 직원으로, 마샤리프산(産) 칼을 관리자로 두어
지하드 부서를 정비(整備)했다
26 그리고 굽히지 않는 결의를 지닌 탁월한 인물과
확고부동한 견해를 갖춘 자를 부서에 두었다
27 온 세상으로부터 토지세[16]를 거두시고,
비무슬림들에 대한 인두세[17]를 부과하시오
28 작은 손바닥으로 세상을 움켜잡으시고,
세상을 동정(同情)하시어 애정의 날개를 펴십시오

---

13 '야파를 비롯해 주위의 여러 도시들이 이슬람 진영에 복속되도록 하라'는 의미이다.

14 '대군(大軍)'의 은유.

15 '당신의 군대만이 십자군으로부터 시리아 일대의 해안 지역을 지켜 줄 수 있다'는 의미이다.

16 아랍어로 '카라즈(خراج)'.

17 아랍어로 '지즈야(جزية jizyah)'. 비무슬림 성인 남자들에게 부과된 인두세(人頭稅)를 말한다. 김정위 편, 『이슬람 사전』(학문사, 2002), 587쪽.

29 알라의 군대가 복수하러 왔다
그들의 가슴은 머지않아 복수의 갈증을 풀게 될 것
30 신께서 당신이 소망하는 바를 흔쾌히 들어주시리라 믿으시며,
군대를 일으켜 당신의 권리를 주장하십시오
31 그들은 튀르크족 청년들. 그들의 갑옷은
그것이 놓인 신체 부위에 닥쳐오는 재난을 막아 준다
32 군사(軍士)들은 죽음을 곁눈질하지 않고
용감하게 죽음에 뛰어든다
33 그들이 아침에 적의 영토에 들이닥치면
적의 거주지를 폐허로 만들어 버린다
34 당신은 우리의 종교를 도우려 용감한 군사를 선발했다
선발한 자와 선발된 자 모두 참으로 출중하도다!
35 친구여, 개 같은 영국 왕에게 말하시오
"미친 짓은 그만두고 공정한 자의 말이나 들으라"고
36 "예루살렘에서 너는 어떤 작은 것이라도 네 안장에 실어가지 못하리라[18]
못하고 말고. 또한 신[알라]의 빛은 꺼지지 않는다"[19]라고
37 "알아크사 사원을 잘 살펴보라
그러면 고통스런 바늘[쇠못]들이 떨어져 있음을 알게 될 것이다"라고[20]

---

18 〈직〉 "예루살렘에는 너의 안장을 위해 욕심낼 것이 없다"

19 "신의 빛은 꺼지지 않는다": '예루살렘에 이슬람은 계속 남아 있을 것'이라는 의미이다.

20 '살라딘이 휴전 기간을 이용해 무기를 갖추는 등 프랑크족을 상대로 새로운 전쟁

38 “가장 사악한 충고자인 너 자신에게 조언을 구하라
그리고 쓸데없는 고집일랑 그만두어라”라고

39 “그리고 머리통들을 두건 삼아 쓴 창(槍)에 감탄하고,
피로 뒤덮인 칼에 흥겨워하라”고

40 휴전협정이 이루어졌다는 말이 전해지자 나는
“이것은 일부러 거짓으로 지어낸 이야기다”라고 말했다[21]

41 “칼로써 선불 조건 체결이 성사되었으니,
이로써 선불에 의해 양도될 물품을 받아라”[22]

42 그들은 휴전이야말로 (우리 측의) 항복으로 여겼다
그러나 실제로 그것은 후에 그들의 죽음으로 이어지는 길[23]

원문 주해

1 الوَقْتُ أَضْيَقُ مِن سَماع قَصِيدَةٍ مَوْسُومَةٍ لصِفاتِ أَغْيَدَ أَهْيَفِ

2 الجِدُّ في هذا الزَّمان مُبَيِّنٌ والهَزْلُ فيه مع الغَوَاية مُخْتَفِ

3 بِالنَّاصِر المَهْدِيِّ والهادِي إلى سُبُلِ الجِهاد أَبِي المُظَفَّر يُوسُفِ

4 المُسْتَعِينِ برَبِّهِ والواثِقِ الـ مَنْصُورِ والمُسْتَظْهِرِ البَرِّ الوَفِي

준비를 할 것’이라는 의미이다.

21 ‘휴전협정은 살라딘의 책략에서 이루어진 것’이라는 의미이다.

22 ‘살라딘은 십자군과 전쟁을 치룬 뒤 휴전협정에 들어갔으나 이것은 후에 전쟁을 재개해 십자군을 몰아내고 전쟁을 끝내기 위한 준비 단계’라는 의미이다.

23 ‘십자군은 살라딘이 휴전협정에 응한 것을 그가 항복한 것으로 착각했다. 살라딘은 휴전협정으로 시간을 벌면서 군 태세를 정비하여 협정 기간이 지난 후에 십자군을 격멸할 것’이라는 의미이다.

5 شُدَّتْ قُوَى أَرْكان مِلَّةِ أَحْمَدٍ   وتَحَمَّلَتْ بجِهادِه في المَوْقِفِ

6 مَلِكٌ إذا أَمَّ المُلُوكُ جَنابَهُ   لاذُوا بأَكرمِ مَن يُؤَمُّ وأَشْرَفِ

7 وإذا أَتَوْا أَسْرَى إلى أَبْوابِه   وَقَفُوا بأَعظمِ مَن يَصُولُ وأَرْأَفِ

8 مَوْلًى غَدَا للدِّين أَكْرَمَ والِدٍ   حَدِبٍ على أَبْنائِه مُتَرَفرِفِ[24]

9 عَزَلَ الفَرَنْجَة ثُمَّ وَلَّى جَيْشَهُ   أَعْظِمْ به مِن صارِفٍ ومُصَرِّفِ

10 قد أَنْصَفَ التَّوْحِيدَ من تَثْلِيثِهِم   وأَقامَ في الإنْجِيل حَدَّ المُصْحَفِ

11 مُغْرًى بتَجْرِيحِ الرِّجال لأنَّه   يَرْوِي أَحادِيثَ العَوالِي[25] الرُّعَفِ[26]

12 مَلِكٌ له في الحَرْب بَحْرُ تَفَقُّهٍ   وله غَداةَ السِّلْم زُهْدُ تَصَوُّفِ

13 وعلَيْه أُنْزِلَ في الجِهاد مُفَصَّلٌ   فلِذاك يَقْرأُه بسَبْعَةِ أَحْرُفِ

14 عَزْمٌ وحِلْمٌ أَنْسَيَا ما كان من   عَزْمِ ابن مِرْداسٍ[27] وحِلْمِ الأَحْنَفِ[28]

15 يا أَيُّها المَلِكُ الذي لطِباعِه   وسُيُوفِه خُلُقاً رِضَى وتَعَسُّفِ

---

24 مترفرف (무타라프리프): 〈만두르, رفف〉에는 مترفرف라는 단어에 대한 설명이 나와 있지 않다. 대신, رفرف على القوم(사람들에게 애정을 쏟다)라는 예문이 나와 있다. 이 시행에서 مترفرف도 이 의미, 곧 '애정을 쏟다, 동정하다'로 보아야 할 것이다.

25 (عالية ج عوالٍ) (알리야 ㊌ 아왈리): 〈만두르, علا〉 창끝. 창의 맨 윗부분. 곧은 창.

26 رُعَف (루아프): 〈만두르, رعف〉에는 رُعَف라는 단어에 대한 설명이 나와 있지 않다. 대신, رَواعِف(창槍들)가 나와 있으며, 이 단어는 '앞서 찌름' 또는 '피를 흐르게 함'이라는 의미에서 만들어졌다는 설명이 있다. 이 시행에서 رُعَف는 رَواعِف와 같은 뜻의 단어로 보인다.

27 ابن مرداس (이븐 미르다스): 알압바스 이븐 미르다스(العباس بن مرداس بن أبي عامر السلمي، أبو الهيثم 18/639년경 사망). 기사이자 시인이며 모친은 유명한 여류 시인 알칸사(الخنساء)이다. 자힐리야(이슬람 이전) 시대와 이슬람 초기에 걸쳐 생존했으며, 메카 정복 직전에 이슬람 신자가 되었다. 그는 자힐리야 시대에 음주를 비난하고 금지시켰던 것으로 알려져 있다. الزركلي، المرجع السابق، المجلد 3، ص 267، "العباس بن مرداس".

28 الأحنف (알아흐나프): 알아흐나프 이븐 까이스(الأحنف بن قيس بن معاوية التميمي 619-91). 타밈 부족의 지도자. 초기 이슬람 시대에 쿠라산 정복 전쟁에 참여했던 용맹스런 인물. '조용히 분노를 참는 성격[침착성](حلم)'을 지닌 대표적 인물로 회자된다. المرجع نفسه، المجلد 1، ص 276، "الأحنف بن قيس".

لله يَوْمُ عَرُوبَةٍ إذ أَعرَبَتْ　　ساعاتُهُ عن نَصْرِك المُتَعَرِّفِ
سَنَّتْ سُيُوفُكَ في الرُّؤُوس خِتانَة　　ذَهَبَتْ بمُهْجَة كُلِّ عِلْجٍ أَقْلَفِ
آفاتُهم وافَتْ بأَخْذِك منهُمُ　　يافا فكَمْ مِن حَسْرَةٍ وتَأَسُّفِ
أو ما رأى الأَعْلاجُ حِينَ دَعَوْتَها　　بلِسانِ سَيْفٍ في الكَرِيهَة مُلْحِفِ
لم تَسْتَطِعْ عِصْيانَ أَمْرِك بلْ أَتَتْ　　مُنْقادَةً طَوْعاً ولم تَتَخَلَّفِ
فاسْتَدْعِ جارَتَها وثَنِّ بأُخْتِها　　وكَذاك حتَّى الأَرْبَعِين وَنَيِّفِ
ما للسَّواحِل غَيْرُ بَحْرِك حافِظٌ　　بشَبا سِنانٍ أو بصَفْحَةِ مُرْهَفِ
هذا الطِّرازُ الأَخْضَرُ اسْتَفْتَحْتَهُ　　فزَها بثَوْبٍ من عُلاكَ مُسَجَّف
أَحْيَيْتَ دِينَ مُحمَّدٍ وأَقَمْتَهُ　　وسَتَرْتَهُ مِن بَعْدِ طُولِ تَكَشُّفِ
وَضَبَطْتَ دِيوانَ الجِهاد بعامِلٍ　　من عامِلٍ[29] وبِمُشْرِفٍ من مَشْرَفي[30]
بجَهْبَذِ العَزْم الذي لا يَنْثَنِي　　وبناظِرِ الرأْيِ الذي لم يَطْرِفِ[31]
فخُذِ الخَراجَ مِن البَسِيطَة كُلِّها　　واسْتأْدِ فَرْضَيْ جِزْيَةٍ ومُوَظَّفِ
واقْبِضْ على الدُّنْيا بكَفِّ زَهادَة　　وابْسُطْ لرَحْمَتِها جَناحَ تَعَطُّف
جاءتْ جُنُودُ الله تَطْلُبُ ثأْرَها　　وصُدُورُها بل عَن قَلِيلٍ تَشْتَفِي
فانْهَضْ بها وتَقاضَ حَقَّك مُوقِناً　　أنَّ الإله بما تُؤَمِّلُه حَفِيّ
هُم فِتْيَةُ الأَتْراك كُلُّ مُجَفْجَفٍ[32]　　يَغْشَى الكَرِيهَة فَوْقَ كُلِّ مُجَفْجَفِ
قَوْمٌ يَخُوضُون الحِمامَ شَجاعَةً　　لا يَنْظُرُون إليه من طَرْفٍ خَفِي
إنْ صَبَّحُوا الأَعْداءَ في أَوْطانِهِمْ　　تَرَكُوا دِيارَهُمُ كَقَاع صَفْصَفِ
أنتَ اصْطَفَيْتَهُمُ لِنُصْرَةِ دِينِنا　　لله دَرُّ المُصْطَفَى والمُصْطَفِي

29 عامل (아밀): 〈만두르, عمل〉 عامل الرمح(아밀 알루므후. 창끝 아랫부분)을 가리킨다.
30 مَشرفي (마쉬라피): 〈만두르, شرف〉 마샤리프(예멘 지역의 마을)산 칼.
31 طرف (يطرِف) (따라파 ㊀ 야뜨리프): 〈만두르, طرف〉 시선이 어떤 하나에 고정되지 않다. (예: رجل طَرِفٌ 한 가지 일에 전념하지 못하는 남자, 한 여자에 머무르지 않는 남자)
32 مجفجف (무자프지프): 〈만두르, جفف〉 전쟁에서 말이나 병사를 보호하기 위해 몸체 위에 씌우는, 쇠로 만든 장비(تجفاف).

35 يا صاحِ قُلْ للإنكلتِير الكَلْبَ دَعْ عَنْكَ الجُنُونَ وخُذْ مَقالةَ مُنْصِفِ

36 القُدْسُ ما فيه لسَرْجِك مَطْمَعٌ كَلاّ ولا نُورُ الإلهِ بمُنطَفِي[33]

37 والمَسْجِدُ الأَقْصَى فعَنْه تَقَصَّ مِن وَقْعِ الدَّبابِيسَ الأَلِيمَة تَعْرِفِ

38 واسْتَفْتِ نَفْسَك فهِي أَخْبَثُ ناصِحٍ واتْرُكْ مُتابَعَةَ اللَّجاجِ المُتْلِفِ

39 واعْجَبْ لرُمْحٍ بالرُّؤُوسِ مُعَمَّمٍ واطْرَبْ لسَيْفٍ بالدِّماءِ مُغَلَّفِ

40 قد قُلْتُ لَمّا قِيلَ صُلْحٌ قد جَرَى هذا حَدِيثُ مُخَرِّفٍ ومُحُرِّفِ

41 سَلَفٌ تَوَلَّى السَّيْفُ عَقْدَ شُرُوطِه أَحْبِبْ بِه مِن مُسْلَم ومُسَلَّفِ

42 ظَنُّوه سِلْماً وهو في أَرْواحِهِم سِلْمٌ إلى أَجَلٍ لَهم مُتَخَلِّف

---

33 منطف (문따프): 〈만두르, نطف〉에는 이 단어에 대한 명확한 해설이 없다. 다만 동사 أنطف(안따파)가 나와 있는데, 이것은 '~를 비난[욕]하다, 의심하다'의 의미를 갖는다. 따라서 منطف는 '의심, 의혹'의 의미를 갖는 것으로 보인다.

23. 이븐 알사아티,
“영국 왕의 심장이 뛰는 가운데”(588/1192-3)[1]

시인 소개

이븐 알사아티(أبو الحسن علي بن محمد بن رستم بن هَرْدُوز، بهاء الدين، ابن الساعاتي 553/1158-9 ~ 604/1207-8). 이븐 알사아티는 ‘시계공의 아들’이라는 뜻인데, 그것은 그의 부친이 시계에 해박했기 때문이다. 부친은 다마스쿠스에 있는 사원의 문에서 시계 관리 일을 했고, 누르 알딘 시대에는 시계를 제작하기도 했다. 이븐 알사아티는 다마스쿠스에서 태어나 성장했다가 나중에 이집트에서 살았다. 술탄 살라딘과 그의 아들들인 알아지즈(العزيز), 알아프달(الأفضل), 알다히르(الظاهر), 그리고 알아지지의 와지르인 이븐 알무자위르(نجم الدين بن المجاور) 등을 위한 칭송시를 지었다.[2]

---

1 أبو شامة، المصدر السابق، ج 4، ص 192؛ ديوان ابن الساعاتي، ج 2، ص 411؛ عبد الجليل (أ)، ص 202؛ ابن واصل، المصدر السابق، 404/2(2-6행).

2 أبو شامة، المصدر السابق، ج 3، ص 26، ج 4، ص 192؛ عبد الجليل (أ)، ص 130.

작품 해제

3차 십자군 원정에 합류한 영국의 사자심왕(獅子心王) 리처드(Richard the Lionheart)는 큰 전투에서의 경험과 용맹성을 발휘해 술탄 살라딘의 이슬람 군대에 타격을 주기 시작했고 그 실제의 결과가 바로 1191년 십자군에 의한 아크레 점령으로 나타났다. 살라딘은 무슬림 군대의 전의가 약해졌음을 간파했고 더 이상의 전쟁은 인명 피해만 가져올 것으로 판단해서 영국 왕과의 협정을 모색했다. 영국 왕도 유럽 내 정치 상황이 자신에게 불리하게 전개되고 본인의 병세가 위중하자 살라딘과의 협정을 원했다. 588/1192년 살라딘과 리처드 간에 휴전협정이 체결되었고, 이븐 알사아티는 이에 관해서 다음 시를 지었다. 시인은 살라딘이 영국 왕과 조인한 협정 덕분에 성지 예루살렘의 무슬림 주민들이 전쟁에 의한 인명 피해에서 벗어날 수 있다고 말함으로써 협정 체결이 살라딘의 깊은 사려에서 이루어졌음을 내비친다.

우리말 번역

1 그[살라딘]에 관해 물어보시오. 영국 왕의 심장이 두려움에 뛰는 가운데
여러분이 바라던 그[영국 왕]에 대한 소식이 있으니

2 당신[살라딘]이 아니었다면 그[영국 왕]는 (무슬림들로부터) 아무런 저항을 받지 않은 채 예루살렘으로 향했을 것이고
그곳 계곡에서 (무슬림들의) 피가 흐르게 했을 것

3 또한 예루살렘의 마당에 종소리가 울려 퍼짐으로
예루살렘의 눈꺼풀은 또다시 피눈물을 흘렸을 것

원문 주해

1 سَلْ عنه قَلْب الانكتير فإنَّ في خَفَقانِه ما شِئْتَ من أَنْبائِهِ
2 لولاكَ أَمَّ البَيْتَ غيْرَ مُدافَعٍ وأَسالَ سَيْلَ نَداه في بَطْحائِه
3 وبَكَتْ جُفُونُ القُدْسِ ثانيةً دماً لتَرَنُّمِ الناقوسِ في أَفْنائِهِ

24. 이마드 알딘 알아쓰파하니,
“예루살렘은 그가 이룬 처녀 정복지 중 하나”(589/1193-4)[1]

시인 소개

이마드 알딘 알아쓰파하니[2]

작품 해제

술탄 살라딘의 궁정 서기로 일했고, 이후 와지르직을 역임했던 이마드 알딘 알아쓰파하니는 술탄의 죽음을 애도하는 다음 시를 지었다. 살라딘의 공적과 인품을 잘 알기에 그의 운명(殞命)을 맞아, 살라딘이 좀 더 오래 살아 통치할 수 없음을 매우 안타까워한다(1-2행). 생전에 살라딘이 이룬 가장 큰 공적으로 예루살렘과 해변 지역 탈환을 언급하고(2행, 5행), 이슬람의 가르침에 따라 진리를 중시하는 삶을 살았으며 관용이 넘치던 살라딘을 높이 칭송한다(4행, 6-7행).

---

1 أبو شامة، المصدر السابق، ج 4، ص 220؛ عبد الجليل (أ)، ص 205.

2 이 책의 11번 시 참조.

우리말 번역

1　그 누가 숭고함을 위해, 그 누가 정상(頂上)을 위해, 그 누가 바른길을 위해,
그 누가 용기를 위해, 그 누가 은혜를 위해 그를 지켜 주겠는가
2　그는 오랫동안 자신의 통치가 지속되기를 원했다
그는 잠깐 동안 자신의 통치가 지속되리라 믿지 않았다
3　바다 같은 그의 자비는 육지를 바다로 되돌려 놓았다
그의 칼에 의해 해안 지역이 정복되었다
4　그의 시대에 그의 위력에 힘입어 거짓말하는 자들을 물리치고
진리를 말한 자 누구였던가
5　예루살렘은 그가 이룬 처녀 정복지 중 하나
그의 정복은 어떤 경쟁자도 없이 그의 공훈으로 남게 되었다
6　저는 당신에 의하지 않고서는 소낙비를 청하지 않았습니다
저는 당신의 폭우(暴雨)가 소나기를 부끄럽게 하는 것을 보았습니다
7　신(神)의 기쁨으로 당신의 목마름이 해소되길 비오나이다
저는 비를 쏟아 주는 구름에 만족해하지 않사오니

원문 주해

1　مَنْ لِلعُلا مَنْ للذُّرَى مَنْ للهُدى　　يَحْمِيه مَن للبَأْس مَنْ للنَّائِلِ
2　طَلَبَ البَقاءَ لمُلْكِهِ في آجِلٍ　　إذ لم يَثِقْ بِبَقاءِ مُلْكِ العاجِلِ
3　بَحْرٌ أَعادَ البَرَّ بحْراً بِرُّهُ　　وبِسَيْفِهِ فُتِحَتْ بِلادُ الساحِلِ

4 مَنْ كان أَهْلُ الحَقِّ في أَيَّامِهِ   وبِعِزِّهِ يَرُدُّونَ أَهْلَ الباطِلِ

5 وفُتُوحُه والقُدْسُ مِن أَبْكارِها   أَبْقَتْ له فَضْلاً بِغَيْرِ مُساجِل

6 ما كنتُ أَسْتَسْقِي بغَيْرِكَ وابِلاً   ورَأَيْتُ جَوْدَكَ مُخْجِلاً للوابِلِ

7 فَسَقاكَ رِضْوانُ الإله لأنَّنِي   لا أَرْتَضِي سُقْيا الغَمامِ الهاطِلِ

IV.

살라딘 사후 아이윱조 통치자들과 對십자군 전쟁

아이윱조의 창건자이며 對십자군 전쟁의 영웅인 술탄 살라딘 사후, 그의 계승자들은 십자군 대응에 무관심한 것은 아니었지만 살라딘이 쏟았던 열의를 갖지는 않았던 것으로 보인다. 다만 살라딘의 동생인 알말리크 알아딜의 영토 보전과 對십자군 방어를 위한 노력은 빛을 발했다. 그러나 그 후로 아이윱조의 통치자들은 저마다 권력과 영토를 차지하는 데 혈안이 되어 십자군에 대응하는 데 필요한 힘을 결집하지 못했으며, 일부 통치자들은 이슬람 수중에 있는 성지 예루살렘마저 스스로 포기하는 실정(失政)을 저지르기도 했다. 예로, 알말리크 알아딜의 아들로 시리아 지역 통치를 맡은 알말리크 알무앗담은 십자군의 공격이 두려워 1219-20년 스스로 예루살렘을 파괴했고, 또 다른 아들 알말리크 알카밀은 형제들의 세력을 견제하기 위해 1229년 십자군에게 자진해서 예루살렘을 양도하는 우를 범했다. 이와 관련한 세 편의 시와 1249년 프랑스 왕 루이 9세의 이집트 침공에 관련된 한 편의 시를 소개한다.

25. 까디 알따우르 마즈드 알딘, "내 눈에선 눈물이 홍수가 되어 쏟아졌다" (616/1219-20)

26. 무함마드 알까르까사니 알카띱, "예루살렘이 파괴된 후에 더 큰 재난이 있을까?" (616/1219-20)

27. 샤합 알딘, "방방곡곡 예루살렘을 위해 통곡하고"(624/1226-7)

28. 익명의 시인, "로마인들의 왕이여"(647/1249-50)

25. 까디 알따우르 마즈드 알딘, "내 눈에선 눈물이 홍수가 되어 쏟아졌다"(616/1219-20)[1]

시인 소개

까디 알따우르 마즈드 알딘(قاضي الطور مجد الدين محمد بن عبد الله الحنفي ?-?). 다마스쿠스에 있는 알무앗담 학교(المدرسة المعظمية)에서 평생 교편을 잡았으며, 616/1219-20년 알말리크 알무앗담[2]의 명에 따라 일어난 예루살렘 파괴 사건에 관해 쓴 시가 있다.[3]

---

1 أبو شامة، تراجم رجال القرنين السادس والسابع المعروف بالذيل على الروضتين، ص 175؛ عبد الجليل (أ)، ص 230.

2 알말리크 알무앗담(الملك المعظّم شرف الدين عيسى بن الملك العادل أبي بكر محمد بن أيوب بن شادي 624/1227 사망). 아이윱조 통치자들 중 한 사람으로 카이로에서 태어나 시리아에서 성장했다. 여러 학자들로부터 코란 낭송, 이슬람 법리학, 문법을 배웠다. 부친인 알말리크 알아딜(الملك العادل)의 뒤를 이어 시리아 지역을 통치했다. 지속적으로 전쟁을 수행하면서도 호학(好學)과 이슬람 순례를 했던 통치자로 알려져 있다. 예루살렘에 문법학교를 세웠고, 예루살렘과 다마스쿠스에 알무앗담 학교(المدرسة المعظمية)를 세웠다. 학자들과 문인들을 예우하여 다수의 시인들로부터 칭송을 받았다. عبد الجليل (أ)، ص 208.

3 عبد الجليل (أ)، ص 230.

작품 해제

당시 예루살렘은 건물 상태가 매우 양호했고 많은 주민이 살고 있었다. 시리아 지역 통치자인 알말리크 알무앗담은 지휘관들로부터 시리아 지역에 무슬림 군대가 없어, 만일 프랑크족이 예루살렘을 점령하면 시리아 지역도 차지할 것이라는 말을 들었다. 그는 프랑크족의 공격이 두려워 예루살렘을 파괴하기로 결정하고 그대로 시행하여 예루살렘의 탑들과 담을 허물었다. 성내의 남녀노소 주민들은 동요했고 암석 사원과 알아크사 사원에 모여 머리카락을 자르며 슬픔을 나타냈다. 주민들은 성 밖으로 나가 뿔뿔이 흩어져 이집트, 알카락(크락 데 모아비트Krak des Moabites), 시리아 지역으로 이동했고 도중에 많은 사람들이 기아와 갈증으로 죽었다. 이처럼 사람들은 성내에 있던 집을 떠나는 바람에 재산을 잃었고, 그중에는 목숨을 잃은 사람들도 있었다. 이 사건은 이슬람 역사에서 무슬림 통치자의 실정(失政)에 의한 큰 인재였다. 그런 결정을 내린 알무앗담에 대한 주민들의 원성은 높았고 시인들도 그를 크게 비난했다.[4] 당시의 시인들 중 한 명인 까디 알따우르는 다음의 시를 지었다.

이 시는 길이가 짧지만 파괴된 예루살렘에 대한 시인의 비통한 심정을 전통적인 까씨다의 서두에 나오는 딸랄(طلل 옛 집터를 포함한 삶의 잔흔殘痕) 형식을 빌려와 적절히 표현하고 있다.

이슬람 성지 예루살렘은 파괴되고 그곳에 살던 사람들이 떠나가 텅 비게 되었다. 예루살렘은 적막감이 감돌며 스산한 분위기를 자아내고

---

4 أبو شامة، تراجم رجال القرنين السادس والسابع المعروف بالذيل على الروضتين، ص 174–175؛ ابن واصل، المصدر السابق، 32/4؛ عبد الجليل (أ)، ص 227–229.

그곳을 지나가는 시인 알따우르는 하염없이 눈물을 흘린다(1-2행). 예루살렘을 이처럼 폐허로 만든 장본인인 알말리크 알무앗담과 그 결정에 동의하거나 묵인한 자들은 성지를 파괴한 행위로 인해 신의 징벌을 받아 마땅한 자들이다(3-4행). 시인은 자신을 포함한 모든 무슬림들은 어떤 방법으로든 예루살렘을 보호해야 한다는 의지를 갖고 있음을 통치자에게 강력히 드러낸다(5행).

우리말 번역

1 나는 숭고한 예루살렘을 지나면서
별들처럼 뿔뿔이 남은 집들에게 인사를 건넸다
2 지나간 우리의 앞선 시대를 떠올리며
내 눈에선 눈물이 홍수가 되어 쏟아졌다
3 한 이교도는 그곳의 자취를 지우기를 원했고,
비열하고 양심 없는 자가 되어 소매를 걷어붙였다
4 나는 그자에게 말했다 "당신 오른손이 마비되기를
그것을 고려하는 자나 요구하는 자, 용인하는 자도 그렇게 되기를"[5]
5 그자가 사람들을 희생하려 든다면 나는 나를 희생해 그곳을 구할 것
이런 생각은 모든 무슬림에게 있지

---

5 알말리크 알무앗담이 측근 사람들과 짜고 예루살렘 탑과 성벽을 파괴하려는 것에 대한 원망과 비난을 나타낸 시행이다.

원문 주해

1 مَرَرْتُ على القُدْسِ الشَّرِيف مُسَلِّماً   على ما تَبَقَّى مِن رُبُوعٍ كأَنْجُمِ
2 ففاضَتْ دُمُوعُ العَيْن مِنِّي صَبابَةً   على ما مَضَى مِن عَصْرِنا المُتَقَدِّمِ
3 وقد رامَ عِلْجٌ أنْ يُعَفِّي رُسُومَهُ   وشَمَّرَ عَن كَفَّيْ لَئِيمٍ مُذَمَّمِ
4 فقُلْتُ لَه شُلَّتْ يَمِينُكَ[6] خَلِّها   لمُعْتَبِرٍ أو سائِلٍ أو مُسَلِّمِ
5 فلَوْ كان يُفْدِي بالنُّفُوس فَدَيْتُه   بنَفْسي وهذا الظَّنُّ في كُلِّ مُسْلِمِ

6 شُلَّتْ يَمينُه (슐라트 야미누후): '그의 오른손이 마비되기를'이라는 뜻으로, 상대방에 대한 악의를 담은 기원을 나타낸다. المعجم العربي الأساسي للناطقين بالعربية ومتعلميها، "شلّ".

26. 무함마드 알까르까사니 알카떱, “예루살렘이 파괴된 후에 더 큰 재난이 있을까?” (616/1219-20)[1]

시인 소개

무함마드 알까르까사니 알카떱(محمد بن المبارك بن علي، القرقساني الخطيب). 덕망을 갖춘 문인이자 코란 암송가, 시인으로 예루살렘에서 설교를 담당했다.[2]

작품 해제

이븐 알샤아르 알무쐴리(ابن الشعّار الموصلي 654/1256 사망)는 자신의 저서 『이 시대 시인들의 진주 목걸이(عُقود الجُمان في شعراء هذا الزمان)』에서 다음과 같이 전했다. “당시 다마스쿠스의 영주인 알말리크 알무앗담(الملك المعظم)이 예루살렘을 파괴했을 당시, 나는 예루살렘에 관해 무함마드 알까르까

1 عبد الجليل (أ)، ص 231-232.

2 위의 책, 231쪽.

사니 알카떱이 지은 시를 접하게 되었다. 그 해에 프랑크족은 (지고하신 알라시여, 그들을 저버리소서) 딤야뜨[다미에타]를 점령했다. 616년의 일이었다. 아부 압둘라(أبو عبد الله)[3]는 다음의 시를 지었다."[4]

이 시도 앞선 25번의 시와 같은 배경에서 지어진 것이다. 즉, 시리아 지역의 영주인 알말리크 알무앗담은 십자군의 공격을 우려해 예루살렘을 미리 파괴하는 결정을 내렸고, 그 결과 예루살렘의 주요 건물과 시설은 파괴되고 황폐화되어 무슬림들은 성지를 잃게 되었다. 시인 무함마드 알까르까사니는 이 재난으로 인한 모든 무슬림들의 한없는 슬픔을 표현하면서, 성지를 파괴하기로 한 알말리크 알무앗담의 결정을 무모한 것으로 여긴다.

작품 내 주요 서사와 제재를 살펴보면 다음과 같다.

1 예루살렘 파괴로 인한 무슬림들의 억누를 길 없는 슬픔

이슬람 성지가 있는 예루살렘이 파괴되고 그곳을 잃게됨으로 인한 무슬림들과 전 이슬람 공동체의 슬픔. 무슬림들(까디, 주민, 순례자)의 슬픔은 말할 나위가 없고(1-2행, 9행, 14-15행), 예루살렘 내에 있는 여러 이슬람 관련 건물과 장소들(알아크사 사원의 설교단, 바위의 돔 사원, 다윗의 미흐랍, 자비의 문, 코란 서당)과(4-8행) 이슬람 제1의 성지 메카도(16-17행) 함께 예루살렘의 파괴를 애도함.

3 무함마드 알까르까사니 알카떱을 가리킨다.

4 위의 책, 231쪽.

2 알말리크 알무앗담의 결정에 대한 의구심

알말리크 알무앗담은 자신의 결정에 만족해하지만(18행) 알라께서 그러한 결정을 흡족히 여기시는지 의문이 듦(3행).

3 신앙에 의지한 재난 극복

알라께서는 무슬림들을 시험하여 그들을 더욱 강하게 만드시며, 위기와 고통에 처한 무슬림들을 도와주신다는 믿음으로써 재난을 극복해야 함(19-22행).

우리말 번역

1　예루살렘의 재난은 잠을 빼앗아 갔고
　그곳에서 설교자는 상복(喪服)을 입었다

2　그곳의 까디[5]는 높이 세워진 건물들의 파괴로 인해
　죽은 게 아니더라도 죽은 것이나 다름없었다

3　까디는 알아크사 사원을 불러 말했다
　지하드를 책무로 맡긴 알라께서 그런 행위를 흡족히 여기시는가라고

4　그 사원의 숭고한 설교단은 두려움에 신음하고,
　미흐랍이 파괴됨으로 인해 설교는 연기되었다

5　그곳 바위[6]가 겪은 고난으로 눈물은 마르지 않는다
　안타깝게도 눈물은 심장에 얼마나 큰 상처를 주었던가

---

5 이슬람 재판관.

6 알아크사 사원 옆에 있는 바위의 돔 사원(مسجد قبة الصخرة)을 가리킨다.

6 또한 다윗 성채[7]에도 슬픔이 덮쳤는데
그 눈물은 과거의 영광을 상기시키는 표시
7 사원의 자비의 문에도 고통이 따랐고
산은 눈물을 하염없이 흘렸다
8 코란 서당들은 통곡하였고
파트와[8] 잉크병에서는 잉크가 쏟아졌다
9 그곳 거주자는 실로암 연못을 잊지 못하네
만일 그가 다른 지역을 소유한다 해도[9]
10 헤브론 지역은 다른 곳에 닥친 재난으로
겁쟁이가 되어 벌벌 떨고 있구나
11 오늘 폐허에서 축하 인사말이,
몸을 흔들어대는 젊은 처녀마냥 우쭐거린다
12 딤야뜨 점령 소식이 들린다면
저들[프랑크족]은 "목적한 바를 이루었다"라고 말할 것[10]
13 하지만 교회들은 웃음 짓는구나
지고하신 알라께서는 의지한 바를 이루시나니
14 예루살렘을 찾아온 이들이여, 이슬람을 위해
울며 애도하고 잿더미 위에서 잠을 청하시오

---

7 다윗 성채[망대](محراب داود the Tower of David): 구(舊)예루살렘의 야파문(욥바문 the Jaffa Gate) 근방의 성채.

8 공식적인 이슬람 법률상의 견해.

9 '예루살렘에 살던 자는 다른 지역에 가더라도 예루살렘을 잊지 못한다'는 의미이다.

10 '프랑크족이 예루살렘 파괴 소식과 더불어 딤야뜨 점령 소식을 듣고 기뻐할 것'이라는 의미이다.

15 그곳을 애도하느라 사람들이 피눈물을 흘린다면
그곳의 재난은 통곡하는 자에게 더 큰 피해를 주는 것
16 메카는 언니를 잃고 슬퍼하는 여자 같다
메카는 언니의 소식을 접하자 검은 상복을 입었다
17 메카가 순례 일을 못하게 되어 모든 사람의 눈은 울어댔고
숙면은 불면으로 대체되었다
18 알말리크 알무앗담은 그곳의 파괴에 크게 흡족해했다
그가 세상을 통치한다 해도 아무 소용 없을 것
19 하지만 우리 주님은 용서하시고
다정히 대해 주시면서도 종들을 시험하시는 주(主)
20 주의 은총을 저버리는 자들이 돌아왔을 때마다
주님께서는 우리에게 살 곳을 마련해 머물게 해주셨다
21 예루살렘이 파괴된 후에 더 큰 재난이 있을까
설령 우리가 가시나무를 베개 삼는다 해도[11]
22 세상과 그 안의 것들은 지워질 것
설령 우리가 세상에서 혹독한 일곱 해를 겪는다 해도

11 또는 '설령 우리가 가시나무 위에서 잔다고 해도'.

원문 주해

1 مُصابُ القُدْسِ قد سَلَبَ الرُّقادا   وقد لَبِسَ الخَطِيبُ به حِدادَا
2 وقاضِيه قَضَى نَحْباً وإنْ لمْ   يَمُتْ لِخَرابِ ما أَعْلَى وشادَا
3 ونادَى المَسْجِدَ الأَقْصَى أَيَرْضَى   بهذا الفِعْلِ مَن فَرَضَ الجِهادا
4 ومِنْبَرُهُ الشَّرِيفُ يَئِنُّ خَوْفاً   ومِمّا حَلَّ بالمِحْراب مادا
5 ولا تَرْقَى لصَخْرَتِهِ دُمُوعٌ   فكَمْ قد أَقْرَحَتْ أَسَفاً فُؤادَا
6 كَذا مِحْرابُ داوُدٍ عَلَتْهُ الـ   ـكَآبَةُ دَمْعُه مَجْلَى العِهادا
7 ولازَمَ بابَ رَحْمَتِهِ عَذابٌ   وسَحَّ الطُّورُ أَدْمُعَهُ وجَادا
8 وأَصْبَحَتِ المَدارِسُ مُعْوِلاتٍ   تُرِيق مَحابِرُ الفُتْيا المِدادا
9 وما عَنْ عَيْن سُلْوانٍ[12] سُلُوٌّ   لساكِنِه ولَوْ مَلَكَ البِلادا
10 وبَيْتُ خَلِيلِه وَجِلٌ لِما قد   أَصابَ سِواه يَرْتَعِدُ ارْتِعادا
11 وعِند قُمامَةِ اليومَ التَّهانِي   تَتِيهُ ككاعِبٍ جاءتْ تُهادَى[13]
12 إذا سَمِعَتْ بدِمْياط وما قد   أُشِيعَ تَقُول بُلِّغْتُ المُرادا
13 ولكِنَّ الكَنائِسَ ضاحِكاتٌ   تَعالَى الله يَفْعَلُ ما أَرادا
14 ألا يا زائِرِيه ابْكُوا ونُوحُوا   على الإسْلام وافْتَرِشُوا الرَّمادا
15 فلَوْ بَكَتِ العُيُونُ دَماً عَلَيْه   تَقاضى رُزْؤُه الباكِي ازْدِيادا
16 فمَكَّةُ ثاكِلٌ عَبْرى[14] فلَمّا   أَلَمَّ بأُخْتِها لَبِسَتْ سَوادا
17 فتَرْكُ الحَجِّ أَبْكَى كُلَّ عَيْنٍ   وعَن طَيِّبِ الكَرَى اعْتاضَتْ سُهادا

---

12 عين سلوان (아인 술완): 실로암 못. ((알아크사 사원의 담에서 동남쪽으로 3백 미터 정도에 위치한 연못)) http://ar.wikipedia.org/wiki (ويكيبيديا الموسوعة الحرة), "عين سلوان"

13 يُهادى (유하다): 〈만두르, هدي〉 (몸이) 휘청거리다, 기우뚱거리다.
جاء فلان يُهادى بين اثنين : 몸이 약하고 휘청거려 두 사람에게 기댄 채로 걸어오다.

14 عبرى (아브라): 〈만두르, عبر〉 눈물 흘리는, 우는, 슬퍼하는(حزينة). ((여성형. امرأة عابر وعبرى وعبِرة))

18 رِضَى المَلِكِ المُعُظَّمِ ذا عَظِيمٌ ولو مَلَكَ البَسِيطَةَ ما أفادا

19 ولكِنْ رَبُّنا رَبٌّ غَفُورٌ لَطِيفُ الصَّنْعِ يَمْتَحِنُ العِبادا

20 فخَوَّلَنا وبَوَّأنا بِلاداً إذا ما جاحِدِي نَعْماه عادا

21 أَبَعْدَ خَرابِ بَيْتِ القُدْسِ خَطْبٌ أَشَدُّ ولو تَوَسَّدْنا القَتادا

22 على الدُّنْيا وما فيها عَفاءٌ ولو نِلْنا بها السَّبْعَ الشِّدادا[15]

---

15 سبع شداد (사브우 쉬다드): 코란, 12장(요셉의 장)에 나오는 유수프의 해몽 이야기에서 흉년이 드는 '혹독한 7년'을 의미한다.

ثم يأتي من بعد نلك سبع شداد يأكلون ما قدّمتم لهنّ إلا قليلا مما تحصنون (그런 후 혹독한 7년이 와서 너희가 미리 비축했던 것을 먹고 (앞으로 재배용 씨앗으로 쓰기 위해) 보관된 소량만이 남게 된다)(코란, 12장 48절).

김용선 역주, 『성(聖) 꾸란: 이슬람 경전 (中)』(박영사, 1983), 17-18쪽; 최영길 역주, 『성 꾸란: 의미의 한국어』(파하드국왕꾸란출판청, 1997), 417-418쪽 참조.

27. 샤합 알딘,
“방방곡곡 예루살렘을 위해 통곡하고”(624/1226-7)[1]

시인 소개

샤합 알딘(الرئيس الفاضل شهاب الدين أبو يوسف يعقوب بن محمد المجاور)에 관한 자세한 자료는 거의 없다. 다만 그가 와지르였던 나즘 알딘 이븐 알무자위르(الوزير نجم الدين بن المجاور) 누이의 아들로, 카이로에서 외삼촌인 나즘 알딘의 업무를 보좌했던 것으로 알려져 있다.[2]

---

1 أبو شامة، المصدر السابق، ج 4، ص 196-197؛ عبد الجليل (أ)، ص 240-242.
이 시는 『두 정원의 서』에서는 588/1192-3년 사건을 언급하면서 인용된 가운데, 616/1219-20년 알무앗담이 예루살렘을 파괴했을 때 지어진 것으로 나와 있다. 그러나 압둘 잘릴 교수는, 알말리크 알카밀이 살라딘이 공들여 이루어 놓은 영광을 무너뜨렸다는 내용이 이 시에 포함되어 있음에 비추어, 이 시는 626/1228-9년 알말리크 알카밀이 예루살렘을 프리드리히 2세에게 양도했을 때 지어진 것으로 보고 있다. عبد الجليل (أ)، ص 240.

2 위의 책, 240쪽.

작품 해제

624/1226-7년 알말리크 알무앗담과 그의 두 형제인 알말리크 알카밀,[3] 알말리크 알아쉬라프[4] 간에 갈등이 되살아났다. 알말리크 알카밀은 시칠리아의 영주인 프리드리히 2세 황제에게 사신을 보내 악카로 와 달라고 청하면서, 황제에게 예루살렘과 그 외 다른 기독교 점령지를 양도하겠다고 약속했다. 황제는 해안 지역으로 떠날 채비를 갖추었다.

625/1227-8년 황제가 악카에 도착했다. 626/1228-9년 술탄 알말리크 알카밀은 프리드리히 2세 황제에게 예루살렘을 양도하기로 결정했다. "협정이 체결되자 술탄은 사람을 보내 예루살렘의 무슬림들에게 성 밖으로 나갈 것과 성을 프랑크인들에게 양도할 것을 통보했다. (이러한 통보가 전해지자) 그곳 주민들은 소리치며 통곡했고 사태는 무슬림들에게 심각했다. 그들은 자신들의 수중에 있던 예루살렘을 잃게 되는 것을 슬

---

3 알말리크 알카밀(الملك الكامل محمد بن محمد (العادل) ابن أيوب، أبو المعالي، ناصر الدين 1180-1238). 아이윱국 통치자들 중 한 명으로 이집트 지역에서 태어났다. 부친인 알말리크 알아딜로부터 이집트 지역을 할당받았고, 부친 사후 이집트를 독자적으로 통치했다. 이후 영토를 넓혀 시리아 지역을 차지하기도 했다. 이집트의 딤야뜨에서 십자군을 상대로 지하드를 행한 것으로 유명하다. 십자군 진영과 협상을 추진하여 프리드리히 황제에게 예루살렘과 여러 도시를 양도했다. 이후 다마스쿠스에서 사망했다.
الزركلي، المرجع السابق، المجلد 7، ص 28، "الملك الكامل"; W. B. 바틀릿, 『십자군 전쟁: 그것은 신의 뜻이었다!』, 서미석 옮김(한길사, 2004), 400-420쪽.

4 알말리크 알아쉬라프(الملك الأشرف أحمد بن سليمان بن غازي الأيوبي 1433 사망). 터키 동남부의 티그리스 강 유역에 위치한 하산케이프(Hasankeyf حصن كيفا)의 영주. 부친인 알말리크 알아딜로부터 알자지라(the Djazira)와 디야르 바크르(Diyar Bakr) 지역을 할당받았다.
الزركلي، المرجع السابق، المجلد 1، ص 133، "الملك الأشرف"; H. A. R. Gibb, and others, 'Al-Adil', *The Encyclopedia of Islam* (vol. 1, 1986).

펴했고, 그런 결정을 한 데에 대해 알말리크 알카밀을 비난하고 못마땅하게 여겼다."[5] 샤합 알딘도 이 사태를 슬퍼하며 다음 시를 지었다.

이 시는 십자군에게 예루살렘을 양도하게 된 것에 대한 무슬림들의 슬픈 심정을 나타낸다. 시인은 이슬람 성지 알아크사 사원을 적에게 빼앗기게 되어 경건한 무슬림들이 그곳을 찾아와 예배를 드릴 수 없게 됨을 안타까워하는 한편, 살라딘이 생전에 이룩해 놓은 이슬람의 영광스런 업적을 무로 돌리는 후대 아이윱조 통치자들의 무능함을 나무란다.

작품 내 주요 서사와 제재를 살펴보면 다음과 같다.

1 예루살렘을 십자군에 넘겨주게 된 데에 따른 무슬림들의 크나큰 슬픔

시인의 참을 수 없는 울음과 애통한 심정을 토로(1-4행). 메카와 테베를 비롯한 이슬람 전역에서 무슬림들이 예루살렘의 고난을 함께 슬퍼함(16-18행).

2 예루살렘 내 이슬람의 상징인 두 사원을 잃게 됨

예루살렘이 무슬림들의 성지로 자리 잡게 된 근거가 된 알아크사 사원과 바위의 돔 사원에서 더 이상 예배드릴 수 없게 되어 무슬림들의 절망감과 슬픔은 극도에 달함(5-15행).

3 살라딘 사후 무능한 아이윱조 통치자들을 비난

살라딘의 사후 그를 계승한 알말리크 알카밀을 비롯한 통치자들은, 이전에 살라딘이 온갖 노력을 기울여 정복한 예루살렘을 지키기는커녕 그곳을 십자군에게 양도하여 파멸을 자초함으로

---

5 عبد الجليل (أ)، ص 235-237.

써 지난날 이슬람이 획득했던 영광스런 역사를 무로 돌렸음(19-24행). 시인은 이슬람의 영광이 사라진 것에 대해 슬픔을 가눌 길 없음(25-27행).

우리말 번역

1 내 눈은 눈물을 그치지 않을 것인가?[6]
그렇다면 하루 종일 내내 계속 울기나 하자
2 아마도 홍수처럼 쏟아지는 눈물이
내 심장에 타오르는 탄 덩이의 불길을 꺼줄 것
3 심장이여, 네 애통함의 불길이 꺼질 때마다
지난 일을 돌이키며 시름을 불러와 그 불길을 살려라
4 입이여, 근심을 토로해다오
그렇게라도 해서 내가 겪는 괴로움을 덜어다오[7]
5 지극히 위대한 알아크사 사원에서,
신께 순종하고 경배를 드리는 처소에서
6 군왕(君王)들과 종교 계시, 신의 인도하심의 처소에서,
알라께서 선택하신 경건한 성인(聖人)들의 사당에서
7 무함마드의 승천 계단과,
지상의 바위들 가운데에 우뚝 솟은 암석에서

---

6 〈직〉 "눈물을 그치려 내 눈에 주문을 걸어도 듣지 않는가?"

7 〈직〉 "입이여, 근심을 토로해다오 / 아마도 그렇게 하는 것은 내가 겪는 슬픔을 달래 줄 것이다"

8 여러 방면에 사는 피조물들의

예배 방향이었던 제일(第一) 끼블라[8]에서

9 최상의 거주지이자 최고의 문명 도시,

그리고 최고의 건설자가 세운 가장 훌륭한 건물에서

10 아직도 그곳엔 예언자들을 위한 사원이 있어

사원 각처에서 신도들은 엎드려 예배를 드린다

11 주위에 높은 기둥과 높은 발코니가 있던,

축복받을 알아크사 사원의 자취는 지워졌구나

12 한 시절 자선과 독실, 선행,

경건을 위한 장소였던 이후로 그 사원의 자취는 사라졌다

13 봉두난발한 채, 자신의 주(主)께 순종하고

경건하며 항상 은거하는 모든 수행자가 그곳에 왔었다

14 코란 구절과 장(章)으로 장식된 예배가 그 사원에서 없어졌다

그 안에서 예배 드리는 자는 지루함을 느끼지 않았건만

15 울고 통곡하며 회개하는 자의

갈망과 슬픔이 그 사원에서 사라졌다

16 방방곡곡 예루살렘을 위해 통곡하고

슬퍼하고 원통해하며 애도를 공표하라

17 자매(姉妹)인 메카도 애도하면서

예루살렘이 겪은 고난에 대해 아라파트[9]에게 하소연해다오

---

8 قبلة (끼블라): 무슬림들이 예배를 드릴 때 얼굴 쪽을 향하는 방향.

9 عرفات (아라파트): 메카 동쪽에 있는 산과 그 부근의 평원 지대. 무슬림 순례객들이 둘힛자(12월) 9일을 보내는 곳이다.

18 테베[10]도 예루살렘의 재난을 애도하면서
고귀한 궁실에서 그 일을 설명해다오
19 그들[11]은 예루살렘을 파괴해 악카[12]와 쑤르[13]를 기쁘게 해주었다
그 두 도시는 예루살렘의 불행으로 얼마나 자주 기뻐했던가
20 그들은 예루살렘의 주민을 흩어지게 했구나
한군데 모인 것은 모두 흩어지게 마련이니
21 그들은 예루살렘을 파괴해 살라흐[14]가 세운 영광을,
호화로운 궁실 같던 영광을 무너뜨렸구나
22 그들은 그가 불러일으켰던 함성과 명성을 잠재웠다
한때 그들은 잇따라 적을 공격해 큰일을 치르기도 했건만
23 아이윱 후손들은 알지 못했던가?
자신들이 그의 노력으로 명문가 사람들로 여겨졌음을
24 또한 예루살렘 탈환이 자신들 치세(治世)의 꽃임을 알지 못했던가
꽃이 피지 않고 열매가 생기겠는가
25 어느 누가 근심에 찬 나를 위해
서글픈 목소리로 통곡해 주겠는가?
26 고귀한 인물의 죽음을 추모하는,
알쿠자이[15]의 시 구절을 되뇌는 그 목소리로

---

10 طيبة (띠바): 테베(Thebes). 이집트의 나일 강 중류에 있는 도시로, 고대 이집트 왕국의 수도였다.

11 술탄 살라딘의 뒤를 이은 아이윱조 통치자들을 가리키는 것으로 보인다.

12 아크레(Acre). 팔레스타인 지역의 항구.

13 티레(Tyre). 레바논 남부의 도시.

14 살라딘을 가리킨다.

15 알쿠자이: 디으빌 알쿠자이(دعبل بن علي بن رزين الخزاعي 765-860)를 가리킨다. 쿠파 출신

27 서당은 이제 코란 구절을 낭송하지 않고
계시가 내리던 거처는 황량한 빈터가 되었구나[16]

원문 주해

1 أَعَيْنِيَ لا تَرْقَى مِنَ العَبَراتِ صِلِي في البُكا الآصالَ بالبُكُراتِ
2 لَعَلَّ سُيُولَ الدَّمْعِ يُطْفِئُ فَيْضُها تَوَقُّدَ ما في القَلْبِ مِنْ جَمَراتِ
3 ويا قَلْبُ أَسْعِرْ نارَ وَجْدِكَ كُلَّما خَبَتْ بادِّكارٍ يَبْعَثُ الحَسَراتِ
4 ويا فَمُ بُحْ بالشَّجْوِ مِنك لَعَلَّه يُرَوِّحُ ما أَلْقَى مِنَ الكُرُبات
5 على المَسْجِدِ الأَقْصَى الذي جَلَّ قَدْرُه على مَوْطِنِ الإخْباتِ والصَّلَواتِ
6 على مَنْزِلِ الأَمْلاكِ والوَحْيِ والهُدَى على مَشْهَدِ الأَبْدالِ والبَدَلاتِ[17]
7 على سُلَّمِ المِعْراجِ والصَّخْرَةِ التي أَنافَتْ بما في الأَرْضِ مِن صَخَراتِ
8 على القِبْلَةِ الأُولَى التي اتَّجَهَتْ لها صَلاةُ البَرايا في اختلافِ جِهات
9 على خَيْرِ مَعْمُورٍ وأَكْرَمِ عامِرٍ وأَشْرَفِ مَبْنِيٍّ لخَيْرِ بُناةِ
10 وما زالَ فيه للنَّبِيِّينَ مَعْبَدٌ يُوالُونَ في أَرْجائِهِ السَّجَداتِ
11 عَفا المَسْجِدُ الأَقْصَى المُبارَكُ حَوْلَه الـ رَّفِيعُ العِمادِ العالِي الشُّرُفات
12 عَفا بَعْدَما قد كان للخَيْرِ مَوْسِماً وللبِرِّ والإحْسانِ والقُرُبات

의 시인으로 바그다드에서 지냈다. 풍자에 능했으며, 시인 알부흐투리(البحتري)의 친구였다. الزركلي، المرجع السابق، المجلد 2، ص 339، "دعبل الخزاعي".

16 26행에서 말한 알쿠자이의 시행으로, 그가 예언자 무함마드의 가문 사람들을 애도한 시의 첫 부분이다. أبو شامة، المصدر السابق، ج 4، ص 197.

17 أبدال (아브달): 〈만두르, بدل〉 70명의 이슬람 성인(聖人) 무리로, 알라는 그들을 통해 대지를 바로 세웠다. 그들 중 40명은 시리아 지역에, 나머지 30명은 지상 전역에 퍼져 있다. 그들 중 어느 한 사람도 다른 자에 의해 대체되지 않는 한 죽지 않는다. 그래서 그들은 '아브달(대리자)'로 불리었다. (단수형은 بِدْل비들, بَدَل바달)

يُوافِي إليه كُلُّ أَشْعَثَ قانِتٍ　　لمَوْلاه بَـرٍّ دائِمِ الخَلَواتِ 13

خَلا مِن صَلاةٍ لا يَمَلُّ مُقِيمُها　　تُوَشَّحُ بالآيـاتِ والسُّوَراتِ 14

خَلا مِن حَنِينِ التَّائِبِين وحُزْنِهم　　فمِن بَيْنَ نُوَّاحٍ وبَيْنَ بُكاة 15

لِتَبْكِ على القُدْسِ البِلادُ بأَسْرِها　　وتُعْلِنُ بالأَحْزانِ والتَّرَحـات 16

لِتَبْكِ عليها مَكَّةٌ فَهْيَ أُخْتُها　　وتَشْكُو الذي لاقَتْ إلى عَرَفات 17

لِتَبْكِ على ما حَلَّ بالقُدْسِ طِيبَةٌ　　وتَشْرَحُهُ في أَكْرَمِ الحُجُرات 18

لَقَدْ أَشْمَتُوا عَكَّا وصُورَ بهَدْمِها　　ويا طالَما غادَتْهُما بشَماتِ 19

لقد شَتَّتُوا عَنها جَماعَةَ أهلِها　　وكُلُّ اجتماعٍ مُؤْذِنٌ بشَتاتِ 20

وقد هَدَّمُوا مَجْدَ الصَّلاحِ بهَدْمِها　　وقد كانَ مَجْداً باذِخَ الغُرُفات 21

وقد أَخْمَدُوا صَوْتاً وصِيتاً أَثارَه　　لهم عُظْمُ ما والَوْا مِنَ الغَزَوات 22

أما عَلِمَتْ أَبْناءُ أَيُّوبَ أَنَّهُمْ　　بمَسْعاتِهِ عُدُّوا مِن السَّرَوات 23

وأَنَّ افتِتاحَ القُدْسِ زَهْرَةُ مُلْكِهم　　وهَل ثَمَرٌ إلاّ مِنَ الزَّهَرات 24

فَمَنْ لي بنُوَّاحٍ يَنُحْنَ على الذي　　شَجاني بأَصْواتٍ لهُنَّ شُجاة 25

يُرَدِّدْنَ بَيْتاً للخُزَّاعِي قاله　　يُؤَبِّنُ فيه خِيرَةَ الخِيَراتِ 26

مَدارِسُ آياتٍ خَلَتْ من تِلاوَةٍ　　ومَنْزِلُ وَحْيٍ مُقْفِرُ العَرَصاتِ 27

28. 익명의 시인,
“로마인들의 왕이여”(647/1249-50)[1]

시인 소개

작자 미상

작품 해제

7차 십자군 원정(1248-54)에 참가한 프랑스 왕 루이 9세(성왕)[2]는 1249년 이집트를 침공해 딤야뜨를 점령했다. 프랑스 왕은 아이윱조 술탄 알말리

1 الدواداري، كنز الدرر وجامع الغرر، المجلد 7، ص 369؛ عبد الجليل (أ)، ص 254-255.

2 루이 9세(1215-70): 1226년 왕이 되었고, 1248년 파리를 떠나 십자군 원정에 참여했다. 당시 십자군의 목표는 예루살렘 외에 이집트였다. 그는 딤야뜨를 점령하였다. 아이윱조의 술탄 알말리크 알쌀리흐 나즘 알딘은 예루살렘을 양도하겠으니 딤야뜨에서 십자군이 철수해 달라는 제안을 루이에게 했다. 루이 왕은 제안을 거절했지만 알만쑤라에서 패한 뒤 다시 제안에 응했다. 그러나 이슬람 진영은 반대했고 루이 왕은 감금되었다. 십자군은 딤야뜨를 양도했고 루이는 풀려났다. 그는 악카로 갔다. 그는 하쉬쉬파와 동맹을 맺기도 했으며, 이어 프랑스로 귀환했다.
عبد الجليل (أ)، ص 254.

크 알쌀리흐 나즘 알딘[3]에게 협박 서한을 보냈다. 이 편지가 도착했을 무렵 술탄은 심각할 정도의 병중에 있었다. 술탄은 답신을 보내면서 말미에 익명의 한 시인의 다음 시를 덧붙였다.[4]

이 시에서 시인은 프랑스 왕이 허황된 야심을 품고 과도한 욕심을 부려 사방에서 프랑크인들을 동원해 예루살렘을 포함하는 이슬람 영토를 침공해 점령하려는 것에 대해 나무란다(1-5행). 인간 삶에서 과욕은 늘 불행한 결과를 가져온다는 점을 명심하라고 시인은 적군 왕에게 엄중히 충고한다(6행).

우리말 번역

1 로마인들의 왕이여, 당신은 듣고 있는가?
당신은 그대 마음속에 있는 생각을 철회하겠는가?
2 당신은 칼로써 폭력으로 예루살렘 지역을 탐하고 있구나
당신은 그대의 종교를 잃더라도 예루살렘 지역을 갖지 못할 것
3 마치 (오른) 손바닥이 손가락들을 지켜주듯

---

3 알말리크 알쌀리흐 나즘 알딘(الملك الصالح، أبو الفتوح نجم الدين، أيوب بن محمد (الملك الكامل) بن أبي بكر (العادل) بن أيوب 1206-49): 이집트 아이윱조의 왕으로 카이로에서 태어나 성장했다. 637/1239-40년 그의 형제 알아딜(العادل)을 퇴위시킨 뒤 권좌에 올라 결단력 있게 국가를 통치했다. 용감하고 위엄 있고 과묵했으며, 아이윱조의 다른 왕들과는 달리 이집트에서 제명에 살았다. 생애 말기인 647/1249-50년 십자군이 딤야뜨를 침공해 점령하는 바람에 나라가 위기에 처하기도 했다. 폐결핵을 앓고 있던 그는 십자군과 대치하고 있는 중에 알만쑤라 지역에서 사망했다.
عبد الجليل (أ)، ص 254؛ الزركلي، المرجع السابق، المجلد 2، ص 38، "الملك الصالح".

4 عبد الجليل (أ)، ص 254.

(무슬림) 전사들의 무리가 예루살렘을 지켜 왔다
4 당신은 동쪽과 서쪽에서 프랑크인들을 모았구나
당신이 오기 전 무리는 이미 (패배해) 흩어져 버렸다
5 당신은 원래 목적했던 것의 일부도 탐하지 못하게 될 것
또한 당신을 지원하러 온 사람들도 (죽임을 당해) 돌아가지 못할 것
6 당신은 스스로 잘났다고 여기며 욕심을 부리는가
욕심은 남자들의 목을 떨어져 나가게 할 뿐이건만

원문 주해

1 ألا يا مَليكَ الرُّوم هل أنتَ سامِعُ   وهل أنتَ عمَّا في ضَمِيرِكَ راجِعُ
2 تَرُوم بِلادَ القُدْس بالسَّيْفِ عَنْوَةً   ودُونَ بِلادِ القُدْس دِينُكَ ضائِعُ
3 لَقَدْ حَفِظَ البَيْتَ المُقَدَّسَ عُصْبَةٌ   كما حَفِظَ الكَفُّ اليَمِينُ الأَصابِعُ
4 جَمَعْتَ بَنِي الإفْرَنج شَرْقاً ومَغْرِباً   تَشَتَّتَ شَمْلاً كانَ قَبْلَكَ جامِعُ
5 فلا أنتَ تَرْجو بَعْضَ ما قَصَدتَهُ   ولا مَنْ أَتى مَسْتَنْصِراً لَك راجِعُ
6 أَتَطمَع مِن لَيْلى بِوَصْل[5] وإِنَّما   تُضَرِّبُ أَعْناقَ الرِّجالِ المَطامِعُ

5 ليلى بوصل (라일라 비와쓸): ليلى (라일라)는 여자 이름이다. كلّ يدّعي وصلا بليلاه (쿨루 얏다이 와쓸란 비라일라후)라는 구문이 있는데 이는 직역하면 '저마다 라일라와 성관계를 맺었다고 주장한다'로, 곧 '자신만이 선택을 받았다고 주장하다', '자기 멋대로 떠벌리다, 허풍떨다'의 의미이다.

✿ 참고문헌

김능우, 「동부 이슬람 지역 무슬림들의 전쟁시에 나타난 이미지 연구: 초기 이슬람 시대에서 이슬람력 4세기 말까지(A. H. 12-392/A. D. 633-1001)」, 『한국이슬람학회논총』 제6집, 1996.

_____, 「'이슬람 정복 전쟁시'의 특성 연구: 초기 이슬람 시대(622-661년)를 중심으로」, 『한국중동학회논총』 제18호, 1997.

_____, 「중세 아랍시에 나타난 '십자군과 이슬람 세계와의 충돌'에 관한 연구: 1차 십자군 원정(1096년)부터 쌀라흐 알딘 시대 말(1193년)까지」, 『한국중동학회논총』 제22호, 2001.

_____, 『아랍시의 세계』, 명지출판사, 2004.

_____, 「중세 아랍시에 나타난 '몽골과 이슬람 세계와의 충돌'에 관한 연구: 13세기 초-15세기 초」, 『한국중동학회논총』 제28-2호, 2008.

_____, 「십자군 전쟁 당시 아랍 시인들의 이슬람 진영에 대한 비판: 아랍시 텍스트를 통한 문학사회학적 고찰」, 『중동연구』 제33권 1호, 2014.

김용선 역주, 『성(聖) 꾸란: 이슬람 경전』(上, 中, 下), 박영사, 1983.

김정위 편, 『이슬람 사전(事典)』, 학문사, 2002.

김호동, 『몽골제국과 고려: 쿠빌라이 정권의 탄생과 고려의 정치적 위상』, 서울대학교출판문화원, 2007.

레인 풀(Lane-Poole, Stanley), 이순호 옮김, 『살라딘』, 갈라파고스, 2005.

말루프(Maalouf, Amin), 김미선 옮김, 『아랍인의 눈으로 본 십자군 전쟁』, 아침이슬, 2002.

매든(Madden, Thomas F.), 권영주 옮김, 『십자군: 기사와 영웅들의 장대한 로망스』, 루비박스, 2005.

바틀릿(Bartlett, W. B.), 서미석 옮김, 『십자군 전쟁: 그것은 신의 뜻이었다!』, 한길사, 2004.

송경근, 「중세 유럽의 십자군 전쟁은 원정인가 침략인가」, 『지중해지역연구』 제9권 제1호, 2007.

스윈지우드(Swingewood, Alan), 정혜선 옮김, 『문학의 사회학』, 한길사, 1984.

안상준, 「서양학계의 십자군 본질 논쟁과 연구동향」, 『서양사론』 제97호, 2008.

이므룰 까이스 외(外), 김능우 주해, 『무알라까트: 사막의 시인들이 남긴 7편의 위대한 노래』, 한길사, 2012.

조희선, 『이슬람 여성의 이해: 오해와 편견을 넘어서』, 세창출판사, 2009.

최영길 역주, 『성 꾸란: 의미의 한국어 번역』, 파하드국왕꾸란출판청, 사우디 아라비아, 1997.

Cattan, H., (ترجمة: نور الدين كتانة)، القدس الشريف، مكتبة الأقصى، الأردن، 1989.

Gibb, H. A. R., and others, *The Encyclopedia of Islam*, new edition, edited by an editorial committee consisting of H. A. R. Gibb, J. H. Kramers, E. LfiVI-PROVENgAL, J. Schacht, E. J. Brill, Leiden, Netherlands, 1986.

Herrmann, S., *Geschichte Israels in alttestamentlicher Zeit* (방석종 역주, 『구약 시대의 이스라엘 역사』, Nathan Press, Korea, 1989).

Hitti, Philip K., *History of the Arabs: from the earliest times to the present*, Macmillan education ltd., 10th ed., 1986.

Holt, P. M., *The Age of the Crusades: The Near East from the eleventh century to*

1517, Longman, London and New York, 1986.

Meisami, J. S., and Starkey, P. (ed.), *Encyclopedia of Arabic Literature*, Routledge, London and New York, 1998.

أبو تمام، شرح ديوان أبي تمام، إيليا الحاوي، دار الكتاب اللبناني، بيروت، لبنان، 1981.

أبو شامة (شهاب الدين عبد الرحمن بن إسماعيل بن إبراهيم بن عثمان المقدسي الدمشقي الشافعي)، كتاب الروضتين في أخبار الدولتين النورية والصلاحية، وضع حواشيه وعلّق عليه إبراهيم شمس الدين، دار الكتب العلمية، بيروت، لبنان، 1422هـ-2002م.

أبو شامة، تراجم رجال القرنين السادس والسابع المعروف بالذيل على الروضتين، وضع حواشيه وعلّق عليه إبراهيم شمس الدين، دار الكتب العلمية، بيروت، لبنان، 1422هـ-2002م.

ابن الأثير (عزّ الدين)، الكامل في التاريخ، دار صادر، بيروت، لبنان، 1979م.

ابن تغري بردي (جمال الدين أبو المحاسن يوسف الأتابكي)، النجوم الزاهرة في ملوك مصر والقاهرة، نسخة مصورة عن طبعة دار الكتب مع استدراكات وفهارس جامعة، وزارة الثقافة والإرشاد القومي، المؤسسة المصرية العامة للتأليف والترجمة والطباعة والنشر.

الدواداري (أبو بكر بن عبد الله بن أيبك)، كنز الدرر وجامع الغرر: الدرّ المطلوب في أخبار ملوك بني أيوب، تحقيق: سعيد عبد الفتاح عاشور، دار الكتاب الإسلامي، القاهرة، 1391هـ-1972م.

ابن كثير الدمشقي (أبو الفداء)، البداية والنهاية، دار الكتب العلمية، بيروت، لبنان، الطبعة الأولى، 1994.

ابن منظور، لسان العرب، الطبعة الأولى، دار صادر، بيروت، لبنان.

ابن واصل (جمال الدين)، مفرج الكروب في أخبار بني أيوب، حققه ووضع حواشيه حسنين محمد ربيع.

أحمد أحمد بدوي، الحياة الأدبية في عصر الحروب الصليبية بمصر والشام، دار نهضة مصر، القاهرة، مصر، الطبعة الثامنة.

الإمام زين الدين، مختصر صحيح البخاري، مكتبة دار السلام، الرياض، المملكة العربية السعودية.
جماعة من كبار اللغويين العرب بتكليف من المنظمة العربية للتربية والثقافة والعلوم، المعجم العربي الأساسي للناطقين بالعربية ومتعلميها، المنظمة العربية للتربية والثقافة والعلوم، لاروس، 1989م.
حسين أحمد أمين، الحروب الصليبية في كتابات المؤرخين العرب المعاصرين لها، مكتبة النهضة المصرية، القاهرة، مصر، 1983م.
ديوان ابن الساعاتي، عُني بتحقيقه ونشره أنيس المقدسي، المطبعة الأميركانية، بيروت، لبنان، 1938م.
ديوان ابن منير الطرابلسي، جمعه وقدّم له عمر عبد السلام تدمري، دار الجيل، بيروت، لبنان، الطبعة الأولى، 1986.
ديوان أسامة بن منقذ، تحقيق وتقديم: أحمد أحمد بدوي وحامد عبد المجيد، عالم الكتب، الطبعة الثانية، 1983م.
ديوان طلائع بن رزيك الملك الصالح، جمعه وبوّبه وقدّم له محمد هادي الأميني، مطبعة النعمان، الطبعة الأولى، 1964م.
ديوان الوزير المصري طلائع بن رزيك، جمعه وبوّبه وقدّم له أحمد أحمد بدوي، مكتبة نهضة مصر بالفجالة.
الزركلي (خير الدين)، الأعلام، دار العلم للملايين، بيروت، لبنان، الطبعة السادسة، 1984م.
سيّد فرج راشد، القدس: عربية إسلامية، دار المرّيخ للنشر، الرياض، المملكة العربية السعودية، 1986.
شفيق جاسر أحمد محمود، تاريخ القدس: والعلاقة بين المسلمين والمسيحيين فيها حتى الحروب الصليبية، مطابع الإيمان، الأردن، الطبعة الثانية، 1989.
عبد الجليل (أ) ((عبد الجليل حسن عبد المهدي))، بيت المقدس في شعر الحروب الصليبية 492-648هـ، دار البشير، عمّان، الأردنّ، 1989م.
عبد الجليل (ب) ((عبد الجليل حسن عبد المهدي))، بيت المقدس في أدب الحروب الصليبية 492-648هـ، دار البشير، عمّان، الأردنّ، 1989م.

عزمي عبد محمد أبو عليان، القدس: بين الاحتلال والتحرير، مؤسسة باكير للدراسات الثقافية، الأردن، 1993.

فيد حمّار محمد عاشور، جهاد المسلمين في الحروب الصليبية، مؤسسة الرسالة، بيروت، لبنان، الطبعة الثالثة، 1985.

الكتاب المقدّس، دار الكتاب المقدّس في الشرق الأوسط.

محمّد عبد القادر أبو فارس، في ظلال السيرة النبوية: الإسراء والمعراج، دار الفرقان للنشر والتوزيع، الأردن، 1986.

محمود إبراهيم، حطّين بين أخبار مؤرّخيها وشعر معاصريها، دار البشير، عمان، الأردن، الطبعة الأولى، 1987.

محمود إبراهيم، صدى الغزو الصليبي في شعر ابن القيسراني، دار البشير، الأردن، 1988.

محمود الهرفي، شعر الجهاد في الحروب الصليبية في بلاد الشام، مؤسسة الرسالة.

المعجم المفهرس لألفاظ القرآن الكريم وفق نزول الكلمة، (روجعت على طبعة محمد فؤاد عبد الباقي؛ ضبطها ورتبها محمد سعيد اللحام)، دار المعرفة، بيروت، لبنان، الطبعة الثالثة، 2005.

ياقوت الحموي، معجم البلدان، دار لإحياء التراث العربي، بيروت، لبنان، 1979.

يوسف حسن درويش غوانمة، إمارة الكرك الأيوبية، دار الفكر، عمّان، الأردن، 1982.

- http://ar.wikipedia.org/wiki (ويكيبيديا الموسوعة الحرة)

❁ 찾아보기

Muslim Wars Against the Crusaders Depicted in Medieval Arab Poetry

Neung Woo Kim

The Crusades were not only considered typical cases which brought to the surface the conflict between the power of the European Christians and the power of the Moslems in the Middle Ages, but also they are also important for the study of the origin of conflicts among human civilizations, which we witness even today. But the academic community of Korea has not been able to have objective and well-balanced perspective on both sides of the conflict resulting from the Crusades. That is because under the influence of the Western civilization, which has dominated the world during the last few centuries, Korea has mainly concentrated on Western sciences and has been accustomed to adopting Eurocentric views.

For the purpose of knowing the truth about the Crusades, Korea is required to study the data on both sides, which show the perspectives of the two parties concerned: the Crusaders and the Moslems at that time. However, most data on the Crusades introduced to Korea were Western writings, while Arabic data on the Middle Ages which presented Moslems' views on the Crusades were not introduced to Korea. Therefore, this book is an attempt to introduce some such Arabic data, and it includes translations and explanations of 28 poems which I selected among Arabic poems I read and analyzed in the process of studying the Crusades through Arabic data.

The Arabic poems which I translated and annotated are some of the poems that were written during the 150 years after 1099, when the first crusade captured Jerusalem. The period witnessed fierce fights between the Moslems and the Franks, against their opponents. Overall, the selected poems represent Moslems' will to recapture Islamic territory, including Jerusalem from the Franks, and defend it; the active role played by prominent Moslem rulers such as 'Imād al-Dīn Zankī, Nūr al-Dīn and Saladin(Salāh al-Dīn) in wars against the Franks; the inspiration of the Zihād(Islamic holy war) against the Franks in the Moslems; and Moslems' concern about the destiny of Islam under the threat of the Franks.

김능우金能宇

한국외국어대학교 아랍어과와 같은 학교 대학원 아랍어문과를 졸업했다. 수단의 국제 카르툼 아랍어연구소를 거쳐 요르단 대학에서 중세 동부지역 아랍인의 전쟁시(戰爭詩)에 관한 연구로 박사 학위를 받았다. 현재 서울대학교 인문학연구원 HK연구교수로 재직하고 있으며 아랍의 고대 · 중세 시문학을 연구하고 있다. 대표 논문으로 「중세 아랍시에 나타난 '몽골과 이슬람 세계와의 충돌'에 관한 연구」, 「'자힐리야: 이슬람 전환기'의 아랍시 연구」, 「『무알라까트』에 나타난 '죽음의 운명' 모티프 연구」, 「아랍 가잘(연애시)의 발전과정 연구」 등이 있고, 지은 책으로 『아랍시의 세계』, 『한국어: 아랍어 사전』(공저), 『중동여성문학의 이해』(전 3권)(공저) 등이, 주해서로 『무알라까트』, 그리고 옮긴 책으로 『황금마차는 하늘로 오르지 않는다』, 『세계민담전집: 아랍편』(편역), 『야쿠비얀 빌딩』, 『쿠쿠 수단 카바쉬』 등이 있다.

❁ 문명총서 발간사

서울대학교 인문학연구원은 2007년 11월 한국연구재단의 인문한국(HK) 사업을 수탁하여 HK문명연구사업단을 출범시켰다. 한국과 아시아, 세계를 향한 문명연구의 허브를 구축하기 위해 '한국 인문학'의 정립을 목표로 인문학 제 분야는 물론 인근 분야의 전공자들까지 한 지붕 아래 모였다.

인문학연구원이 한국 인문학의 도약을 위해 핵심과제로 주목한 것은 문명에 대한 새로운 이해이다. 문명이란 장구한 세월 동안 인류가 일구어낸 정신적 · 물질적 성과들의 종합이며, 타 문명들과 서로 영향을 주고받으며 진화해 온 복합적 실체이다. 이에 대한 심층적인 이해가 선행되지 않는다면, 현재와 미래에 대한 유효적절한 준비와 대응은 불가능하다.

'문명텍스트총서'는 인문학 안팎의 다양한 전공을 가진 우리 연구원의 연구자들이 자신의 영역에서, 과거와 현재 문명의 정수와 그에 대한 인식을 담은 중요한 텍스트를 선정하여 번역하고 주해한 결과물이다. 이는 긴 시간의 노동을 요하면서도 성취가 단기간에 가시화되지 않는 우직한 작업이지만, 인류의 유산을 한국화하는 이 같은 작업이 주체적으로 세계문명을 사유하고 새로운 문명을 개척하는 데 발판이 되리라고 믿는다. 문명텍스트총서가 현재와 과거를 엮는 씨줄 놓기 작업이라면, 문명공동연구총서는 인간과 세계를 총체적으로 이해하려는 날줄 얽기라고 할 수 있다. 오랫동안 자신의 분야에서 전문화를 추구했기에 공동연구가 쉬운 일은 아니지만, 문명 이해의 융합적 시각뿐만 아니라 한국 인문학의 새로운 전망을 써 내려가는 방법론을 제시할 수 있기를 희망한 결과물이다. 또한 문명지평총서는 연구원 안팎의 연구자들이 참여한 연구서와 교양서를 아우르고 있다.

아무쪼록 문명총서 시리즈가 동서고금의 문명을 더 깊고 더 넓게 이해하는 창발의 효과를 가져오길 기대하며, 국내외의 학자들이 참여하고 교류하는 열린 연구공간이 되길 바란다.

2014년 4월

서울대학교 인문학연구원 원장